《中国国家创新体系与创新战略研究》
丛书编委会

顾　问　郭传杰

主　编　汤书昆

副主编　徐雁龙

编　委（以姓氏笔画为序）

　　　　王　娟　朱　赟　李建刚　范　琼

　　　　郑　斌　秦　庆　袁　亮　程　曦

"十四五"国家重点出版物出版规划项目
中国国家创新体系与创新战略研究

科技创新驱动思想研究
马克思主义与新工业革命

张贵红 著

Research on
Innovation-Driven
Thought of Science
and Technology:
Marxism and the New
Industrial Revolution

中国科学技术大学出版社

内 容 简 介

本书从科技史和工业史角度全面系统分析了科技创新驱动思想产生的历史背景和思想渊源以及其在20世纪的发展，重点分析了从马克思的著作到当前我国科技创新驱动思想的发展，以及信息工业革命形势下科技创新驱动思想的应用。通过对主要工业国的科技创新驱动政策进行对比，结合我国科技创新驱动战略的思想和政策渊源，提出面向新工业革命的创新驱动力为智能科技创新，并提出了我国构建面向新工业革命的马克思主义科技创新驱动策略。本书基于马克思主义，结合大量的科技史发展案例和新工业革命发展动态，深入分析了科技创新驱动的思想来源和现实价值。

图书在版编目（CIP）数据

科技创新驱动思想研究：马克思主义与新工业革命/张贵红著. --合肥：中国科学技术大学出版社，2024.11
（中国国家创新体系与创新战略研究）
"十四五"国家重点出版物出版规划项目
ISBN 978-7-312-05885-1

Ⅰ. 科… Ⅱ. 张… Ⅲ. 技术革新—研究—中国 Ⅳ. F124.3

中国国家版本馆 CIP 数据核字（2024）第 047721 号

科技创新驱动思想研究：马克思主义与新工业革命
KEJI CHUANGXIN QUDONG SIXIANG YANJIU: MAKESI ZHUYI YU XIN GONGYE GEMING

出版	中国科学技术大学出版社 安徽省合肥市金寨路96号，230026 http://press.ustc.edu.cn https://zgkxjsdxcbs.tmall.com
印刷	合肥华苑印刷包装有限公司
发行	中国科学技术大学出版社
开本	710 mm×1000 mm 1/16
印张	20.5
字数	261千
版次	2024年11月第1版
印次	2024年11月第1次印刷
定价	88.00元

前　言

FOREWORD

本书全面系统地分析了科技创新驱动思想的历史背景和理论渊源，从马克思主义科技创新驱动思想出发，分析了科技创新驱动思想在国外的新发展，对主要工业国的科技创新驱动政策进行了对比，并结合我国科技创新驱动战略的思想和政策渊源，提出面向新工业革命的创新驱动力为智能科技创新，最后结合前文的分析从三个方面提出我国构建新工业革命的马克思主义科技创新驱动策略：一是发挥智能科技驱动力；二是完善国家科技创新驱动政策体系；三是构建全球科技创新驱动合作体系。

前两章首先梳理西方近现代科技与工业革命中科技创新的驱动作用经验，从而深入了解马克思主义科技创新驱动思想提出的社会条件，以及工业革命发展始终由科技创新驱动的历史现实，以更好地理解马克思和恩格斯的科技创新驱动思想，为进一步的理论研究提供历史参考。其次，通过仔细分析马克思主义经典作家的科技创新驱动思想，尤其是马克思在《资本论》中所体现的机器驱动思想、马克思的科技创新驱动发展思想，以及恩格斯对科技创新驱动思想的发展，帮助我们理解当前科技创新驱动战略的理论基石和思想渊源。

第三章分析了受马克思和恩格斯影响的西方学者的科技创新驱动思想,结合内在论和外在论的争论,为我们在新形势下理解科技创新驱动的新发展提供一定的参考。

第四章通过总结主要工业国的创新驱动策略,为我国的科技创新驱动提供一些可借鉴的模式。

第五章以历史为例系统分析了我国科技创新驱动思想的政策渊源,指出马克思主义科技创新驱动思想在我国主要体现为科学技术是第一生产力、科教兴国战略、创新型国家建设,并集中体现于我国当前的科技创新驱动发展战略,这也与马克思主义思想在我国的发展紧密相连。通过详细解读新时代的科技创新战略,进一步提出当前我国的马克思主义科技创新驱动思想的集中发展为新时代科技创新驱动思想,并对其内涵进行了详细阐释,即科技创新是发展的第一动力、完善科技创新驱动政策体系和构建全球科技创新命运共同体三个方面。

第六章至第八章则以前五章的研究为基础,结合国内外研究的相关成果,进一步对新时代科技创新驱动思想的三个方面进行了详细阐述。一是分析当前以智能科技为核心的新工业革命的迅速发展,世界主要国家纷纷调整发展战略,大力培育新兴产业,抢占未来科技和经济竞争的制高点,推动科技和经济紧密结合,这集中体现出新工业革命的智能科技创新驱动力。二是结合科技创新驱动发展战略的政策含义,以及科技创新的体制层面要求,进一步分析作为驱动力的科技政策。三是结合全球科技知识服务、科技人才资源共享和创新地理空间布局,进一步思考全球科技创新命运共同体的构建。

目录

CONTENTS

前言 ……………………………………………………………（ⅰ）

第一章
科技创新驱动的历史经验 …………………………………（1）

第一节　科技创新与社会进步的联系 ………………………（1）

第二节　前工业革命时期的科技创新 ………………………（6）

第三节　第一次工业革命中的科技创新 ……………………（10）

第四节　第二次工业革命中的科技创新 ……………………（15）

第五节　对工业革命和科技创新关系的思考 ………………（25）

第二章
马克思主义经典作家的科技创新驱动思想 ………………（37）

第一节　《资本论》中的机器驱动力 ………………………（38）

第二节　马克思的科技创新驱动发展思想 …………………（48）

第三节　恩格斯对科技创新驱动思想的发展 …………………… （61）

第三章
科技创新驱动思想的新发展 …………………………………… （69）

第一节　内在论的科技创新驱动思想 …………………………… （69）
第二节　外在论的科技创新驱动思想 …………………………… （78）
第三节　科技工具的创新驱动作用 ……………………………… （97）

第四章
主要工业国科技创新驱动策略比较 …………………………… （108）

第一节　美国的科技创新驱动政策实践 ………………………… （108）
第二节　英国的国家创新体系 …………………………………… （121）
第三节　法国的国家创新体系 …………………………………… （129）
第四节　德国的国家创新体系 …………………………………… （135）
第五节　日本的主要经验 ………………………………………… （144）
第六节　国外科技工具利用的典型经验 ………………………… （150）
第七节　新工业革命视角下政府开放创新的兴起 ……………… （166）

第五章
我国科技创新驱动战略的政策渊源 …………………………… （174）

第一节　早期科技政策的曲折进步 ……………………………… （175）
第二节　邓小平的科技思想 ……………………………………… （179）

第三节　科教兴国战略 ·· (186)

第四节　创新型国家建设 ·· (189)

第五节　科技创新驱动发展战略 ······································ (192)

第六节　新时代科技创新驱动思想的内涵 ······························ (200)

第六章
新工业革命的第一动力：智能科技创新驱动力 ·················· (208)

第一节　新工业革命中科技创新的特点 ································ (209)

第二节　新工业革命的核心动力：信息与智能 ·························· (223)

第三节　智能科技创新驱动力的价值 ·································· (232)

第四节　科技创新驱动力的特性分析 ·································· (240)

第五节　科技创新驱动力的进步机理 ·································· (246)

第七章
面向新工业革命的科技创新驱动政策体系 ······················ (254)

第一节　科技创新驱动发展战略的政策含义 ···························· (254)

第二节　科技创新体系的构成 ·· (264)

第三节　作为驱动力的科技政策 ······································ (269)

第八章
构建全球科技创新驱动合作体系 ······························· (275)

第一节　完善科技知识服务体系 ······································ (276)

第二节　科技人才资源共享体系 …………………………………（284）

第三节　合理布局创新地理空间 …………………………………（293）

第四节　全球科技创新命运共同体的构建 ………………………（302）

后记 ……………………………………………………………………（314）

第一章
科技创新驱动的历史经验

本章通过梳理西方近现代科技与工业革命中科技创新的驱动作用发展史，丰富科技创新驱动的历史背景，从技术创新的角度，着重分析工业革命如何创造一个有利于创新的环境，包括经济模式的变化、科学技术的兴盛、科技与工业的结合，以及如何发挥知识产权制度的作用等，以此来分析科技创新驱动在工业革命发展史中的特点与体现。

第一节　科技创新与社会进步的联系

1. 科技如何驱动社会发展

现代内生增长理论认为，创新是在系统内"产生"的，受经济激励因素的影响，应被视为产出，是由投入产生的，在此投入中，物质资本、人力资本、研发和规模经济均起主要作用。实现这一目标的经济因素主要是出于对发展的考虑，包括人类征服自然的野心。科技不会像"甘露"一样降临在我们身上，它是由科学家和工程师在系统内创造产生的，目的是实现他们感兴趣的过程或完成对产品的某种改进。然而，随着新技术的进步，新古典主义的观点需要应对人类的历史参数。技术创新和经济进步支配着一种创新现象，这种现象不同于历史上的任何其他事物。

"创新概念的起源可以追溯到1912年美籍奥地利经济学家熊彼特（J. Schumpeter）的《经济发展理论》。熊彼特在其著作中提出：创新就是建立一种新的生产函数，把一些生产要素和生产条件的新组合引入生产体系。它包括五种情况：引入一种新的产品；引入一种新的生产方法；开辟一个新的市场；获得原材料或半成品的一种新的供应来源；实现任何一种工业的新的组织。熊彼特是从经济学的维度来诠释科学技术创新的。……20世纪60年代，随着新技术革命的迅猛发展，美国经济学家罗斯托（W. W. Rostow）提出了'起飞'的六阶段理论，将创新概念发展为'技术创新'，把'技术创新'提高到创新的主导地位。……与熊彼特的诠释有所不同，罗斯托是从技术的维度来诠释科学技术创新的，强调了技术的应用，也强调了技术价值的市场实现。"①

在某种程度上，和所有形式的知识一样，技术是最受欢迎的一类知识，因为共享它的社会边际成本为零。由于社会边际效应总是正的，因此最佳静态解决方案是使所有有能力并愿意使用它的人都能自由获得技术知识。然而，在这种情况下，没有人会有大的动机去进行昂贵且冒险的研发。由此产生的困境引发了关于如何在创新活动中建立最佳激励机制的辩论。具有实用知识的专利和其他形式的私有财产在工业革命中发挥了作用，但它的作用不像以前想象的那么重要。有用的知识通常是在开放知识的条件下产生的，也就是说，每个增加了知识储备的人都不需要或期望得到与知识分子的社会储蓄成比例的金钱补偿去进行革新。但是，他们会坚持认为，实现知识获取目标是建立声誉的一部分，并乐意将获得的贡献予以分享和传播。

---

① 上海科学技术情报研究所.科技创新辞典[M].上海：上海社会科学院出版社，2015：1.

2. 内在论与外在论

使创新成为经济史上独特主题的同等重要的事实是:"技术是在不确定性的情况下产生的,这种不确定性可被归结为意外后果和未知结果的结合。"[①]之所以如此,是因为技术通常是在其所基于的物理、生物或化学探索过程的操作能得到理解时才开发出来的。许多发明对环境、人类健康或社会结构具有不可预见的溢出效应。此外,许多创新通常以最初不常用的方式与其他技术结合,以产生完全新颖的混合技术,其功能远不只这些组件的简单加总。结果显示,发明人常常对创新成功的最终结果感到惊讶。这样的惊讶可能是正面的,也可能是负面的。

内在论和外在论都解释了技术的进步。内在主义者认为技术的自洽逻辑是一种进化过程,其中一个的进步会促成另一个的进步,偶然性起着主要作用,使得过去在很大程度上决定了未来。内在论的主要推动者为经济学领域的创新经济学家,如熊彼特、罗森伯格等学者。外部主义者认为技术变革是由经济需求、必要的刺激发明、要素价格和资源引导的创新共同决定的,主要支持者为社会建构论者与技术决定论者,如海尔布隆纳、休斯、拉图尔等人。社会建构主义者将技术视为政治过程和文化变革的结果,但在同一阵营中,他们的重点有所不同。在这些变革中,某些思想在市场中大获成功,因为它们为某些特殊的阶级或群体利益和强大的团体服务。工业革命以来的技术史为这些论点提供了一定的支持,并显示出了新的问题。更具包容性的方法是将创新流程分为交

---

① Rosenberg N. Uncertainty and technological change[C]//Fuhrer J C, Little J S. Technology and growth. Conference Series: Vol. 40. Boston: Federal Reserve Bank of Boston, 1996: 92.

互式的过程。毫无疑问,在罗森伯格的著名比喻中,经济需求成了"聚焦工具",流行的"需求是发明之母"的观念说法同时就成了多余的。[①] 社会往往具有创新和创造力,其原因与紧迫的经济需求并不会直接关联。例如,当前西方现代社会总的来说足够富有,不会有任何紧迫的"需求",但它具有创新性和创造性,满足不了了18世纪创新者的野心。其实,手机或电脑的发明并没有其"必要性"。技术的社会发展通常是由市场力量或国家需求确定的,但是从来没有任何东西可以确保该发展能够成功。

技术以一定的速度和方向发展,对创新驱动的研究有助于我们理解这些运动定律。此外,要弄清技术为什么会改变其工作方式,我们需要更加清楚地说明技术知识和命题知识或自然科学知识之间相互影响的方式。有关物理环境的知识为所用技术创造了认知基础。反过来,技术为科学家设定了规则,建立了反馈机制。其实,正是许多现实问题的解决促使了技术的进步。

3. 创新驱动的本质是知识驱动

同所有进化过程一样,技术创新通常是浪费且低效的,甚至常常是错误的。因为根据定义,项目的结果是未知的。而且,在我们看来,很多成功的创新都没有被采用。但是,随着时间的流逝,创新过程的效率低下程度并不稳定。正如乔尔·莫基尔(Joel Mokyr)所论证的那样,"如果对底层过程有了更多的了解,可以大大减少创新中的浪费。在这方面,在过去的一千年中,该过程的效率大大提高。如果将创新比作需要尝遍货架上的每个瓶子,那么该技术的认知基础

---

① Rosenberg N. Perspectives on technology[M]. Cambridge: Cambridge University Press, 1976.

的改善,则至少可以减少货架的数量"①。如此可以避免盲目地寻找新事物,如妄想发现永动机或将贱金属转化为黄金。它减少了花在神秘科学和其他活动上的时间和精力,启蒙时代逐渐将这些智力活动视为"迷信"。它的运用还可以减少重复研究,并避免发明一些没用的产品。

经济现代性的技术组成部分是在工业革命之前的一个世纪创造的,通过一系列的思想和经验上的改变,它深刻地改变了欧洲人与自然环境互动的方式。人们既与他们所生活的现实世界相关联并对其加以研究,又能操纵该知识以改善商品和服务生产的方式。随后,人们逐渐摆脱了技术约束。现代经济增长是通过增加有用的知识来驱动的,就知识而言,有用的知识不受收益递减的影响。正如18世纪已经意识到的那样,使之成为可能的是不断增长的"知识领域"或专业化,其中每个人都控制着迅速增长的知识总量中不断变化的一部分。亚当·斯密(Adam Smith)曾直言不讳地说:"对社会进步的猜测,像每笔交易一样,细分为许多不同的部分,……科学的数量因此大大增加了。"②由于总的社会知识等于所有知识的总和,因此,只要最大限度地使利用知识的人不断增加,可用于技术进步的知识就会增加。确保获取知识成本下降的原因是,获取知识本身已经通过印刷机和互联网的发明得到了发展,并且在创建开放技术方面也有了一定进步,科学和有用知识在公共领域中的位置越来越重要。

科技创新驱动的关键在于创新知识体系的形成,这种知识体系使得在内部科技创新知识能够推动知识的进步,进而影响到经济和社会;在外部社会环境

---

① Mokyr J. The contribution of economic history to the study of innovation and technology change: 1750—1914[M]//Hall B H, Rosenberg N. Handbook of the economics of innovation: Vol. 1. Berkeley: Elsevier, 2010:15.

② Mokyr J. The contribution of economic history to the study of innovation and technology change: 1750—1914[M]//Hall B H, Rosenberg N. Handbook of the economics of innovation: Vol. 1. Berkeley: Elsevier, 2010:16.

能够为科技创新提供一定的推动作用,不论这种作用是正向的,还是反向的。这使得人们在面对新科技革命时,不仅需要大力发展科技使其成为发展的驱动力,还需要不断完善创新环境,为创新驱动提供外在保障,达到内在和外在的统一。

第二节 前工业革命时期的科技创新

"16世纪以来,人类社会进入前所未有的创新活跃期,几百年里,人类在科学技术方面取得的创新成果超过过去几千年的总和。特别是18世纪以来,世界发生了几次重大科技革命,如近代物理学诞生、蒸汽机和机械、电力和运输、相对论和量子论、电子和信息技术发展等。在此带动下,世界经济发生多次产业革命,如机械化、电气化、自动化、信息化。每一次科技和产业革命都深刻改变了世界发展面貌和格局。一些国家抓住了机遇,经济社会发展驶入快车道,经济实力、科技实力、军事实力迅速增强,甚至一跃成为世界强国。发端于英国的第一次产业革命,使英国走上了世界霸主地位;美国抓住了第二次产业革命机遇,赶超英国成为世界第一。从第二次产业革命以来,美国就占据世界第一的位置,这是因为美国在科技和产业革命中都是领航者和最大获利者。"[1]

1. 缓慢增长期

1800年之前的欧洲和世界其他地区,在不了解其原因和工作方式的情况

---

[1] 习近平. 深入理解新发展理念[EB/OL]. (2019-05-16) [2021-09-28]. https://www.12371.cn/2019/05/16/ARTI1557969383087897.shtml.

下,开发出了许多极为有用的技术。在科学上的无知并没能阻止这些地区在不了解冶金学的情况下制造钢铁,在不了解酵母的重要性的情况下酿造啤酒,在不了解遗传学的情况下繁育动物,在不了解免疫学的情况下"战胜"天花,在不了解土壤化学作用的情况下进行农作物轮作和施肥。即使自然科学知识的基础没有增长,技术也可能发生变化。传统社会已经在通信、运输、材料和能源的使用及对动植物的控制方面取得了相当大的成功,形成了有机经济。虽然工业革命之前的煤炭经济比人们想象的要强韧得多,在工业革命的前夕,西欧的家庭供暖和许多工业过程都严重依赖煤,对铁和其他金属也有许多应用。18世纪发生的转变主要不是从有机经济到煤炭经济的过渡,而是从一个经验性的、非系统性的,至少是隐含且有用的知识体系,转变为一种系统的、有组织的方式收集和分析这类知识的技术范式,有用的知识逐渐成为改变经济的动力。

前工业时代的非技术因素最终影响生产力的能力受到限制,因为人类必须从外部吸收新的知识。此外,技术提高生产力的成效发生在有本地需求和约束条件时,需要进行调整以满足某种不同的需求,并且可以与其他技术混合。

缺乏对自然过程的基本了解并不是前现代欧洲经济增长如此缓慢的唯一原因。人们反复争论说,这些社会受制于马尔萨斯式的体制,即使发生了技术变革,也将被忽视,因为人类花了大把时间将科学进步耗费在日常生活上。这种解释存在许多问题①,它需要一种替代性的负面反馈机制加以补充,即经济增长常常受政治、社会和国际关系等影响,这种竞争模式被乔尔·莫基尔称为马尔萨斯式经济。

---

① Mokyr J, Voth J. Understanding growth in Europe, 1700—1870: theory and evidence [M]//Broadberry S, O'Rourke K. The new Cambridge economic history of Europe: Vol. 1. Cambridge: Cambridge University Press, 2010: 17.

2. 竞争经济期

马尔萨斯式经济的悖论在于，从最基本的解释来看，任何生产率的增长都无法长期改善生活水平，从长远来看，这是工资规则的铁律。然而，这显然与前工业经济的许多证据不一致。工业革命之前就存在增长，即使这种增长相对缓慢，但在过去的几个世纪中增长是复杂的。正如这些论点所暗示的那样，综合1700年之前的长期情况来看，经济确有实质性增长。在《国富论》中，亚当·斯密确信，英国的土地和土地的年产量比一个世纪要高，甚至在此之前一直在稳定增长。但可以肯定的是，其增长率很低，进展不平衡，有时还有衰退。然而，技术在多大程度上影响了这一情况？人们一致认为，在工业革命之前，产出和收入的大部分增长都可归因于商业和市场的增长。这种增长模式可能解释了1800年以前增长的动态特征。毕竟与技术进步相比，暴力掠夺和贪婪的开发者更容易忽略由于商业扩张而产生的进步。

但是，技术并没有停滞。农业、纺织、造船、通信、冶金和能源等领域的技术进步是累积的，而且英国的人口也在稳步增长中。同样，这些进步是有限的，因为它们是基于偶然性和耐心实验的结合，而不是通常所认为的技术创新。

在马尔萨斯式经济中，大多数发明是由工匠创造的。工匠通常参与到行业协会中。行业协会在创新史上享有很好的声誉，通常也被描述为保守组织。在许多情况下，行业协会是有益的。有人认为行业协会并非一直保守，而是经常允许甚至鼓励创新，并有助于创新的传播。无论行业协会在其培训和组织中的作用如何，毫无疑问，拥有大批训练有素的熟练工匠是英国在18世纪享有的巨大优势之一。他们的能力使当时最具创造力的技术人员能够切实地执行他们的想法，并一再根据规格构建他们设计的设备。他们可能是机械师、技术精湛的钟表和乐器制造商、金属工、木工、玩具制造商、玻璃切割工及其他领域的专家,能使用正确的尺寸和材料来精确地生产零件,也可以读取蓝图并计算速度、理解公差、阻力、摩擦力、润滑效果及机械零件的相互依赖性。他们是可以操纵实验室设备和酸的应用化学家,或是尝试了新品种的动物、肥料、排水系统和饲料作物的专业农场主。他们的知识水平不同于进行科学发现或发明所需的知识水平,可以用"能力"一词来表示他们的知识水平。然而,问题在于,仅依靠熟练的工匠是否能够产生激起工业革命的力量。

3. 工匠技术期

有人认为,基于熟练技工的"模仿经济"导致了自我维持的改进过程,这不是不言而喻的。工匠通常会采用现有技术,在此过程中,不断增加的微发明可能会带来一些大的改进,但最终会失败。历史上,与技术停滞相关的许多社会都不乏高技能的工匠,尤其是在南亚和东亚。一个纯手工知识的社会最终将在技术平衡中安顿下来,工匠的世界也会不断受到来自外部的新知识的冲击。可以肯定的是,这个时期一些著名的大发明家,都由自己独立进行发明。其实,很少人能像詹姆斯·瓦特(James Watt)那样有天赋,并且受过良好的教育。这段时期的工匠们更擅长对现有工艺进行逐步改进,而不是扩大他们所应用的技术的认知基础,或者学习关于技术的最新知识。工匠通常也不能很好地依靠类比和重组这两个过程。在这些过程中,技术可以通过采用或模仿其他不相关活动的技巧而得到改善。如果工业革命所需的仅是工匠们的创新,那么它可能早在几个世纪之前就已经发生了。毕竟,工匠已经存在了多个世纪,并且依靠其创新能力而没有注入更多形式化和系统化的有用知识来解释工业革命,这将使人们难以理解为什么1750年后经济发展如此迅速。技术上存在的问题总体上没有化学工业或动力工程复杂,但正如玛格丽特·雅各布(Margaret C. Jacob)所表述,机械科学很快就进入车间,对生产率产生了重要影响。此外,法国也有熟练的工匠,但几十年来,他们似乎无法建造蒸汽机和开发类似英国人所进行的炼铁工艺方面的改进。① 并不是所有的工匠都能友好地对待技术并且促成其进步。例如,里昂的织布工人就需对提花织机加以抵制。

在前工业革命时期,科学和技术还处于自然发展阶段,西方和世界其他地方并没有实质性的经济差别。技术与工匠的作用并没有对社会发展产生关键影响,因此也未成为创新驱动社会。

第三节　第一次工业革命中的科技创新

1. 知识的普及

人类社会的发展离不开能源,火电技术的利用开启了人类的文明时代,蒸汽机使人类进入煤炭工业时代,内燃机使石油成为了工业的血液。如今,全球能源结构不断转型。当今世界低碳追求与技术进步共同加快能源结构多元化的转型,世界能源格局正在发生重大的转型,谁掌握了世界能源未来的方向,谁就能把握未来。

然而,可以肯定的是大多数社会中缺乏长期增长。真正的奇迹不会发生在

---

① Jacob M C. Mechanical science of the shopfloor[J]. History of Science,2007,45(2):198.

这种发展缓慢的马尔萨斯式社会,它们最终会被迅速增长的工业社会取代。工业化的启蒙运动是为了实现培根的梦想,即有用的知识将成为人类的财富。培根在其作品中解释了一种在18世纪被广为接受的看法:"如果人类努力建立并扩大自身在整个宇宙中的力量和统治力,那么他将实现雄心壮志。这毫无疑问是一件有益且高贵的事情。现在,人在自然之上的领域完全取决于艺术和科学。因为只有服从自然,我们才能指挥自然。"①

培根对后代的影响是巨大的。显然,他当时所提出的未来社会已经浮出水面,并且是通过精确而无懈可击的逻辑推理表达出来的,他与亚当·斯密、马克思和约翰·凯恩斯一样,成为依靠其思想影响实际经济发展的思想家之一。所谓的无形学院在他去世后在英国成立,即皇家学会,其宗旨是增加有用的知识,并建立理论科学与实际应用之间的桥梁。实验主义者罗伯特·波义耳(Robert Boyle)扩展了培根的思想。皇家学会以培根的所罗门宫殿为原型建立,开启了对实用技术研究的无限热情。

所有这些都导致了工业革命吗?自相矛盾的一点是,在18世纪大部分时间里,培根所计划的成果非常可怜。工业革命的许多核心发明,尤其是纺织品,与科学或命题知识的发展没有多大关系。此外,应该谨慎地确定培根的实用知识中哪些部分会被激发和增强成有用的技术。伽利略(Galileo)、牛顿(Newton)、笛卡儿(Descartes)和惠更斯(Huygens)代表着严谨的科学,通过详细描述他们并不真正理解的自然现象和技术实践,为实验家和自然历史学家提供了丰富的知识基础。可以肯定的是,科学家们也在开发新的生产技术方面取得了一些引人注目的成功,其中比较重要的包括氯漂白技术、苏打水制造工艺、避雷

---

① Mokyr J. The contribution of economic history to the study of innovation and technology change: 1750—1914[M]//Hall B H, Rosenberg N. Handbook of the economics of innovation: Vol. 1. Berkeley: Elsevier, 2010: 19.

针和采矿安全灯等。但是,当时与工业革命相关的大多数具有开创性的创新并不太依赖这些知识。然而,这些知识也确实拓宽了已经使用了几个世纪的某些技术的认识论基础,一部分还解释了之前无法解释的一些原理,为进一步取得更大进展铺平了道路。

2. 技术知识的兴盛

马尔萨斯式经济模式的约束之所以被打破,不仅是因为自然知识能够更好地为技术提供信息,而且还因为改进后的技术能转化为更多的知识,从而实现良性循环,打破前工业社会的负面反馈。从广义上讲,改进后的技术使发展更先进的科学成为可能。拉瓦锡和他的学生们在揭示元素化学方面取得了巨大进步,这是由他的同事拉普拉斯(Laplace)制造的设备所实现的。拉普拉斯是一位熟练的仪器制造商,也是一位杰出的数学家。由伏特发明的第一个类似电池的装置使得在化学物质中分离出一些新元素成为可能。这些化学元素是拉瓦锡研究的重要对象。正如汉弗莱·戴维所说的那样,伏打的电堆充当了欧洲各地实验人员的警钟。

因此,改进的仪器和研究工具在一系列项目中发挥了重要作用,这些项目可以被视为具有诗意的技术进步。其中一种改进是使用测地线进行测量。杰西·兰斯登(Jesse Ramsden)设计了著名的经纬仪,该经纬仪于1791年开始用于英国军械测量。另外一种类似的工具是由法国乐器制造商让-查尔斯·博尔达(Jean-Charles Borda)于1775年设计的,用于精确确定子午线的长度。时间的测量精度越来越高,对于精确的实验室来说是极为必要的,对于解决确定海上经度这一顽固问题也是必要的,这是启蒙运动较成功的发明之一。实验工程学也取得了方法上的进步。约翰·斯密顿(John Smeaton)最早发现技术系的有效改进方法,可以通过一次改变一个组件并使其他所有组件保持不变的方法来进行测试。斯密顿对水磨和蒸汽机的改进大大提高了效率,尽管他的发明不如瓦特那样出色。在一些更先进的早期工厂中还进行了许多其他实验工作。

新技术创造了工厂,工厂催生出很多成果,也是有用知识的存储库。但是,它们也是在培根运动的传统下进行实验的地方。虽然当时只有极少数的大型工厂进行这样的实验,但它们无疑是最重要的。一些较著名的早期钢铁厂所有者深入地参与了试验,如詹姆斯·瓦特(James Watt)、约西亚·韦奇伍德(Josiah Wedgwood)、纺织品制造商本杰明·戈特(Benjamin Gott)、约翰·马歇尔(John Marshall)和乔治·李(George Lee)等。他们经常与当时最好的科学家保持联系,尽管能学到的知识有限。当时的自然科学知识还不足以指导工业进行技术选择。如果对某种技术所基于的确切自然过程知之甚少,最好的方法是通过系统的反复试验来推进。瓦特在1794年就投入蒸汽机研究,当时的力学理论也是不充分的,因此实验才是唯一的答案。实验曾经是绅士科学家的活动,到18世纪后期已成为一种车间工作。在这样的系统中,进步往往是零散且累积的,而不是革命性的,但若没有这样的微发明,创新的过程就会停滞不前。宏观发明和微发明在本质上是相辅相成的,但在一个人们深信通过改进能实现目标的时代,它们刺激人们不断进步的能力在不断提高。

同样重要的是,正如培根及其追随者所建议的那样,技术瓶颈问题为科学家设定了研究对象,其中许多人决心解决现实世界中的问题,包括启蒙运动中重要的思想家。例如,莱昂哈德·欧拉(Leonhard Euler)在关心船舶设计、透镜、梁的弯曲,并在液压系统理论上作出了很大贡献;拉瓦锡在年轻时就致力于解决各种应用问题,包括石膏的化学反应和路灯照明问题。许多一流的科学思想家都毫无保留地献身于解决技术难题的工作:包括如何设计计算机,如何制造更好更便宜的钢材,如何提高农业生产率和改善牲畜,如何建造更好的水泵,如何确定海上经度,如何为房屋供暖和照明和城市安全,以及如何预防天花等类似的问题。

3. 知识和技术的紧密结合

理解工业革命需要重点关心纺织工业,这也是棉纺技术革命的关键。然而,工业革命席卷了许多工业和部门,技术进步也扩散到了许多部门,虽然这些起初只是英国经济的一小部分。在18世纪下半叶,与众不同的不是一个行业或另一个行业的进步,而是整体推动广泛发展的创新动力对于可能取得成功的个别行业的影响,如棉纺织品、蒸汽技术、熨斗和工程学。然而,其他一系列商品和服务也有类似的推动效果,起初进展缓慢,因为自然提供了更多的反力,或者说问题更加棘手。这种反力在农业和医学中尤为明显。经济史家不再谈论农业革命的原因是,提高农业生产率的问题超出了当时的科学水平。

关于第一次工业革命的主要结论在于它作为现代经济增长源泉的历史重要性,与其说是1760—1800年发生的棉花和蒸汽的转变,不如说是西方经济发展有了新动力——持续的科学技术进步。尽管工业革命的头40年的大部分发展是在英国进行的,但这显然是一项跨国努力。法国、德国、意大利和北美地区的知识界都参与其中,形成一所国际性的"无形学院"。这个共同体在16世纪已经出现,18世纪时已经扩展到机械技术等应用技术领域。

彼时,学者和工程师之间的合作是必要的,因为这需要超越英国本国范围的创造力和才智来创建不断增长的知识库,这是工业革命与前工业社会之间的最大区别。同时,人们也意识到这一点,尽管英国的科学家和数学家可能作出了实质性贡献,但很显然他们随时准备采用和适应各种外来的创新。工业革命是大多数主要经济体的共同努力,英国人可能在能力和微观发明方面具有一定优势,因此出现了熟练的工匠和机械师,也引进了许多优秀的思想。正是由于可以利用英国本国所产商品更多的知识基础,所以英国的工程师和发明家能够保持创新的步伐。在化学领域尤其如此,英国人一直认为自己落后于欧洲同行。这意味着,英国作为"第一工业大国"的优势本质上是短暂的,而受到广泛讨论的英国的衰落只不过是一个平衡的过程,在此过程中,其他西方国家的技术能力逐渐赶上了英国。

第一次工业革命中的科技创新现象,体现出科技创新是一个体系,首先是技术界的交流和互动,其次是科学与技术工程界的互相促进,最后是不同国家之间的知识流动和技术交流。虽然这个体系更多的是自发性质的,但是却逐渐影响了后人,让人们在经济发展中越来越重视科学与技术的集合,并且认识到创新型国家和全球科技创新体系的重要性。

第四节 第二次工业革命中的科技创新

1. 科学和技术深度融合的开端

截至1860年,西方世界经历了纺织品、材料、运输和能源等工业领域的革命。人们的日常生活也逐渐受到了影响,但对大多数人来说几乎没有什么影响,除了使旅行变得更加快捷和便宜。许多大型工业城镇如雨后春笋般涌现,如英国的曼彻斯特和格拉斯哥。在这个创新的蒸汽世界,大型棉纺厂、锻铁和混合动力船、天然气设备和天然气照明逐渐推广。第二次工业革命使得1860

年的世界与1914年的世界非常不同。在这两个时期之间发生的创新浪潮在技术和概念上的发展比人类历史上任何时代都更为激进和壮观。19世纪70年代被认为是历史上最富有成果和最密集的创新时期。当然,很难对这些陈述进行精确的量化和测试,但是几乎所有在20世纪上半叶开发的新技术,以及许多以后的新技术,都起源于通常被称为第二次工业革命的时期。

廉价钢铁的影响很难被高估,原因仅在于当时没有其他可以与之竞争的材料。钢铁自中世纪以来就已广为人知,但其高昂的成本使其用途受限。本杰明·亨斯迈(Benjamin Huntsman)使用焦炭炉和反射炉来产生足够高的温度,使其能够将起泡的钢加热到熔点。由此,他发明了一种坩埚,并很快对它提出了更高的要求。亨斯迈的工艺之所以出色,不仅在于能生产出更均匀、更坚固的产品,而且由于能产生更高的温度,因此可以更好地去除杂质。然而,他的产品对于许多工业用途而言仍然太昂贵了,制造又好又便宜的钢的尝试不得不拖到了19世纪下半叶。尽管如此,值得一提的是,作为一个重要的进步,亨斯迈的发明是18世纪早期的开拓性发明之一。在机械零件、切削工具、仪器、弹簧,以及需要弹性和耐用性的其他任何产品的生产中,钢铁都是必不可少的。坩埚钢可能是经济史学家忽视的创新的关键催化剂。19世纪,在引入生产便宜的散装钢的方法很久之后,质量更佳的坩埚钢得以进行大量生产。如前所述,19世纪20年代和30年代,作为纯铁的少量碳的合金,钢的化学性质已为人所知,如果没有钢,很难预见炼钢的后续发展。

化学也有助于解决这两种技术中的问题,包括从矿石中去除磷,它降低了钢的质量。英国担心失去其在这些领域的技术领先地位,因为德国钢铁仍然依赖于英国的创新。除了西门子的部分创新外,不锈钢等大多数重大突破都来自英国。在英国谢菲尔德,使用旧的坩埚技术可以长期生产高质量的钢材。然而,钢铁革命是由较低的价格而不是新颖的产品引起的。廉价钢的使用很快超出其最初的简单日常需求，匹配上了许多应用。到1880年，建筑物、轮船和铁轨越来越多地由钢制成。在此之前，钢铁一直受到严重限制的地区也开始出现规模经济，如建造更大的船只和更高的建筑物。钢铁彻底改变了国际贸易、城市布局和战争，成为制造机器、武器和用具，以及制造工具的基础材料。虽然廉价钢创造了现代工业社会的结论，听起来像是技术决定论，但是如果没有它，现代经济的形态将大为不同。

冶炼钢铁虽然需要科学提供的技术知识，但其本质仍然可归为经验性、描述性的科学。在化学中，广泛的认识基础是必不可少的，即使对化学原理有充分理解也需要同时发展新技术的开发，其中许多是通过反复实验得出的。19世纪20年代后期，两位德国化学家弗里德里希·维勒（Friedrich Wohler）和尤斯蒂斯·冯·李比希（Justus von Liebig）在有机化学方面的发展算作是一场革命，等同于拉瓦锡40年前的贡献。四种元素（氧、碳、氮和氢）可以通过几乎无限多种方式结合在一起，从而产生数百万种不同的化合物，有机化合物可以通过人造技术而非仅仅通过某种神秘的力量来产生。有机化学为通常被视为第二次工业革命的核心领域的制造打开了大门，包括人造染料、化肥、炸药和药物。

2. 化学与工业

然而，彼时的科学也仅仅依靠偶然性和耐心的反复实验的结合。威廉·帕金（William Perkin）当时正寻找一种化学方法来生产人造奎宁。在从事这项工作的同时，他于1856年意外地发现了紫色的苯胺，可以让它代替天然染料紫红色。这一发现推动了后来现代化学工业的发展。帕金受到当时在皇家化学学院任教的德国化学家奥古斯特·冯·霍夫曼（August von Huffman）的影响，其最初从事的工作也受到霍夫曼的启发和鼓动。三年后,法国化学家伊曼纽尔·韦金(Emanuel Verguin)发现了苯胺红,即洋红色。1869年,经过多年的努力,一群德国化学家合成了茜素。如果在英国发现茜素,标志着一系列辉煌而又非系统性发明的终结,而在德国,则标志着德国人在化学发现中建立霸权的开始。德国化学家还成功合成了靛蓝素,并于1897年加以完善,此后还合成了其他一系列染料。除人造染料外,最值得注意的发明是苏打水,它是由比利时人欧内斯特·索尔维(Ernest Solvay)于19世纪60年代创造的,而炸药是由阿尔弗雷德·诺贝尔(Alfred Nobel)发明的,用于建造隧道、道路、油井和采石场。

自19世纪20年代和30年代吉森和哥廷根的开创性工作以来,德国在化学方面的优势就形成了所谓的德国优势。在一系列德国大学中,化学家们逐渐揭示了有机化合物的奥秘。最著名的突破是波恩的有机化学,他认为有机化学是对碳化合物的研究,并提出了苯化合物的结构。许多德国化学都是由普通科学组成的,许多科学家的累积进步加深了人们对化学的理解,从而推动了一系列创新,并创造了一个产业。英国和法国不愿德国成为当时的化学巨人,但是化学技术所基于的知识跟所有西方科学一样,都是开源的。然而,这些技术本身并不是事实知识,并且专利保护在该行业中正日益成为发展的关键因素之一,因为研发成本很高且通常很慢。德国的专利保护政策比英国的法律更有效,很大程度上是因为德国的专利保护法是由制造商制定的。德国逐渐成为人造染料的主要生产国,占世界市场的 $85\%\sim90\%$。

在这方面,德国在第二次工业革命中在化学产品方面取得的优势可与英国在早期棉花行业中的优势相媲美。尽管其本身取得了许多进步,但化学家和化学知识却在国际范围内流动。如果说德国拥有其他国家难以复制的优势,那就是应用能力。德国的理工大学培养了一批稳定的、训练有素的中级化学家,他们能够实施和执行新工艺,并且在工艺过程中引入了微型发明和改编进技术,这些技术在生产力和成功的新产品中取得了巨大的收益。但是,与英国早期的棉花工业不同,化学工业非常需要"具有科学素养的劳动力",德国的高等教育在生产这种动力资源方面要好得多。这种优势,就像英国在18世纪早期的优势一样,本质上是短暂的,因而德国在化学领域的领先优势在第一次世界大战后就消失了。

在第一次世界大战爆发前,德国化学家开展了一项前从未有、引人注目的创新:以合理的成本从大气中合成氨(NH_3),即1912年的哈伯-博世(Haber-Bosch)工艺。此举被认为是历史上重大的突破之一。

3. 电力科技的兴起

电力领域同样如此,这是第二次工业革命时代另一个惊人的进步。电力科技吸引了18世纪和19世纪初许多杰出人士,尽管人们越来越了解如何通过安培(Ampere)和法拉第(Faraday)等人的工作来产生和控制电力,但是在电力行业应用数十年来,电报一直难以实现。从1831年法拉第建造第一台发电机的那一天起,许多科学家和工程师开始致力于这种现象的研究工作,认定这是有很大希望的。

电力研究具有19世纪技术变革的三个特征。首先,它是跨国产业,是在一个对特定民族认同不感兴趣、只关心向前推进技术研发的学者共同体中开展的。其次,正在开发的技术的认知基础或多或少地与技术本身同时出现。形式数学在实验过程中被成功使用,并且两者相辅相成。在这个领域中,许多最初的发现是很普通的,因为所有参与者都可以使用最佳自然实践知识。国际展览和电机工程领域期刊的迅速发展是获取知识的便捷途径的关键。在该领域,获取专利也很普遍,部分原因是实验成本通常很高,但最重要的是,人们认为借此获得经济效益的可能性是有希望的。许多人预见到,经典的多功能技术性电力应用可以改变生产、运输和消费。

使一切变为可能的创新出现在19世纪60年代后期,当时可以应用自激原理来大规模发电。德国人、英国人和法国人几乎同时都发明了发电机,如西门子声称自己是发电机的发明者,而在巴黎工作的比利时人在1870年就建造了第一台实用的发电机。从那以后,科学家们进行了一系列的创新,其中还包括特斯拉(Tesla)和爱迪生(Edison)等著名的公司,它们可以制造各种利用新能源形式的设备。特别需要指出的是,电力对公司和家庭的影响是深远的,因为它能使能源以恒定的成本无限次地被利用。

就像之前的铁路和电报一样,电力牵涉创新网络的外部性,协调失败的可能性也很多。直到今天,不同的电流、频率甚至电源插座仍未统一标准化。所有标准化问题的源头是19世纪80年代展开的交流电和直流电之间的"电力大战",这场大战最终于1890年由西屋(Westinghouse)公司和交流电的支持者赢得。特斯拉制造了一种使用交流电的多相电动机,后来由西屋进行了改进。同样重要的是最初由法国人路森·戈拉尔(Lucien Gaulard)和他的英国搭档约翰·吉布斯(John D. Gibbs)发明的变压器,后来由在西屋工作的美国人威廉·斯坦利(William Stanley)加以改进。特斯拉的多相电动机和戈拉尔-吉布斯(Gaulard-Gibbs)变压器解决了交流电的技术问题,并使直流电成为更经济实惠的选择,但这无法实现经济传输的问题。然而,电力也需要大量的系统建设,这是一种分散的技术。它需要三类专家之间的密切合作:纯粹的科学家和数学家,没有太多理论知识但对工作原理具有良好知识的实际发明家,以及企业家和组织者。①

电力对工业生产率的影响相对较慢,但毫无疑问,电力消费已改变了社会。例如,电力照明普及的范围广阔,有轨电车对日常生活和城市化模式的影响同样巨大。在家庭生活中,只用了十几年,电力就显示了技术如何以前所未有的方式改变了烹饪、取暖、娱乐、清洁、食物保存和环境等,而且它们是成簇出现并相互影响的。此外,由于它是一种开放的能源形式,电力使小规模单位得以生存,而这些单位可以从网络中汲取所需的能源。在大多数技术发展都扩大了规模并指向大尺寸的时代,这种发展向另一个方向延伸。

4. 机械科技创新

内燃机的发展具有钢铁和电力的一些特征,但没有社会系统方面的特征。即使没有内燃机,各种难题也能应对。外燃机,即蒸汽发动机,正在不断改进,因此汽油发动机所做的大部分工作也可以由效率更高、重量更轻的蒸汽车来完成。蒸汽驱动的拖拉机从来没有取得过成功,也没有被完善到可以被广泛采用的程度,因此也有人怀疑发动机的结构是否足够轻巧到可以驱动飞机。但是,在其他用途以及长期稳定的蒸汽动力方面,内燃机的性能均优于蒸汽机。这也是国际合作的结果,比利时人让-艾蒂安·勒努瓦(Jean-Etienne Lenoir)制造了第一台内燃机,而法国人写出了第一篇提出四冲程发动机的优点的论文。然而,时至今日我们认为汽车技术的大多数关键部件都是由德国人开发的,起到率先作用的是开发了实用的四冲程发动机的尼古拉·奥古斯特·奥托(Nikolaus

---

① Hughes T. Networks of power: electrification in western society, 1880—1930[M]. Baltimore: Johns Hopkins Press, 1983: 86-92.

August Otto)。奥托其实是一名训练有素的科学家,也是一位受过启发的业余技术爱好者,但是未经正规技术培训。最初,他将四冲程发动机作为解决方案,以解决获得足够高的压力的问题,后来又提出了四冲程原理,该原理至今仍然是大多数汽车发动机的核心技术,被誉为人类技术史上的一项杰出突破。其他先驱者包括戴姆勒(Daimler)品牌的工程师威廉·迈巴赫(Wilhelm Maybach),他发明了现代浮法进料化油器,最后由戈特弗里德·戴姆勒(Gottfried Daimler)和卡尔·本茨(Karl Benz)将它们组合在一起。1900年左右开拓的其他技术改进包括散热器、差速器、曲柄启动器、方向盘、充气轮胎和踏板制动控制装置。

有趣的是,法国人和美国人采用这些技术的速度比德国人要快,到1914年,这两个国家的人均汽车数量比德国多得多。因此,虽然四冲程发动机具有复杂的协作产品身份,但其竞争对手基本都是靠单人创新。鲁道夫·迪塞尔(Rudolf Diesel)是一位训练有素的工程师,接受过科学训练的"新发明家"的良好榜样,他也是一位"理性"工程师,追求效率至上。他发明的柴油机不是由修补和调整旧机器而来的,而是从最初的热力学原理开始的。他不断寻找一种能结合卡诺循环的发动机,该发动机通过等温膨胀获得最大效率,从而不浪费能源,并且可以使用廉价的粗燃料进行启动。等温膨胀在实践中是不可能实现的,并且如今柴油机的主要特征仍然是依靠压缩的燃烧。柴油机最初是偶然发明的,虽然更脏和更嘈杂,但可以产生更高效率的引擎。在第一次世界大战期间,柴油发动机为德国潜艇提供动力,并在随后的几十年中逐渐取代了船用的蒸汽发动机和卡车上的奥托发动机,这是两种竞争技术长期并存的经典例证。

船舶设计的变化同样是戏剧性的。正如在电力技术中发生的那样,对改进和提高效率的推动导致了新旧技术的同步发展。尽管1810—1860年帆船在航行中取得了重大进步,并最终发展成著名的飞剪船,但作为海上动力的风力发电最终却沦落为运动和休闲船的市场。制造船的材料也发生了变化，在19世纪，知名造船厂都是用铁造船的。由于船舶的最高速度随水位线而增加，并且钢铁船可以比木船制造得大得多，因此船正以前所未有的速度变得更大、更强且速度更快。

5. 科技与社会生活

第二次工业革命对技术改进的追求也正以前所未有的方式影响着消费者。新技术的作用之一是改善饮食。当然，部分原因是运输条件的改善，这使得来自具有食品生产相对优势的国家的廉价农产品进入了欧洲，欧洲农民转而专注于高端产品线。乳制品、鲜肉、水果和蔬菜越来越多。这些产品同样存在世界竞争，如在运输中保存牛肉的有效方法是将其深冻在约−10℃的环境中。1876年，法国工程师查尔斯·泰利尔（Charles Tellier）建造了第一艘冷藏船，该船从阿根廷布宜诺斯艾利斯起航，载有一批冷冻牛肉。到了19世纪80年代，来自南美和澳大利亚的牛肉、羊肉和鸡肉开始大量供应于欧洲餐桌。

在经济社会福利方面，很难找到可以与第二次工业革命期间人们的健康状况显著改善相媲美的技术进步。人口统计学的统计数据证明了这一点。1870年至1914年，西方的婴儿死亡率下降了约50%，下降的原因一部分在于人们收入的增加，使其得以购买更多更好的食物，生活在拥挤程度较低的住宅中，并拥有更舒适的暖气、更好的衣服，拥有自来水、污水处理和医疗服务。

彼时，临床治疗取得了进展，但进展甚微，大多数进步是通过放弃无用或有害的传统做法，如放血、通便和强制通气。1914年之前的医学实践仅在偏远地区有所改善，如产科、手术和更好的诊断工具，并且仅在身体的局部起作用。1860年以前，该领域取得进展的主要途径是通过仔细收集有关疾病发生的数据和寻找经验规律,而对所涉及的机制没有太多的了解。皮埃尔(Pierre C. A.)开发了一种数值方法来评估治疗效果,并在 1840 年左右提供了统计证据证明放血是无用的,使得该技术逐渐消失。几年后,塞麦尔维斯(Semmelweis)根据死亡率的显著差异观察到,产褥热是由被污染的手引起的,产房医生和护理人员用消毒液洗手后可以降低产后发热。在英国,统计部门一直依赖 19 世纪的统计方法。1850 年之后,在公共卫生中使用统计逐渐成为一种流行。1853 年至 1862 年,伦敦统计协会的所有论文中有四分之一是关于公共卫生和生命统计的。预防医学经验主义方法最著名的胜利是约翰·斯诺(John Snow)和威廉·法尔(William Farr)于 1854 年通过对死者地址的定量分析发现了霍乱的水源。大约在同一时间,威廉·巴德(William Budd)展示了伤寒的传染性及其传播方式,并成功地消灭了布里斯托流行的伤寒。

基于巴斯德(Pasteur)和科赫(Koch)及其同伴们的工作,人们对传染病本质的了解不断完善,医疗的认识基础也迅速扩大。在几十年内,医学界设法建立了一个大致完整的传染病理论,其中确定了许多病原体并分析了其传播方式。新细菌学的主要影响再次出现在公共和私人预防医学上。公共医学在将饮用水与污水分离和预防其他流行病方面的进步已被充分证明。

第二次工业革命进一步证实了科技创新是一个社会现象,需要社会全方位的积极参与,包括政府、经济部门、日常生活应用、科学家、工程师、公共部门等,科技创新体系的概念也逐渐出现。通过对第二次工业革命及 20 世纪持续发展史的研究,使 20 世纪的创新理论学者认识到将技术创新纳入到经济发展体系的重要性,并逐渐总结出国家创新体系的概念,进而从经济学和管理学两个层面丰富了创新理论,为马克思主义科技创新驱动思想和实践提供了一定的借鉴和参考。

第五节　对工业革命和科技创新关系的思考

1. 技术改变世界

现代技术的迅猛发展和随之而来的经济现代化一直是多个学科的研究主题,众多学者为之着迷,是他们关注的核心问题之一。技术创造力似乎是人类的统一和普遍存在的特性,然而在历史上,它引起了与物理学革命或人类进化相提并论的巨变。工业革命及其后的发展不仅提高了技术能力水平,而且还提高了社会生活水平。它们改变了创新产生的整体动力,以及发明和传播的速度。在人类的大部分历史中,创新主要是正常经济活动的副产品,其间偶尔产生了重要发明,如水磨或印刷机。直到工业革命前后,专业技术领域进行的系统研发才产生了持续不断的创新动力。

为了实现创新,必须将很多事情放在一起考虑,而这正是18世纪西方发生的事情。导致工业革命的18世纪培根科学建立在文艺复兴和17世纪科学革命的遗产之上。为了使自己的事业蓬勃发展,创新需要一个拥有一定规模的城市和中产阶级的社会,其国民收入水平要远远高于基本生活所需,才能维持我们称之为专业人士的人,包括商人、工程师、科学家、艺术家和教授。而对于一个主要由挣扎求生的农民组成的国家,若知识被束之高阁,就不可能创造出创新。所以尽管是在被称为"黑暗时代"的欧洲早期中世纪,仍然能有一些新事物被创造出来。

然而,产生几次技术进步都是一回事。要想创造一个新世界,在这个世界中,持续的进步将成为一种习惯,而不是偶然事件。在 18 世纪欧洲的部分地区,创新的动力开始发生变化。在 18 世纪,越来越多有影响力的科学家和哲学家逐渐意识到,揭露自然界的秘密并理解其规律是经济发展的关键。在 19 世纪 60 年代,约瑟夫·普里斯特利(Joseph Priestley)以纯粹的培根式术语反思了知识的历史,"在这里,我们看到了人类的最大优势,通过获取自然的力量来增加自身的力量,从而使人类的安全和幸福每天都能得到改善"①。

除了上述有用知识的逐步扩展之外,西方成功的因素还包括一系列制度上的发展。新的制度经济把重点放在对行政人员的约束上,以确保政府执行规则但不滥用规则。担保财产权和对当权者行为的限制被视为经济增长的来源。当然,在历史上,这种有利制度首先解释了亚当·斯密式的增长形式,其中以商业、信贷和更多的劳动力流动为主要驱动力。然而,制度变革与创新速度之间的确切联系也值得探讨,这恰恰是因为工业革命标志着旧制度的终结:在旧制度中,经济的扩张是由商业驱动的,而新的熊彼特式的创新也刚刚开始。

2. 创新文化的兴起

有用知识的增长发生在被称为思想市场的制度环境中。从字面上看,思想市场不是真正的市场,而是一个有用的隐喻。其中,有想法和信仰的人试图将新思想出售给他人,从而获得影响力和声望。就像商品市场能够通过观察价格定律来判断其效率一样,我们可以为思想市场的效率标准进行解释。这里应强

---

① Mokyr J. The contribution of economic history to the study of innovation and technology change:1750—1914[M]//Hall B H, Rosenberg N. Handbook of the economics of innovation:Vol. 1. Berkeley:Elsevier, 2010:37.

调三个标准:共识、可竞争性和累积性。

这些标准可以评估创新市场是否存在一种内在趋向于达成共识的趋势。当知识获得广泛共识和高度信任时,在这种情况下,它更有可能产生广泛的应用。在化学、生物学、医学和物理学领域,以及对现代经济增长至关重要的领域中的许多知识,在现代社会中都处于相当高度的紧缩状态,它们曾在17、18世纪引发激烈的争论,有时很难被解决。当存在一套被广泛接受的认可标准,并且选择环境相对严格时,就可以达成共识。从某种意义上讲,这些知识必须就如何达成共识形成一致。一个有效的思想市场拥有广泛被接受的修辞工具,可以用来评估实验、观察和逻辑分析。在18世纪,对数据、逻辑和改进的观察工具的评估决定了正确的选择,即使修辞工具既是社会学的,也是认识论的。①

可竞争本质上是政治性的,意味着对知识权威的限制。这等同于市场中"自由进入"的概念。工业化前社会的自由进入常常受到政治力量的阻碍。直到17世纪末,诸如扬·范·赫尔蒙德(Jan Van Helmond)和贾曼巴蒂斯塔·德拉·波塔(Giambattista Della Porta)之类的杰出科学家仍然提出了"异端"和"黑魔法"的概念。宗教和世俗仍然将物理学和形而上学紧密地束缚在一起。从1415年扬·胡斯(Jan Hus)被处决,到1685年驱逐胡格诺派,其间大量无谓的暴力和压制挫败了新思想的竞争。到了18世纪,法国大革命和随后的战争引起的政治紧张局势使这种压制恢复了几十年,随后这种强制性才逐渐被放弃。

累积性是指代代相传的有效手段。知识存在于人们的思想中,也因此会折旧。如果没有某种保留知识并在将来提供知识的机制,每一代人都必须重新发明一些简单的人工物。更糟糕的是,一些重要的知识可能已经丢失。因此,累

---

① 夏平.真理的社会史:17世纪英国的文明与科学[M].南昌:江西教育出版社,2002.

积性取决于负责代代相传的机制的效率,以及它们在诸如书籍和人工物之类的知识存储设备中的技术支持。可编码的知识是通过出版存储有用知识的书籍和期刊而积累的。在 18 世纪,这些问题在本质上也代表着量的变化,而不是质的变化,而积累程度是这些问题中的核心。启蒙时代使人们对汇编现有知识的书籍感到特别有兴趣,这些书籍总结成了现有知识,添加了精巧细致的图纸来阐述技术设备的操作,并将这些书放到公共图书馆中。在 18 世纪,科学书籍和期刊的数量增长很快。对 18 世纪出版的书籍主题的分析表明,有关科学、技术和医学的书籍所占比例从 1701—1710 年的 5.5% 上升到 1790—1799 年的 9%。① 在此期间,不列颠群岛出版的图书绝对数量翻了三倍。

3. 科技的真正盛行

技术书籍、词典、纲要和百科全书数量的不断增长是 18 世纪的典型现象。这些作品也许是有效组织有用知识体制的原型。它们包含数百个版画、交叉引用和索引。这些书籍和期刊广泛流传,并且图书馆的增加使阅读变得越来越容易。然而,如果累积性成为正统的话,就可能成为一种负担,因此有效知识市场的第三个组成部分即可竞争性至关重要。如果没有权威性的概念,任何社会知识体系都无法运作,但是在一个运作良好的思想市场中,任何知识都不应该超越挑战。市场理论告诉我们,与垄断者相比,自由进入总体上会产生有益的结果。因此,正是累积性与竞争性的结合为有用知识的快速增长创造了独特的环境。隐性知识的积累是通过不同的渠道进行的,并取决于正式和非正式的代际

---

① Mokyr J. The contribution of economic history to the study of innovation and technology change: 1750—1914[M]//Hall B H, Rosenberg N. Handbook of the economics of innovation: Vol. 1. Berkeley: Elsevier, 2010: 11-50.

传播机制。自中世纪以来，大学就已经在欧洲产生，而且并不是所有人都关心有用的知识。在18世纪，牛津大学和剑桥大学在有用知识方面的影响不大，但是苏格兰地区的大学教授了许多有用的知识，并培育了许多工业革命中的关键人物。然而，手工技术以及直觉与经验的混合，尤其是被称为技术精湛的技巧，是通过父子或大师与学徒之间的人际关系积累并代代相传的。为了达成共识、可竞争性和累积性，需要将产生有用知识的知识和技术共同体进行整合和紧密结合。必须发布和共享知识，以便可以将其与现有概念进行比较、测试、审查和接受。一旦被接受，它就可以构成新生产技术的基础。这种性质的融合首先要求避免被与知识现状相关的利益集团强迫而享受自由。然而，使有用知识的这些特征得以改善的主要历史现象表现为获取成本的急剧下降。获取成本是任何人从另一个人或存储设备中寻求知识所产生的成本。购置成本包括实物成本，受到诸如印刷机、廉价纸张和个人运输等技术进步的影响，以及诸如学校和大学的发展、学术机构和科学学会的建立等机构变革的影响。开放科学的兴起和新有用知识保密性的下降也产生了强烈的影响。

获取成本的下降对有用知识产生了重大影响。它增加了知识的紧密性，因为它可以被理解为可重复进行任何实验且能彻底检查其证明，由此使得人们可以轻松获得任何感兴趣的结果。潜在的富有创新的想法首先被其他知识分子使用，他们可以进行同行评审并批评它们。如果发现当时的研究方法是可以接受的，则可以将其再扩展，与其他思想重新组合并加以应用。对于非专家而言，至少从理论上讲，这些手段增加了有用知识的可靠性。现场和讲习班的人们可能会产生其可被信任的想法，因为专家们已经对其进行了审查。在工业革命之前的一个世纪里，欧洲出现了一种基于优先信用的知识创造系统，其中参与者将他们的知识置于公共领域，供他人访问，人们都可以验证它，其中还包括那些可以使用它的人。该系统还会奖励最成功的参与者，使其轻松获得工作、领到退休金或获得大学的终身职位。难怪17世纪末见证了科学家之间最激烈的优先权斗争。此外,获取的体制背景也需要考虑在内。各种正式和非正式组织都开始研究有用的知识。非正式组织,如在皇家学会或伯明翰月光学会之前的无形学院。如前所述,正规的教育机构在有用知识的增长中只发挥了很小的作用,并且工业革命的大多数工程师和发明家都是自学成才或接受过私人教育的。18世纪的许多主要人物仍在执行官方的科学工作,通常是通过本国的国家科学院进行的。成立于各种城镇的地方科学学会在欧洲启蒙运动中随处可见。它们是小型的思想市场,在这里人们可以进行知识交流、图书馆利用和知识对话。从长远来看,这对经济产生了重大影响。在这些机构的演变中,苏格兰占据了巨大的比例,18世纪苏格兰应用科学和工程学逐渐兴盛。印刷机的发明在欧洲的智力发展中起着重要作用,1492年以后,运输、航海的改善与商业活动和人员、物品流动的全面增长也起到了重要作用。到了16世纪中叶,邮政系统已覆盖了欧洲大部分地区。邮政费率在某种程度上取决于内部运输的成本,随着道路的改善、运河的开凿和运输的快速可靠,启蒙时代内部通信的有效性大大提高。

4. 创新环境的形成

只要欧洲有宽容的环境,就无法抑制知识和技术创新,而那些试图粉碎新奇事物的国家则处于不利地位。启蒙思想家很好地意识到了这一点。爱德华·吉本(Edward Gibbon)写道:"欧洲现在分为十二个强大但不平等的王国,三个受人尊敬的英联邦以及各种较小但独立的州,至少皇家和部长级人才的机会成倍增加。……在和平中,如此众多活跃竞争对手的模仿加速了知识和产业的进步;在战争中,欧洲军队进行了温和而果断的竞赛。"①18世纪,创新市场在进入最终阶段的方式上发生了许多根本性变化,其中之一是宗教与寻求有用知识之间的调和。启蒙运动不能被描述为纯粹的世俗运动,更不用说是无神论运动。特别是在英格兰,我们认为开明社区的许多领导人都十分关注他们的宗教和社区。但是宗教是乐观的,包括对进步和对有用知识的信任。如果没有启蒙运动,达尔文的进化论可能没有那么容易被接受。当然,制度也很重要。诸如税收和法律制度之类的正式制度因现代欧洲的经济成功而广受赞誉,但它们与技术变革的联系实际上并非大家认为的那么透明。

在早期的英国,国家与工业革命的技术变革之间的联系相当脆弱。在某些情况下,政府会鼓励创新。最著名的案件是经度委员会。该委员会于1714年因航海不善频繁造成海难后成立。它激发了哈里森天文钟表的发明,这是18世纪的划时代的创新之一。对军事物资的需求,尤其是对大炮的需求,显然是钢铁业的一个关键因素。数十年后,亨利·贝塞默(Henry Bessemer)也因试图为军械制造武器而涉足炼钢。知识产权及其管理已成为创新制度中的重要主题,专利制度也在鼓励和激励创新。许多国家甚至将养老金投给了一些对社会特别有价值的发明,如天花疫苗、动力织布机等。

英国政府及1815年以后西方世界的大部分地区为创新的进步作出的最重要贡献是,它们没有剥夺创新者和企业家的利益。尽管工业革命中的创业活动具有极大的风险,但对所有人而言,它们可以抵御掠夺性统治者,而掠夺性统治者可能会对成功创新产生的租金征税。18世纪的英国对商业课以重税,但大部分收入来自对中产阶级商品的消费税,如糖、烟草、酒精饮料和蜡烛等。成功

---

① 爱德华·吉本.罗马帝国衰亡史:第3卷[M].席代岳,译.长春:吉林出版集团有限责任公司,2014:636.

的工业家利用他们的收益购买了乡村庄园，他们的孩子也进入了上流社会。金钱不仅可以买到舒适生活，还可以买到社会声望。如果可以通过创新赚钱，那么对社会进步的希望就会创造出强大的动力，这一结果也无可避免。不难想象，在重商主义的指导下，为了在资源分配和贸易收益的冲突中获胜，有的政府会通过向创新者和企业家的财富征税或允许其他人从他们身上重新分配财富。拿破仑战争使英国朝这个方向发展，也许通过威胁个人自由而短暂地威胁着创新的发展。幸运的是，该政权仍然致力于创新，在工业革命的最前沿对企业家和工业家的支持却从未动摇。创新需要风险资本，而18世纪的投资者似乎在极力规避风险。正式的资本市场通常投资政府证券和一些公共项目，如运河和收费公路和铁路。太多证据表明体现公共新技术的固定资本产品是可以积累的，其高昂的成本构成了早期工业化经济体增长的严重瓶颈。

经济学家倾向于通过完美的资本市场来考察经济积累的速度，并用比例来进行概括。然而，在英国或其他地方，却没有这种方法。政府和某些公共管理项目，如运河和收费公路，以及抵押借款人确实可以进入资本市场，但创新者通常被排除在资本市场之外，除了短期信贷外，他们还需要依靠自己的资源。这些资源首先构成了利润。除此之外，企业家还可以使用非正式的私人网络，这些网络根据个人关系和信任为他们提供信用。这些私人网络通常建立在地方协会之间，允许商人通过投资其亲戚或熟人的项目来分散投资组合。这些网络的存在，被历史学家称为"协作社会"，是工业革命的另一个促进制度化的因素。当然，这些网络强加了非正式的制度，即人们行为的规则。尽管这些行为并未受到法院等第三方组织的强制执行，但是他们允许在创新者和商人之间建立基于信任的伙伴关系，这首先意味着他们需声明并不会从事机会主义行为。对声誉的担忧确保了大多数工业家、商人、银行家、专业人士、熟练工人和有经验的农民信守诺言并偿还债务。

5. 创新经济的普及

在英国以外,创新必须依靠更强大的体制支持,欧洲大陆依靠大型投资银行及政府的担保和补贴来创造公司在技术前沿所需要的资本。在为创新筹集资金的方式上,不同国家遵循不同的方法。显然,有多种方法可以实现这一目的。在补贴研发方面,欧洲大陆的经济背后是多个进步政府,这些政府对重要的研究进行补贴,以促进科学向欧洲大陆的发展。法国巴斯德研究院虽然部分是通过私人认购建立的,但仍受到政府的密切关注。欧洲大陆的典型代表是普鲁士教育部,他们在19世纪末稳固地建立了德国高等教育体系的国家控制权。

将创新与经济环境联系起来的理论是将创新方向与既有要素价格联系起来。哈巴谷(H. J. Habakkuk)将诱导创新理论应用于经济史。在20世纪60年代和70年代,有关高工资对技术变化率的影响成为大量文献的主题。学者们也开始尝试重新采用这种方法,其目的是节省相对于化石能源而言的劳动力成本,并假设英国节省劳动力的创新是劳动力成本高和煤炭便宜的直接结果。在这样的经济环境下,节省劳动力的燃煤机械很有意义。要素价格引发的创新是一件令人关注的事,主要涉及技术采用和传播,而涉及发明本身则要少得多。然而,使事情变得复杂的是,采用和传播本身通常涉及大量的本地学习,并且会产生大量的特定微观发明,这对于最终影响生产力至关重要。这个理论既有经验上的困难,也有理论上的困难。来自经验上的困难是,煤矿附近的煤炭价格便宜,但远低于伦敦等大城市的煤炭价格,人们必须从远处运煤,而伦敦等都使用蒸汽机和大量的煤炭。尽管蒸汽机可能是最省力的机器,但随后的改进主要是为了节省燃料。在最早的形式中,蒸汽动力通常旨在节省马力或水力,而不是劳动力。而且,煤矿开采本身是高度劳动密集型的,因为直到19世纪末引入压缩空气之前，还没有办法在井下引入省力的装置。深度采矿技术中最杰出的发明是戴维设计的矿灯，这是一种可以挽救生命并防止事故发生的安全装置，但其并没有节省人工成本。

另一个经验上的困难是，大多数专利权人在被问到他们发明的目的时都没有提到节省劳动力。因为在 18 世纪的英国，省力对于许多工匠来说仍然是一个危险词，他们担心自己的工作会受到威胁。然而，即使在调整了这种偏见之后，可以归为节省劳动力的专利比例仍不高，理论上的问题也不少。一个相当明显的事实是，高工资本身并不意味着劳动力昂贵且劳动力成本高，至少能部分反映出劳动力成本高，但其质量高。

反对影响技术进步的要素为价格的主要论据是，它常常使技术变革的速度和方向趋于平缓。创新的速度或强度，就像汽车的引擎一样，决定了社会技术力量的大小，而环境可能将创新导向特定的方向。用罗森伯格的术语来说，资源是一种经典的"聚焦工具"[1]，但其本身并不能决定创新的速度。考虑到存在其他促进技术创新的因素，煤炭密集型经济可能会以某种方式将其创造力引导至煤炭使用技术中。然而，大量煤炭存在于俄罗斯，只有在其他地方开发出煤炭使用技术之后，该技术才得以创造。经济学家认为，要素价格决定了给定技术目录中的技术选择，它并没有使我们对目录的编写方式有更多的了解。能巧妙地将两者联系起来的方法是依靠边做边学和局部创新来实现的。在其背后的逻辑中，首要因素是价格，它决定着所选择的技术，并且随着技术的使用，人们会在所使用的技术领域中获得经验并开展进一步的创新。在这些模型中没有明确指出的是技术前沿潜在认知基础的作用。如果知识库允许开发目前尚

---

[1] Rosenberg N. Perspectives on technology[M]. Cambridge: Cambridge University Press, 1976: 108-125.

不存在但在该社会控制的指示下可行的技术,则由要素价格或其他刺激触发的突然转换很可能会引发特定方向的技术变革。但是,如果一个社会不知道如何寻找煤炭、如何挖掘竖井、如何抽水将煤炭运到地表再以合理的价格将其运输给用户,那么就不会有大量的煤炭被开采。

这个时代的巨大技术进步是知识的飞跃还是微小的增量和累积的结果,这个问题类似于询问自行车是由其前轮还是后轮才引发运动的,两种过程是高度互补的。从历史上看,创新之路包含了两个要素的紧密结合。有时,宏观发明的出现将某些行业转移到一条全新的道路上。正如我们前文所展示的,在19世纪后期,化学工业和电力等部门就是这种情况。在许多其他情况下,通过累积的微型发明,通过扩展和与其他技术的结合如纺织和铁艺的结合,逐渐改善了所使用的技术。由于技术之间的持续溢出和普遍应用,很难凭经验作出这样的区分,因此谈论新技术部门和旧技术部门几乎没有意义。在这两种情况下,真正重要的是创造技术机会,并允许编写目录上所需项目的基础知识。要利用它们,还必须考虑其他因素。这就类似于只有强大的发动机,而轮胎漏气或没有冷却液的汽车是几乎无用的,决定引擎动力的是引擎本身。西方经济史上增长的引擎动力是积累有用知识的跨区域知识合作环境,这是动态地理解经济增长的关键。

科技创新对经济社会的驱动作用是一个复杂的系统过程,在这个过程中,知识、技术、实践、政策、环境等诸多因素都发挥着重要的作用。由于创新是一个环境效应,因此在科技创新驱动战略中不仅要重视科学和技术本身的发展,即引擎的技术进步,还需要关注创新环境的打造,这都需要从政策和服务两个层面加以考量。"历史经验表明,科技革命总是能够深刻改变世界发展格局。16、17世纪的科学革命标志着人类知识增长的重大转折。18世纪出现了蒸汽机等重大发明,成就了第一次工业革命,开启了人类社会现代化历程。19世纪,科学技术突飞猛进,催生了由机械化转向电气化的第二次工业革命。20世纪前期,量子论、相对论的诞生形成了第二次科学革命,继而发生了信息科学、生命科学变革,基于新科学知识的重大技术突破层出不穷,引发了以航空、电子技术、核能、航天、计算机、互联网等里程碑的技术革命,极大提高了人类认识自然、利用自然的能力和社会生产力水平。一些国家抓住科技革命的难得机遇,实现了经济实力、科技实力、国防实力迅速增强,综合国力快速提升。"①因此,创新始终是一个国家、一个民族发展的重要力量,也始终是推动人类社会进步的重要力量。如果我们不识变、不应变、不求变,就可能陷入战略被动,错失发展机遇,甚至错过整整一个时代。"实施创新驱动发展战略,是应对发展环境变化、把握发展自主权、提高核心竞争力的必然选择,是加快转变经济发展方式、破解经济发展深层次矛盾和问题的必然选择,是更好引领我国经济发展新常态、保持我国经济持续健康发展的必然选择。"①

---

① 习近平. 为建设世界科技强国而奋斗:在全国科技创新大会、两院院士大会、中国科协第九次全国代表大会上的讲话[EB/OL]. (2016-05-30)[2021-09-28]. https://news.12371.cn/2016/05/31/ARTI1464698194635743.shtml.

第二章
马克思主义经典作家的科技创新驱动思想

尽管马克思没有直接定义科技创新概念,但从他对资本主义经济规律的深刻分析来看,马克思的作品蕴含着丰富的科技创新驱动思想,这也是他的科技观的重要组成部分。对马克思来说,科技创新也是创造价值的劳动的基本形式。马克思主义政治经济学是创新经济理论的主要思想渊源之一,为创新驱动发展思想提供了基本的理论框架。马克思在对资本主义生产力快速发展的深入思考,以及实践调研资本主义工厂应用新机器和先进科技提高生产效率的基础上,提出了内涵丰富、寓意深刻的科技创新驱动生产力发展的思想,认为科技创新能孕育新生产力、提高生产效率、促进生产费用节约和生产的社会化等。马克思科技创新驱动生产力发展思想,对我国当前不断解放和发展生产力,推进产业结构优化升级、实施创新驱动发展战略、建设创新型国家等都具有重要启示和指导作用。恩格斯在《自然辩证法》等作品中也分析了科技创新在资本主义社会中的作用,只有实现自然、人与社会的协调发展,正确处理好人与自然的关系,才能使人类文明走得更远、更辉煌。马克思与恩格斯的科技思想对理解创新驱动思想的历史渊源非常重要,是我们研究马克思主义科技创新驱动思想的出发点。

第一节 《资本论》中的机器驱动力

马克思在《资本论》等著作中对创新做了深刻论述和阐发,这是马克思创新思想的重要组成部分。正如潘恩荣所言,"学界面对当代中国全面深化改革的重大现实需求,一定会越来越重视《资本论》及其手稿中'创新驱动发展思想'和现实中'创新驱动发展战略'的哲学研究"[①]。

1. 作为创新驱动力的机器

马克思在《资本论》中通过比较具有不同生产效率的新旧两种织布机来展示新机器的驱动力,指明新织布机能够极大地提高生产力,而这种驱动力是一种内在的驱动力。新机器比传统的旧机器更加坚固耐用,而且应用了更先进、更复杂的技术原理,在功能上具有更多优势或生产的连续性,也就是原材料加工所经历的各阶段的连续性。自动化意味着只有在排除偶然故障时才需要人,由于使用机器运转迅速,可以进行同时作业,那么机器自动化阶段生产出的产品,必定比在每一个阶段都必须从一处移到另一处加工情况下所生产出的产品质量要好,而且花费要少。新机器坚固耐用且具有生产连续、自动化运转迅速、能同时作业替代工人手工操作、产品好、花费少等优势,可以在单位时间内生产出更多产品,即提高劳动生产效率,而劳动生产效率的提高直接体现为生产力

[①] 潘恩荣.创新驱动发展与资本逻辑[M].杭州:浙江大学出版社,2016:28.

水平的提高。这种生产力提高的内在驱动力,在于科学技术发展及其在生产中的应用,这里具体表现为新机器取代旧机器,也指现代意义上的科技创新。

机器的驱动力量,不仅仅改变了生产力,还进一步对人产生了很大的推动力,进而提高了劳动者的生产力,并最终驱动实现人对自然力的胜利。从将适当的工具从人身上取下并安装到机器中的那一刻起,机器就代替了单纯的工具。即使在人类仍然是主要推动者的情况下,这种差异也会立即触及生产力变化。劳动者本人可以同时使用的工具数量受到他自己的自然生产工具数量和身体器官的限制。一台机器作为同时发挥作用的工具最初是从限制手工业者的工具的限制中解放出来的。"机器本身对于工人从生活资料中'游离'出来是没有责任的。机器使它所占领的那个部门的产品便宜,产量增加,而且最初也没有使其他工业部门生产的生活资料的数量发生变化。因此,完全撇开产品中被非劳动者挥霍掉的巨大部分不说,在应用机器以后,社会拥有的可供被解雇的工人用的生活资料同以前一样多,或者更多。"①虽然在这种过程中,对工人阶级的剥削一点都没有减少,甚至不断增加,但是资本主义的经济学家们绞尽脑汁为机器的资本主义应用进行了辩护:"这正是经济学辩护论的主要点!同机器的资本主义应用不可分离的矛盾和对抗是不存在的,因为这些矛盾和对抗不是从机器本身产生的,而是从机器的资本主义应用产生的!因为机器就其本身来说缩短劳动时间,而它的资本主义应用延长了工作日;因为机器本身减了轻劳动,而它的资本主义应用提高了劳动强度;因为机器本身是人对自然力的胜利,而它的资本主义应用使人受自然力奴役;因为机器本身增加生产者的财富,而它的资本主义应用使生产者变成了需要救济的贫民,如此等等,所以资产

---

① 马克思.资本论:第1卷[M]//中共中央编译局.马克思恩格斯文集:第5卷.北京:人民出版社,2009:508.

阶级经济学家就简单地宣称,对机器本身的考察确切地证明,所有这些显而易见的矛盾都不过是平凡现实的假象,而就这些矛盾本身来说,从理论上来看,都是根本不存在的。于是,他们就用不着再动脑筋了,并且还指责他们的反对者愚蠢,说这些人不是反对机器的资本主义应用,而是反对机器本身。"①

随着机器的大规模使用,机器已经不再是单纯的机器,也不再是单纯的经济驱动力了,而是进化成了能够自我进化的新式"机构",成为能够实现类似人类的创造性的劳动的新工具。这种新工具能够对经济进步产生极大的促进作用,并且能够通过经济进步,迅速推动社会变革的发生。"如果我们仔细地看一下工具机或真正的工作机,那么展现在我们面前的,大体上还是手工业者和工场手工业工人所使用的那些器具和工具,尽管它们在形式上往往有很大改变。不过,现在它们已经不是人的工具,而是一个机构的工具或机械工具了。……这些工具同工作机的真正机体的区别,甚至表现在它们的出生上:这些工具大部分仍然由手工业或工场手工业生产,然后才装到由机器生产的工作机的机体上。因此,工具机是这样一种机构,它在取得适当的运动后,用自己的工具来完成过去工人用类似的工具所完成的那些操作。至于动力是来自人还是工具本身或来自另一台机器,这并不改变问题的实质。在真正的工具从人那里转移到机构上以后,机器就代替了单纯的工具。即使人本身仍然是原动力,机器和工具之间的区别也是一目了然的。"②

机器在社会上的推广,促进了机械协作和机器体系的产生,整个社会逐渐被机器体系调动起来,使资本主义世界逐渐成为一个追逐利润的巨机器。"现

---

① 马克思.资本论:第1卷[M]//中共中央编译局.马克思恩格斯文集:第5卷.北京:人民出版社,2009:508.

② 马克思.资本论:第1卷[M]//中共中央编译局.马克思恩格斯文集:第5卷.北京:人民出版社,2009:428-429.

在,必须把许多同种机器的协作和机器体系这两件事区别开来。……正像许多工具只组成一个工作机的器官一样,许多工作机现在只组成同一个发动机构的同样的器官。但是,只有在劳动对象顺次通过一系列互相联结的不同的阶段过程,而这些过程是由一系列各不相同而又互为补充的工具机来完成的地方,真正的机器体系才代替了各个独立的机器。……如果说,在工场手工业中,各特殊过程的分离是一个由分工本身得出的原则,那么相反地,在发达的工厂中,起支配作用的是各特殊过程的连续性。……当工作机不需要人的帮助就能完成加工原料所必需的一切运动,只需要人从旁照料时,我们就有了自动的机器体系,不过,这个机器体系在细节方面还可以不断地改进。……17世纪的荷兰和18世纪的法国提供了真正工场手工业的典型,而现代英国提供了自动生产的典型……通过传动机由一个中央自动机推动的工作机的有组织的体系,是机器生产的最发达的形态。在这里,代替单个机器的是一个庞大的机械怪物,它的躯体充满了整座整座的厂房,它的魔力先是由它的庞大肢体庄重而有节奏的运动掩盖着,然后在它的无数真正工作器官的疯狂旋转中迸发出来。"[①]

马克思对机器动力、机器进化和机器体系的论述,深深地影响了20世纪的技术哲学家们,激发出一大批受此影响的哲学作品,如芒福德的《机器神话》、阿伦特的《人的境况》,以及鲍德里亚的《物体系》等。

2. 机器创新与生产力进步

马克思在《资本论》中分析了在资本主义条件下机器对社会生产率的提高和技术变革多个方面影响,还分析了机器对工人及其家庭的影响,家庭成员间

[①] 马克思. 资本论:第1卷[M]//中共中央编译局. 马克思恩格斯文集:第5卷. 北京:人民出版社,2009:436-438.

的疏离、技术变革、实际工资与就业之间的关系等方面。这些都成为他分析科学技术与经济发展之间复杂关系的出发点。

机器创新对经济的影响,直接产生与机器对劳动力的聚集作用,以及对劳动者生产力的促进作用。"这种由生产资料的集中及其大规模应用而产生的全部节约,是以工人的聚集和协作,即劳动的社会结合这一重要条件为前提的。因此,如果说剩余价值来源于单独考察的每一个工人的剩余劳动,那么,这种节约来源于劳动的社会性质。甚至在这里可能进行和必须进行的不断改良,也完全是由大规模结合的总体工人的生产所提供的和所给予的社会的经验和观察产生的。"①

在促进劳动力提高的同时,机器的使用也在无形中改变着旧有的生存方式,推动社会经济部门建立适应大机器发展的新经济生产制度,并进一步通过法律、制度等形式使这种工厂制度成为普遍适用的经济制度。"在最早依靠水力、蒸汽和机器而发生革命的工业部门中,即在现代生产方式的最初产物——棉、毛、麻、丝等纺织业中,资本无限度地、放肆地延长工作日的欲望首先得到了满足。物质生产方式的改变和生产者的社会关系的相应改变,先是造成了无限度的压榨,后来反而引起了社会的监督,由法律来限制、规定和划一工作日及休息时间。……但是,当这种监督刚刚征服了新生产方式的已有领域时,它却发现,不仅许多别的生产部门采用了真正的工厂制度,而且那些采用或多或少陈旧的生产方式的手工工场(如陶器作坊、玻璃作坊等)、老式的手工业(如面包房),甚至那些分散的所谓家庭劳动(如制钉业等),也都像工厂一样早已处于资本主义剥削之下了。"②

---

① 马克思.资本论:第3卷[M]//中共中央编译局.马克思恩格斯文集:第7卷.北京:人民出版社,2009:93-94.

② 马克思.资本论:第1卷[M]//中共中央编译局.马克思恩格斯文集:第5卷.北京:人民出版社,2009:345.

机器的创新进一步催生了不同工业领域的联合，并最终通过机器的使用实现技术上的统一，技术的统一进一步为机器进化提供了新的需求和动力，由此推动了资本主义经济的加速发展。"制造生产资料的工场手工业同制造产品的工场手工业联合起来了。……但它不能在自己的基础上达到真正的技术上的统一。这种统一只有在工场手工业转化为机器生产时才能产生。……工场手工业时期很快就表明减少生产商品所必要的劳动时间是自觉的原则，因此也就间或发展了机器的使用，特别是在某些需要大量人力、费力很大的简单的最初的过程。例如，在造纸手工工场很快就采用了粉碎磨来磨碎破布，在冶金业很快就采用了所谓的捣碎磨来捣碎矿石。"[1]

工业进步依赖机器的推广不断创造新的价值，马克思对经济价值的创造进行了详细的解读："像不变资本的任何其他组成部分一样，机器不创造价值，但它把自身的价值转移到由它的服务所生产的产品上。就机器具有价值，从而把价值转给产品来说，它是产品价值的一个组成部分。机器不是使产品变便宜，而是按照它自身的价值使产品变贵。很明显，机器和发达的机器体系这种大工业特有的劳动资料，在价值上比手工业生产和工场手工业生产的劳动资料增大得无可比拟。"[2]"采用机器的直接结果是，增加了产品的剩余价值，同时也增加了体现这些剩余价值的产品量，从而，在增加供资本家阶级及其仆从消费的物质时，也增加了这些社会阶层本身。这些社会阶层的财富的增加和生产必要生活资料所需要的工人人数的不断减少，一方面产生出新的奢侈要求，另一方面又产生出满足这些要求的新手段。社会产品中有较大的部分转化为剩余产品，

---

[1] 马克思.资本论:第1卷[M]//中共中央编译局.马克思恩格斯文集:第5卷.北京:人民出版社,2009:403-404.
[2] 马克思.资本论:第1卷[M]//中共中央编译局.马克思恩格斯文集:第5卷.北京:人民出版社,2009:444.

而剩余产品中又有较大的部分以精致和多样的形式再生产出来和消费掉。换句话说,奢侈品的生产在增长。大工业造成的新的世界市场关系也引起产品的精致和多样化。不仅有更多的外国消费品同本国的产品相交换,而且还有更多的外国原料、材料、半成品等作为生产资料进入本国工业。随着这种世界市场关系的发展,运输业对劳动的需求增加了,而且运输业又分成许多新的下属部门。"①

在机器联合的影响下,现代工业的独特技术特征是生产过程的设计不再依照传统的模式,而是在工人的技术特征及其身体禀赋不再是资本的组织和安排的基础上进行的。相反,机器背后的资本是根据完全不同的逻辑进行设计的,该逻辑明确包含了科学和工程原理,拒绝了任何技术的主观性。而该技术的必要性是根据工人的能力,支持根据其自身规律和科学定律设计的机械的客观性。在制造过程中,工人使用其手动工具单独或成组地执行每个特定的详细过程。机器的机械生产中不再存在这种分工的主观原则,而是将过程作为一个整体进行客观检查,也就是说,不考虑人为执行过程的问题进入其组成阶段,以及如何执行每个详细过程并将它们绑定为一个整体的问题并通过科学进行解决。从手动过程到机器过程的过渡是一个重大的转变,出于原理简单的原因,机器过程可以连续不断地进行改进,而手工过程则不可能。工厂系统可以虚拟提高生产率,通过将生产过程分解为客观可识别的组成部分,从而创造了易于进行、严格分析的活动结构。在工厂系统中执行,将生产过程分析成各个组成阶段,通过应用力学、化学和整个自然科学提出的解决问题的原则,因此,历史的发展使技术第一次成为科学分析和改进的对象。它追求的是将每个过程分解为组

---

① 马克思.资本论:第1卷[M]//中共中央编译局.马克思恩格斯文集:第5卷.北京:人民出版社,2009:512.

成部分,且不考虑它们可能由人手执行的原理,创造出新的现代技术科学。现在,各种不同的、显然无关的工业过程形式使其解决了自然科学的许多系统的应用,取得了有用的效果。技术还发现了几种主要的基本发展形式,尽管所使用的仪器多种多样,但人的每一种生产活动都必定会采取这些形式运动。正如在最复杂的机械中所看到的力学机械一样,只是简单机械动力的不断重复。现代工业从来不关注过程,而将过程的现有形式视为最终形式。因此,新的工业行业的技术进步是革命性的,而所有较早的生产方式都是保守的。

在机器的带动下,科技已经成为促进生产力的增长和人类为实现操纵自然环境的能力增强的基本驱动力。然而,这种作用是在工业革命时期才展示出来的。"17 世纪末工场手工业时期发明的、一直存在到 18 世纪 80 年代初的那种蒸汽机本身,并没有引起工业革命。相反地,正是工具机的创造才使蒸汽机的革命成为必要。一旦人不再用工具作用于劳动对象,而只是作为动力作用于工具机,人的肌肉充当动力的现象就成为偶然的了,人就可以被风、水、蒸汽等代替了。当然,这种变更往往会使原来只以人为动力而设计的机构发生重大的技术变化。"[①]

20 世纪的创新理论家们,尤其是创新经济学家,正是在这些问题和思想的影响下,才发展出了新的科技创新驱动思想,包括熊彼特的思想、内生增长论和技术动量论等。

3. 机器创新与社会生产方式的变革

对于马克思来说,机器本身也是一种机制,能够使用其工具执行与工人以

[①] 马克思.资本论:第 1 卷[M]//中共中央编译局.马克思恩格斯文集:第 5 卷.北京:人民出版社,2009:431.

前使用类似工具进行的相同操作。这也表明了机器对于社会生存方式的变革作用,即通过生产力的应用,进一步影响与之相适应的生产关系。这种影响的持续作用,最终产生了社会范围内的科技创新驱动现象。

机器对生存方式的变革,是从机器对于工人的劳动行为的影响开始的:"工场手工业较完善的产物之一,是生产劳动工具本身特别是生产当时已经采用的复杂的机械装置的工场。……工场手工业分工的这一产物,又生产出机器。机器使手工业的活动不再成为社会生产的支配原则。因此,一方面,工人终生固定从事某种局部职能的技术基础被消除了。另一方面,这个原则加于资本统治身上的限制也消失了。"[①]机器通过影响劳动行为,使工人不再需要技术基础,因此工人只能成为机器的附属物,服务于机器生产,工人的自主性和主观性逐渐被机器的客观性代替。随着工人被机器的客观化,机器会进一步影响工人的分类和结合,使之成为更加适应大工业生产的合适的元素,工人也会不断改善自己的操作水平,以适应大机器生产方式的变革。马克思对此进行了细致分析:"工场手工业时期所特有的机器始终是由许多局部工人结合成的总体工人本身。一种商品的生产者按顺序完成的、在其全部劳动过程中交织在一起的各种操作,向商品生产者提出各种不同的要求。在一种操作中,他必须使出较大的体力;在另一种操作中,他必须比较灵巧;在第三种操作中,他必须更加集中注意力等;而同一个人不可能在相同的程度上具备这些素质。在各种操作分离、独立和孤立之后,工人就按照他们的特长分开、分类和分组。如果说工人的天赋特性是分工赖以生长的基础,那么工场手工业一经建立,就会使生来只适宜于从事片面的特殊职能的劳动力发展起来。现在总体工人具备了技艺程度

---

① 马克思. 资本论:第 1 卷[M]//中共中央编译局. 马克思恩格斯文集:第 5 卷. 北京:人民出版社,2009:426.

相同的一切生产素质,同时能最经济地使用它们,因为他使自己的所有器官个体化而成为特殊的工人或工人小组,各自担任一种专门的职能。局部工人作为总体工人的一个肢体,他的片面性甚至缺陷就成了他的优点。从事片面职能的习惯,使他转化为本能地准确地起作用的器官,而总机构的联系迫使他以机器部件的规则性发生作用。"①

对工人的影响,进一步影响了生产资料的调动和配置,以及资本构成中可变与不变资本的组成。"随着机器生产在一个工业部门的扩大,给这个工业部门提供生产资料的那些部门的生产首先会增加。就业工人数量会因此增加多少,在工作日长度和劳动强度已定的情况下,取决于所使用的资本的构成,也就是取决于资本不变组成部分和可变组成部分的比例。这个比例又随着机器在这些行业中已经占领或者正在占领的范围不同而有很大变化。"②随着不变资本的降低,生产效率会得到进一步的提高,马克思分析道:"资本家得到的好处,是社会劳动的产物,虽然并不是他自己直接剥削的工人的产物。生产力的这种发展,最终总是归结为发挥着作用的劳动的社会性质,归结为社会内部的分工,归结为脑力劳动特别是自然科学的发展。在这里,资本家利用的,是整个社会分工制度的优点。在这里,劳动生产力在其他部门即为资本家提供生产资料的部门的发展,相对地降低资本家所使用的不变资本的价值,从而提高利润率。"③

这些变革逐渐体现在资本主义所有制中,并进一步影响了社会的收入和阶

---

① 马克思.资本论:第1卷[M]//中共中央编译局.马克思恩格斯文集:第5卷.北京:人民出版社,2009:404-405.
② 马克思.资本论:第1卷[M]//中共中央编译局.马克思恩格斯文集:第5卷.北京:人民出版社,2009:509.
③ 马克思.资本论:第3卷[M]//中共中央编译局.马克思恩格斯文集:第7卷.北京:人民出版社,2009:96.

级差异。"科技部门所有制关系的改变,使得研究成果不属于科学家、发明家所有,而是属于资本主义企业,大量科技人员成为出卖脑力劳动的雇佣劳动者。一部分科技劳动者的科技成果转化为自己的资本,这些科技劳动者凭借突出的劳动成果或专利资本,也获得大量具有剩余价值性质的资产阶级收入。随着科技的不断高级化,部分科技工作者获得突出的高收入,与普通阶层尤其是低收入者形成非常大的收入差距,阶级状况与社会关系发生新的改变。"[①]

第二节　马克思的科技创新驱动发展思想

马克思认为创新是人类特有的有目的的创造性实践活动,是一个复杂的社会历史过程,在资本主义社会,创新周期受超额剩余价值的影响。马克思"阐述的创新思想对我们正确认识资本主义世界的创新实践,推进中国特色的自主创新和建设创新型国家具有重要的指导意义"[②]。

1. 科技创新的社会历史条件

马克思认为科技创新驱动现象的产生条件是资本主义制度,它为人类带来了生产力的空前提高以及人类对自然的掌握。因此,在马克思对资本主义发展

[①] 李济广.经济制度、上层建筑与科技创新绩效:基于科技史的分析[J]广西社会科学,2021(8):134-143.

[②] 李天芳.《资本论》中的创新思想及其当代价值[M]//中国辩证唯物主义研究会.马克思主义哲学论丛:第4辑.北京:社会科学文献出版社,2015:133.

的整个分析中,没有一个问题比以下问题更重要,即与所有早期形式的经济组织相比,资本主义为什么有如此庞大的生产体系。可以说,资本主义的社会和经济结构是为产生技术变革而创造巨大动力的一种结构。马克思和恩格斯认为,资产阶级作为统治阶级是独特的,因为和所有早期的统治阶级的经济利益都与维持现状紧密相关的资产阶级不同,资产阶级统治的本质是技术活力。资本主义引入了降低成本的新技术。资源生产力的增长绝不可能仅仅取决于资本主义制度的发展。人们很容易将这种制度的存在视为必要条件,而很难将其视为实现这种增长的充分条件。因此,新兴资本主义的技术生命力与科学知识的状态,以及具体行业利用此类知识的能力紧密相关。

同时,科学技术的发展与社会历史背景,以及自然背景也密切相关。从这个角度看,科学、技术与人类社会是一体的,自然科学和社会科学也是一体的,都是关于人的科学。"科学只有从感性意识和感性需要这两种形式的感性出发,因而,只有从自然界出发,才是现实的科学。……自然科学往后将包括关于人的科学,正如关于人的科学包括自然科学一样:这将是一门科学。……自然界是关于人的科学的直接对象。……正如它们只有在自然对象中才能得到客观的实现一样,只有在关于自然本质的科学中才能获得它们的自我认识。思维本身的要素,思想的生命表现的要素,即语言,是感性的自然界。自然界的社会的现实,和人的自然科学或关于人的自然科学,是同一个说法。"①由此,可以理解科学技术与经济社会之间互相促进作用的本质,是指科技与经济发展本来就是一体的。

然而,资本主义是如何使得科技创新不断积累的,可以归结为社会需求利润驱动的影响。雷石山在《马克思科技创新思想研究》中进行了简要的总结:

---

① 马克思恩格斯全集:第42卷[M].北京:人民出版社,1979:128-129.

"综合起来,马克思所论及的科技创新动力主要包括三个方面,即市场需求的刺激、资本家对超额剩余价值的追求、工人与资本家之间阶级斗争的推动。"[1]"纵观马克思科技创新思想的形成发展轨迹,马克思关于科技创新积极作用的论述大致可归纳为三个视角,即生产力发展、生产关系变革、人的解放与自由全面发展。相对来说,马克思阐释最多的乃是科技创新在生产力发展中的重要作用。"[2]

马克思指出:"即使劳动方式不变,同时使用人数较多的工人,也会在劳动过程的物质条件上引起革命。如容纳许多人做工的厂房、储藏原料等的仓库、供许多人同时使用或交替使用的容器、工具、器具等。总之,一部分生产资料,现在是在劳动过程中共同消费的。一方面,商品的交换价值,从而产生的生产资料的交换价值,丝毫不会因为它们的使用价值得到某种更有效的利用而有所增加。另一方面,共同使用的生产资料的规模会增大。"[3]

不同工人的协作,能使许多力量融合为一个总的力量而产生新的力量。在《资本论》第3卷中,马克思在论述不变资本的节约问题时,进一步指出,工人的聚集和共同工作是由生产资料的集中及其大规模应用而产生的全部节约为前提。"这种由生产资料的集中及其大规模应用而产生的全部节约,是以工人的聚集和协作,即劳动的社会结合这一重要条件为前提的。因此,如果说剩余价值来源于单独地考察每一个工人的剩余劳动,那么,这种节约来源于劳动的社会性质。甚至在这里可能进行和必须进行的不断改良,也完全是由大规模结合

---

[1] 雷石山.马克思科技创新思想研究[M].北京:中国政法大学出版社,2017:105-106.
[2] 雷石山.马克思科技创新思想研究[M].北京:中国政法大学出版社,2017:113.
[3] 马克思.资本论:第1卷[M]//中共中央编译局.马克思恩格斯文集:第5卷.北京:人民出版社,2009:376-377.

的总体工人的生产所提供的和所给予的社会的经验和观察产生的。"①

资本积累是资本主义经济发展的基础和直接推动力,也是资本主义对生产方式进行创新的一个重要的条件。资本积累有两种主要方式,即资本积聚与资本集中。马克思充分肯定了资本积累对创新的重要作用:"随着资本主义生产和积累的发展,竞争和信用——集中的两个最强有力的杠杆,也以同样的程度发展起来。同时,积累的增进又使可以集中的材料即单个资本增加,而资本主义生产的扩大,又替那些要有资本的预先集中才能建立起来的强大工业企业一方面创造了社会需要,另一方面创造了技术手段。因此,现在单个资本的互相吸引力和集中的趋势比以往任何时候都更加强烈。虽然集中运动的相对广度和强度在一定程度上由资本主义财富已经达到的数量和经济机构的优越程度来决定,但是集中的进展决不取决于社会资本的实际增长量。这正是集中与积聚——它不过是规模扩大的再生产的另一种表现——特别不同的地方。集中可以通过单纯改变既有资本的分配,通过单纯改变社会资本各组成部分的量的组合来实现。资本之所以能在这里,在一个人手中增长成巨大的量,是因为它在那里,从许多单个人的手中夺走了。在一个生产部门中,如果投入的全部资本已融合为一个单个资本时,集中便达到了极限。在一个社会里,只有当社会总资本或者合并在唯一的资本家手中,或者合并在唯一的资本家公司手中的时候,集中才算达到极限。"②

在这种社会条件中,科学和技术进一步紧密结合,为经济发展提供了新的动力,新的创新动力又推动了市场需求,进一步催生新的科技创新需求,由此实

---

① 马克思. 资本论:第3卷[M]//中共中央编译局. 马克思恩格斯文集:第7卷. 北京:人民出版社,2009:93-94.
② 马克思. 资本论:第1卷[M]//中共中央编译局. 马克思恩格斯文集:第5卷. 北京:人民出版社,2009:722-723.

现不断的循环。马克思指出:"如果生产这些劳动资料的部门的劳动生产力发展了,而劳动生产力是随着科学和技术的不断进步而不断发展的,那么旧的机器、工具、器械等就会被效率更高且从功效来说更便宜的机器、工具和器械等代替。撇开现有的劳动资料在细节上的不断改进不说,旧的资本也会以生产效率更高的形式再生产出来。不变资本的另一部分,即原料和辅助材料在一年当中不断地再生产出来,而其中由农业生产的大多是一年再生产一次。因此,改良方法等的每次采用,在这里对追加资本和已在执行职能的资本几乎同时发生影响。……正如只要提高劳动力的紧张程度就能加强对自然财富的利用一样,科学和技术使执行职能的资本具有一种不以它的一定量为转移的扩张能力。同时,这种扩张能力对原资本中已进入更新阶段的那一部分也发生反作用。资本以新的形式无代价地合并了在它的旧形式背后所实现的社会进步。"①

这种现象逐渐催生了资本主义世界的大规模生产。创新的发生往往要在较大规模的生产和劳动中才能实现,大规模生产不仅促进了技术创新、管理创新,而且也促进了制度和其他方面的创新。

因此,以最先进的形式,现代工业使科学成为不同于劳动的生产力,并将其推向为资本服务。在现代工业的早期阶段,不可避免地通过直接依靠人类的技能和体力来生产机器。制造系统通过培养新的专业化工人来响应对新发明的需求。尽管在现代工业发展的早期阶段已经足够,但是最终机械设计和性能的提高,以及尺寸的增加却越来越多地突破了工业的限制。原动机、传动机构和合适机器的尺寸越来越大,这些机器的细节越来越复杂,形式多样且规则化,是因为它们越来越多地脱离了由人工最初制作的模型,并获得了一种发展模式。

---

① 马克思.资本论:第1卷[M]//中共中央编译局.马克思恩格斯文集:第5卷.北京:人民出版社,2009:698-699.

除了人们工作的条件、自动化系统的完善,以及每天越来越不可避免地使用更坚固的材料,如用铁代替木材,工业的发展克服了所有这些问题。这种情况也是由环境因素制约的,如到处都能遇到限制个人发展的绊脚石。单个工厂绝不可能提供诸如现代液压机、现代动力织机和现代梳棉机之类的机器,创新环境非常重要。因此,至关重要的一步是建立技术发展的客观社会条件,使有可能在机械制造中使用机械,从而绕开旧制造系统的各种约束。

2. 作为高级劳动的科技创新活动

在马克思生活的时代,虽然资本主义社会化大生产飞速发展,工业革命此起彼伏,不断惠及人类社会,但受时代所限,人们对科学技术与生产力的关系并未进行正面理性思考,更没有形成科技创新的明确概念,这也是马克思科技创新驱动思想虽内涵丰富,却未能清晰和明确化的原因。"通过现代科技创新理论反观马克思的思想,不难发现他已超越时代局限,形成了内涵丰富寓意深刻的科技创新驱动的思想,包括科技创新孕育新生产力思想、科技创新提高生产效率思想、科技创新促进生产费用节约思想,以及科技创新促进生产社会化等思想。"①

马克思不仅仅研究机器对经济的影响,而是要研究资本主义世界的生存方式的本质:"我要在本书研究的,是资本主义生产方式以及和它相适应的生产关系和交换关系。到现在为止,这种生产方式的典型地点是英国。因此,我在理论阐述上主要用英国作为例证。……问题本身并不在于资本主义生产的自然

---

① 崔泽田,李庆杨.马克思科技创新驱动生产力发展思想及其当代价值[J].理论月刊,2015(5):12.

规律所引起的社会对抗的发展程度的高低。问题在于这些规律本身,在于这些以铁的必然性发生作用并且正在实现的趋势。工业较发达的国家向工业较不发达的国家所展示的,只是后者未来的景象。"①

创新劳动虽然对生产力的影响巨大,但是其本质依然是劳动,这有助于我们理解科技创新的本质。马克思说:"一切劳动,一方面是人类劳动力在生理学意义上的耗费;就相同的或抽象的人类劳动这个属性来说,它形成了商品价值。一切劳动,另一方面是人类劳动力在特殊的、有一定目的的形式上的耗费;就具体的、有用的劳动这个属性来说,它生产使用价值。"②马克思还指出:"形成价值实体的劳动是相同的人类劳动,是同一的人类劳动力的耗费。体现在商品世界全部价值中的社会的全部劳动力,在这里是当作一个同一的人类劳动力,虽然它是由无数单个劳动力构成的。每一个这种单个劳动力,同别的劳动力一样,都是同一的人类劳动力,只要它具有社会平均劳动力的性质,起着这种社会平均劳动力的作用,从而在商品的生产上只使用平均必要劳动时间或社会必要劳动时间。社会必要劳动时间是在现有的社会正常的生产条件下,在社会平均的劳动熟练程度和劳动强度下制造某种使用价值所需要的劳动时间。"③

创新始终都是与人类创造性的劳动实践密切联系在一起的,其中,超越现有社会的正常生产条件和劳动条件的创新活动是一种更高级的实践活动,马克思指出:"对于价值的增殖过程来说,资本家占有的劳动是简单的、社会的平均劳动,还是较复杂的、比重较高的劳动,都是毫无关系的。比社会的平均劳动较

---

① 马克思.资本论:第1卷[M]//中共中央编译局.马克思恩格斯文集:第5卷.北京:人民出版社,2009:8.
② 马克思.资本论:第1卷[M]//中共中央编译局.马克思恩格斯文集:第5卷.北京:人民出版社,2009:60.
③ 马克思.资本论:第1卷[M]//中共中央编译局.马克思恩格斯文集:第5卷.北京:人民出版社,2009:52.

高级、较复杂的劳动,是这样一种劳动力的表现,这种劳动力比普通劳动力需要更高的教育费用,它的生产要花费更多的劳动时间,因此它具有更高的价值。既然这种劳动力的价值更高,它也就表现为更高级的劳动,也就在同样长的时间内对象化为更多的价值。"①这也正表明,创新活动具有复杂性和多样性,正是这种活动的广泛实施,才产生了资本主义世界丰富多彩的社会文化生活,科技创新逐渐渗透到了人类生活的各个方面。同时,科技创新与社会运动、阶级斗争、和社会革命等重要进程都是紧密相连的,"随着同时雇用的工人人数的增加,他们的反抗也加剧了,因此资本为压制这种反抗所施加的压力也必然增加。资本家的管理不仅是一种由社会劳动过程的性质产生并属于社会劳动过程的特殊职能,它同时也是剥削一种社会劳动过程的职能,因而也是由剥削者和他所剥削的原料之间不可避免的对抗决定的"②。

马克思一生都对科技创新中所孕育的新生产力保持着浓厚的兴趣,任何一门理论科学中的新发现,都使马克思感到衷心喜悦。而当他看到工业对一般历史发展的贡献,以及所产生的革命性影响的时候,他的喜悦就非同寻常了,他认为劳动生产力是随着科学和技术的不断进步而不断发展的,体现了他的科技创新孕育新生产力的思想。马克思明确指出,随着大工业的发展,现实财富的创造取决于科学的一般水平和技术进步,或者说这种科学在生产上的应用。无论是从力学原理到水磨建造,还是从机械和化学原理到造纸生产,不仅表明了马克思科技创新驱动思想,而且隐含了从科学知识转化为技术创新而后再应用于生产的内在逻辑,以及现实生产力发展的需求,使得科学能够日益自觉地应用

---

① 马克思.资本论:第1卷[M]//中共中央编译局.马克思恩格斯文集:第5卷.北京:人民出版社,2009:230.
② 马克思.资本论:第1卷[M]//中共中央编译局.马克思恩格斯文集:第5卷.北京:人民出版社,2009:384.

于技术方面,科学研究所揭示出来的事物属性及规律具有潜在的经济价值,可以转化为技术产品形成新的驱动力。马克思还认为,在资本主义社会化大生产条件下,生产力发展对科技创新依赖程度不断提高,资本不创造科学,但是它为了生产过程的需要利用科学、占有科学。资本家采用新技术、新机器扩大剩余价值剥削已成为资本家致富的主要手段,这也促使科研人员更加关注科技创新成果的现实转化,使发明成了一种特殊的职业。可以说,科技创新提高劳动生产效率和劳动生产率是劳动者生产使用价值的能力,用单位时间生产的产品数量衡量,劳动生产率作为生产力实现过程的客观结果是评价生产力水平的重要尺度。

马克思科技创新驱动思想与他的历史唯物主义思想是相一致的。正如经济领域和生产过程的要求,影响着人类的政治和社会制度一样,它们也影响着人类在历史各个阶段的科学活动。科学技术不会单纯因科学技术界内部的力量而增长或发展,它不是人类活动的简单自治领域。相反,需要将科学技术理解为对经济力量有重要影响的社会活动。人类在生产领域中明确表达的需求的不断变化,决定了科学技术进步的方向。确实,在人类解决问题的所有活动中,这都是正确的,科学技术是其中的一部分。从历史上看,资本主义关系是以一种不明显的方式引入的,即资本的个体所有者所雇佣的工资劳动者的数量仅在数量上有所增加。独立的手工业者由几名技术人员和学徒共同经营,逐渐转变为资本家的角色,因为他与这些人的关系采取了永久性的工资制度,而且这种工人的数量有所增加。因此,虽然引入的社会关系与之前的中世纪行会的手工艺品系统大不相同,却在最初都采用了相同的技术。

3. 科技创新对社会影响的多样性

马克思在论述中不仅涉及了多种形式的科技创新,包括技术创新、科学创新、管理创新和制度创新等,还分析了科技创新对于社会生活产生的全面影响,这些分析对 20 世纪的科技创新驱动外在论者,产生了极大的影响,催生出了许多新的科技创新驱动理论,以解释当年社会中复杂多变的科技创新现象。在前面对于人文科学和自然科学关系分析中可以看出,科学不仅仅指自然科学,还包括关于人的科学。因而,马克思论述的科学创新实际上包含自然科学创新和人文社会科学创新两大部分,"在《政治经济学批判》中,他第一次明确提出了'生产力中也包括科学'的思想,在此基础上,马克思在《资本论》中,着重论述了科学作为一种特殊的社会生产力,其创新和转化应用对提高劳动生产率有重要作用"①。

马克思的管理创新思想主要体现在对管理的性质、管理劳动、管理职能以及企业生产管理等多个方面。例如,"在资本主义生产的基础上,一种关于管理工资的新的欺诈勾当在股份企业中发展起来,就是指从事经营的时候,他的剥削的结果就分为利息和企业主收入,即利润超过利息的余额。在资本主义生产的基础上,一种涉及管理工资的新的欺诈在股份企业中发展起来,就是指在实际的经理之外并在他们之上,出现了一批董事和监事。对这些董事和监事来说,管理和监督实际上不过是掠夺股东、发财致富的一个借口而已"②。

马克思在其著作中非常关注由科技创新所推动,在资本主义世界中产生的

---

① 李天芳.《资本论》中的创新思想及其当代价值[M]//中国辩证唯物主义研究会.马克思主义哲学论丛:第 4 辑.北京:社会科学文献出版社,2015,139.
② 马克思.资本论:第 3 卷[M]//中共中央编译局.马克思恩格斯文集:第 7 卷.北京:人民出版社,2009:438.

制度,他从社会分工制度、工场制度、股份企业、信用制度、工厂立法与所有制等多个方面分析了制度问题。例如,马克思指出:"一个产业部门利润率的提高,要归功于另一个产业部门劳动生产力的发展。在这里,资本家得到的好处,又是社会劳动的产物,虽然并不是他自己直接剥削的工人的产物。生产力的这种发展,最终总是归结为发挥着作用的劳动的社会性质,归结为社会内部的分工,归结为脑力劳动特别是自然科学的发展。在这里,资本家利用的,是整个社会分工制度的优点。在这里,劳动生产力在其他部门即为资本家提供生产资料的部门的发展,相对地降低资本家所使用的不变资本的价值,从而提高利润率。"①制造系统的实质在于个体工人的专业化程度不断提高。虽然这反过来对工人产生了重要的心理和社会后果,但它仍与早期的手工艺系统共享了一个基本特征,即尽管产品已经经过了一系列的努力,尽管这种重组提高了劳动生产率,但它仍然使工业体系对人的技能和能力的依赖越来越重。关键技能在以前是行会的技能,现在对于工匠来说是细部工艺的不懈重复。更准确地说,现在的生产过程克服了人类有限的身体力量、速度、精确度等限制。只要工人继续在生产过程中占据战略要地,该过程就受到所有人类脆弱性的限制。而且,当然,个体资本家在许多方面都在不断地向工人施加压力。

科技创新对资本家的影响,直接体现在他们对资本追求的欲望的提升。"如果说机器是提高劳动生产率,即缩短生产商品的必要劳动时间的最有力的手段,那么,它作为资本的承担者,首先在它直接占领的工业中,成了把工作日延长到超过一切自然界限的最有力的手段。一方面,它创造了新条件,使资本能够任意发展自己这种一贯的倾向;另一方面,它创造了新动机,使资本增强了

---

① 马克思.资本论:第3卷[M]//中共中央编译局.马克思恩格斯文集:第7卷.北京:人民出版社,2009:96.

对他人劳动的贪欲。"①

创新活动的不断深化,加剧了资本主义世界中的不平等和剥削现象。"劳动资料一作为机器出现,就立刻成了工人本身的竞争者。资本借助机器进行的自行增殖,同生存条件被机器破坏的工人人数成正比。资本主义生产的整个体系,是建立在工人把自己的劳动力当作商品出卖的基础上的。分工使这种劳动力片面化,使它只具有操纵局部工具的特定技能。一旦工具由机器来操纵,劳动力的交换价值就随同它的使用价值一起消失。工人就像停止流通的纸币一样卖不出去。工人阶级的一部分就这样被机器转化为过剩的人口,也就是不再为资本的自行增殖所直接需要的人口。这些人一部分在旧的手工业和工场手工业生产反对机器生产的力量悬殊的斗争中毁灭,另一部分则涌向所有比较容易进去的工业部门,充斥劳动市场,从而使劳动力的价格降低到它的价值以下。……在机器逐渐地占领某一生产领域的地方,它给同它竞争的工人阶层造成慢性的贫困。在过渡迅速进行的地方,机器的影响则是广泛的和急性的。"②

资本主义在科技创新的驱动下,不断推动资本主义在政治上的统治。"在前一种说法中,结合总体工人或社会劳动体表现为积极行动的主体,而机械自动机则表现为客体;在后一种说法中,自动机本身是主体,而工人只是作为有意识的器官与自动机的无意识的器官并列,而且和后者一同从属于中心动力。第一种说法适用于机器体系的一切可能的大规模应用,第二种说法表明了机器体系的资本主义应用从而表明了现代工厂制度的特征。因此,尤尔也喜欢把产生运动的中心机器不仅描写成自动机(Automat),而且描写成专制君主

---

① 马克思.资本论:第1卷[M]//中共中央编译局.马克思恩格斯文集:第5卷.北京:人民出版社,2009:463.
② 马克思.资本论:第1卷[M]//中共中央编译局.马克思恩格斯文集:第5卷.北京:人民出版社,2009:494-495.

(Autokrat)。"①"在那种和工场手工业时期相适应的、仅仅由于同时使用的工人的数量和所积聚的生产资料的规模才和农民经济有本质区别的大农业中，近似地表现出来。简单协作在那些大规模运用资本而分工或机器还未起到重大作用的生产部门，始终是占统治的形式。"②

随着科技创新体系的深化发展，科技创新在道德和价值观方面的影响也正在体现出来。"机器的资本主义应用，一方面创造了无限度地延长工作日的新的强大动机，并且使劳动方式本身和社会劳动体的性质发生这样的变革，以至于打破对这种趋势的抵抗，另一方面，一部分由于使资本过去无法染指的那些工人阶层受资本的支配，一部分由于使那些被机器排挤的工人游离出来，制造了过剩的劳动人口，这些人不得不听命于资本强加给他们的规律。由此产生了现代工业史上一种值得注意的现象，即机器消灭了工作日的一切道德界限和自然界限。由此产生了经济学上的悖论，即缩短劳动时间的最有力的手段，竟变为把工人及其家属的全部生活时间转化为受资本支配的增殖资本价值的劳动时间的最可靠的手段。"③

马克思甚至还在其作品中敏锐地预见到了全球化，指出在工业科技创新的驱动下，全球化的雏形已经开始出现了。"一旦与大工业相适应的一般生产条件形成起来，这种生产方式就获得一种弹性，一种突然地跳跃式地扩展的能力，只有原料和销售市场才是它的限制。一方面，机器直接引起原料的增加，如轧棉机使棉花生产增加。另一方面，机器产品的便宜和交通运输业的变革是夺取

---

① 马克思. 资本论：第 1 卷[M]//中共中央编译局. 马克思恩格斯文集：第 5 卷. 北京：人民出版社，2009：483.

② 马克思. 资本论：第 1 卷[M]//中共中央编译局. 马克思恩格斯文集：第 5 卷. 北京：人民出版社，2009：389.

③ 马克思. 资本论：第 1 卷[M]//中共中央编译局. 马克思恩格斯文集：第 5 卷. 北京：人民出版社，2009：469.

国外市场的武器。机器生产摧毁国外市场的手工业产品,迫使这些市场变成它的原料产地。例如,东印度就被迫为大不列颠生产棉花、羊毛、大麻、黄麻、靛蓝等。大工业国工人的不断'过剩',大大促进了国外移民和外国的殖民地化,而这些外国变成宗主国的原料产地,如澳大利亚就变成羊毛产地。一种与机器生产中心相适应的新的国际分工产生了,它使地球的一部分转变为主要从事农业的生产地区,以服务于另一部分主要从事工业的生产地区。"①

作为一名超越时代的伟大思想家,马克思的经典作品中蕴含着极为丰富的科技创新驱动思想,越是深入阅读马克思的《资本论》等文献,越能体会到马克思科技创新驱动思想的博大精深,这也是为何马克思的思想对20世纪的科技创新理论界的外在论和内在论都有着极为重要的影响的重要原因。可以说,20世纪的科技创新驱动思想,不论是创新经济学家,还是技术社会学家的思想,都能在马克思的著作中找到其萌芽,这再次印证了马克思科技创新思想的伟大之处。由此,习近平总书记感叹道:"(马克思)是近代以来最伟大的思想家。两个世纪过去了,人类社会发生了巨大而深刻的变化,但马克思的名字依然在世界各地受到人们的尊敬,马克思的学说依然闪烁着耀眼的真理光芒!"②

第三节 恩格斯对科技创新驱动思想的发展

恩格斯沿着马克思的思想继续前行,对科技活动进行了细致入微的研究,

---

① 马克思.资本论:第1卷[M]//中共中央编译局.马克思恩格斯文集:第5卷.北京:人民出版社,2009:519-520.
② 习近平.在纪念马克思诞辰200周年大会上的讲话[EB/OL].(2018-05-04)[2021-09-28]. https://news.12371.cn/2018/05/04/ARTI1525424759799964.shtml

引用了大量科技史的案例,借鉴了许多科技哲学方面思辨文献,创造性地开创了自然辩证法的研究,极大地提升了我们对于科技的思考水平,也进一步丰富和发展了马克思主义科技创新驱动思想的理论内涵。从人的发展和自然辩证法的角度对科技创新活动展开了深入分析,进一步阐释了科技创新作为生产力的本质,完善了科技创新与社会的关系,丰富了人与自然之间的辩证法思考,是我们发展科技创新驱动思想的理论基石,也是我们深入开展科技创新驱动发展战略的必要理论支撑。

1. 进一步阐释了科技作为生产力的本质

科学技术的本质是生产力,这是恩格斯科技思想的基本论断。恩格斯指明"蒸汽机这一直到现在仍然是人改造自然的最强有力的工具"[①]。在了解了科技进步的历史之后,恩格斯惊呼:"仅仅一门化学,光是汉弗莱·戴维爵士和尤斯图斯·李比希两人就使本世纪的农业获得了怎样的成就?"[②]恩格斯通过考察科技活动在社会中的应用,极为深刻地提出了"科学技术是生产力进步的动力"的这一论断:"我们到处都会看出,使用机械辅助手段,特别是应用科学原理,是进步的动力。"[③]这一论断,经过马克思主义者们的不断发展,最后演变成为邓小平的"科学技术是第一生产力"的著名判断,是科技创新驱动思想的核心论断,引领了我们不断开创科技创新驱动研究和战略布局的新局面。

恩格斯还指出,劳动者在参与科技创新活动时,会自觉地提升自己的认识和技术水平,不断适应新的生产力的进步,"特别是本世纪自然科学大踏步前进

---

① 中共中央编译局.马克思恩格斯文集:第9卷[M].北京:人民出版社,2009:421.
② 中共中央编译局.马克思恩格斯文集:第1卷[M].北京:人民出版社,2009:82.
③ 中共中央编译局.马克思恩格斯文集:第1卷[M].北京:人民出版社,2009:89.

以来,我们越来越有可能学会控制认识并从而控制那些至少是由我们的最常见的生产行为所造成的较深远的自然后果"①。除了劳动主体发生认识方面的变化之外,劳动对象也在不断被科技创新改变,以英国的煤炭为例,"蒸汽机的使用第一次使绵延于英国地下的无穷尽的煤矿层具有真正的价值"②。因此,其他劳动对象也会因科技创新的推进而发生翻天覆地的变化。因此,生产力得到了极大的解放,"自从蒸汽和新的工具机把旧的工场手工业变成大工业以后,在资产阶级的领导下造成的生产力,就以前所未闻的速度和前所未闻的规模发展起来了"③。

其次,恩格斯还进一步完善了马克思对于科技创新变革生产关系的理论,他精辟地指出"科学与实践的结合就是英国的社会革命"④。他还说明了科技创新在阶级斗争中发挥的重要作用,进而不断改变资本主义中的阶级状况,"现代化的大工业,一方面造成了无产阶级,这个阶级能够在历史上第一次不是要求消灭某个特殊阶级组织或某种特权,而是要求根本消灭阶级"⑤。经过不断的科技创新发展,恩格斯预测,人类的解放会通过科技的发展逐渐实现,他强调:"就是在这一领域,我们也是经过长期的、往往是痛苦的经验,经过对历史材料的比较和研究,渐渐学会了认清我们的生产活动在社会方面的间接的、较远的影响,从而有可能去控制和调节这些影响。"⑥因此,恩格斯在1894年致瓦尔特·博尔吉乌斯的信中写道,"如果像您所说的,技术在很大程度上依赖于科学状况,那么,科学则在更大得多的程度上依赖于技术的状况和需要。社会一旦

---

① 中共中央编译局.马克思恩格斯文集:第9卷[M].北京:人民出版社,2009:560.
② 中共中央编译局.马克思恩格斯文集:第1卷[M].北京:人民出版社,2009:101.
③ 中共中央编译局.马克思恩格斯文集:第9卷[M].北京:人民出版社,2009:284.
④ 中共中央编译局.马克思恩格斯文集:第9卷[M].北京:人民出版社,2009:97.
⑤ 中共中央编译局.马克思恩格斯文集:第9卷[M].北京:人民出版社,2009:164.
⑥ 中共中央编译局.马克思恩格斯文集:第9卷[M].北京:人民出版社,2009:563.

有技术上的需要,这种需要就会比十所大学更能把科学向前推进"①。

在科技与生产力的关系上,恩格斯不仅发展了马克思的主要论断,还将其进一步完善,并不断加深理解,为后人理解马克思科技创新驱动思想作重要阐释。恩格斯实际上已经指出了马克思科技创新驱动思想,并进行了高度总结。"他作为科学家就是这样。但是这在他身上远不是主要的。在马克思看来,科学是一种在历史上起推动作用的、革命的力量。任何一门理论科学中的每一个新发现——它的实际应用也许还根本无法预见——都使马克思感到衷心喜悦,而当他看到那种对工业、对一般历史发展立即产生革命性影响的发现的时候,他的喜悦就非同寻常了。例如,他曾经密切注视电学方面各种发现的进展情况,不久以前,他还密切注视马塞尔·德普勒的发现。"②这种说法可能是马克思和恩格斯著作中最明确、最直接的断言,即影响科学需求的因素比影响其供给的因素更为重要。

2. 揭示了科技创新与资本主义制度的矛盾

恩格斯敏锐地观察到了资本主义制度下科技创新所预示的负面效应,揭示了资本主义制度与科技创新之间的内在矛盾,为进一步发展科技创新驱动理论提供了研究目标。由于资本家都致力于改进生产技术,以获得竞争优势,"现代机器已经达到极高程度的改进的可能性,由于生产中的无政府主义状态而转变成一种迫使各个工业资本家不断改进自己的机器、不断提高机器的生产能力的强制命令"③。这种现象使得创新对劳动者越来越不利,也浪费了劳动资源和

---

① 中共中央编译局.马克思恩格斯文集:第10卷[M].北京:人民出版社,2009:668.
② 中共中央编译局.马克思恩格斯文集:第3卷[M].北京:人民出版社,2009:601.
③ 中共中央编译局.马克思恩格斯文集:第9卷[M].北京:人民出版社,2009:292.

自然资源。恩格斯分析道:"如果说机器的采用和增加意味着上百万的手工劳动者为少数机器劳动者所排挤,那么,机器的改进就意味着越来越多的机器劳动者本身受到排挤。"①由于这种矛盾的存在,资本主义制度必然会出现经济危机,这会导致该矛盾的集中爆发,"我们在最先进的工业国家中已经降伏了自然,迫使它为人们服务;这样我们就无限地增加了生产,现在一个小孩所生产的东西,比以前的 100 个成年人所生产的还要多。而结果又怎样呢?过度劳动日益增加,群众日益贫困,每十年发生一次大崩溃"②。只有通过经济危机,才能以激烈的方式将矛盾集中释放出来,然后才能获得稳定的发展期,然而在一段时间之后矛盾还会进一步激发出来,成为新的经济危机。

恩格斯的深刻分析,对于当前的世界经济发展非常具有启发作用,当代的资本主义世界,科技越来越发达,然而人们的生活却没有根本的改观。工人与普通民众虽然看起来比 100 年前更加光鲜,但其被高科技为代表的资本家剥削的本质一点都没有变。相反,剥削以高科技的形式,变本加厉地以各种方式展示出来。恩格斯极为锐利地揭示了这个现象的本质,"当人们按照今天的生产力终于被认识了的本性来对待这种生产力的时候,社会生产的无政府状态就让位于按照社会总体和每个成员的需要对生产进行的社会有计划的调节。那时,资本主义占有方式就让位于按照社会总体和每个成员的需要对生产进行的社会有计划的调节。那时,资本主义的占有方式,即产品起初奴役生产者而后又奴役占有者的占有方式,就让位于那种以现代生产资料的本性为基础的产品占有方式:一方面由社会直接占有,作为维持和扩大生产的资料,另一方面由个人直接占有,作为生活资料和享受资料"③。

---

① 中共中央编译局.马克思恩格斯文集:第 1 卷[M].北京:人民出版社,2009:290.
② 中共中央编译局.马克思恩格斯文集:第 9 卷[M].北京:人民出版社,2009:422.
③ 中共中央编译局.马克思恩格斯文集:第 9 卷[M].北京:人民出版社,2009:296.

为了从根本上解决这个矛盾，在对科技创新与社会进行深刻分析的同时，恩格斯不断反思人与自然的关系，通过对马克思唯物辩证法和历史唯物主义的深刻体会，对资本主义科技创新的发展现状进行了深刻反思，开创了一个研究人与自然关系的全新研究领域——自然辩证法。

3. 从人与自然的辩证法视角分析科技创新

恩格斯的自然辩证法从哲学层面，对科技现象进行了深刻解读，并且发展成为理解马克思主义科技创新驱动思想的重要补充。其主要体现在从科技与社会关系的层面反思人类科技的负面作用，并且从生态自然观的角度，让我们重新反思环境、自然和人的辩证关系。恩格斯的自然辩证法为科技创新驱动思想带来了全新的视角和发展领域，这些思想是我们当前的新发展理念的重要思想渊源，也是当前极为重要的科技伦理研究维度的早期展示。

恩格斯指出，科技创新的最终目标不应该是追求生产力和剩余价值，而应该是服务于社会和人的发展。因为，科技发展本来就是人类的社会活动的正常成果，不应该是反人类的。"科学的产生和发展一开始就是由生产决定。"[①]或者说，科技进步本来就是以人类自身的需要而出现的，只是资本主义制度使科技创新的初心被违背了，因此才会产生追求剩余价值、剥削劳动者的现象。因此，在科技创新活动中，要尊重人的权力，更要遵守人类赖以生存的自然界，如果脱离了自然去盲目发展科技，必然会带来环境恶化等问题，给人类造成难以弥补的遵守，最终害了人类。"因此，我们每走一步都要记住：我们决不像征服

---

① 中共中央编译局.马克思恩格斯文集:第9卷[M].北京:人民出版社,2009:427.

异族人那样支配自然界,绝不像站在自然界之外的人似的去支配自然界。"①

恩格斯的自然辩证法视角,具有很深的辩证思维,不仅看到了科技的进步作用,更关注到了科技的负面作用。因此,他不仅指出:"到那时,我们自然会满意地看到,扶植科学的工作也在物质上得到报偿,会看到,仅凭詹姆斯·瓦特的蒸汽机这样一项科学成果,能在它存在的头 50 年中给世界带来的东西比世界从一开始为扶植科学所付出的代价还要多。"②他还从另一方面指出:"在目前情况下连科学也是用来反对劳动的。例如,几乎一切机械发明,尤其是哈格里沃斯、克朗普顿和阿克莱的棉纺机,都是由于缺乏劳动力而引起的。对劳动的渴求导致发明的出现,发明大大地增加了劳动力,因而降低了对人的劳动的需求。"③这种辩证分析,极大地提升了我们的对发展的认识。

因此,在自然面前我们应该"一天天地学会更正确地理解自然规律,学会认识到我们对自然界习以为常过程的干预所造成的较近或较远的后果。特别是自本世纪自然科学大踏步以来,我们越来越有可能学会认识并且从而控制那些至少是由我们的最常见的生产行为所造成的较远的自然后果"④。最后,恩格斯通过辩证分析,提出解决资本主义制度和科技创新之矛盾的必然途径只有一个,就是社会主义,"只有一种有计划的生产和分配的自觉的社会生产组织,才能在社会方面把人从其余的动物中提升出来,正如一般生产曾经在物种方面把人从其他动物中提升出来。历史的发展使这种社会生产组织日益成为必要,也日益成为可能。一个新的历史时期将从这种社会生产组织开始,在这个时期中,人自身以及人的活动的一切方面,尤其是自然科学,都将突飞猛进,使以往

---

① 中共中央编译局. 马克思恩格斯文集:第 9 卷[M]. 北京:人民出版社,2009:559.
② 中共中央编译局. 马克思恩格斯文集:第 1 卷[M]. 北京:人民出版社,2009:67.
③ 中共中央编译局. 马克思恩格斯文集:第 1 卷[M]. 北京:人民出版社,2009:85.
④ 中共中央编译局. 马克思恩格斯文集:第 9 卷[M]. 北京:人民出版社,2009:560.

的一切黯然失色"①。

恩格斯的科技创新驱动思想,同马克思的思想一道,对后世影响深远。后世思想家从中不断寻找灵感,不断继承和发展。当然,在恩格斯的论述中,人们必须记得他的自然辩证法并未完成,实际上常常只是记录了零散的状况。所以,其中必然还有许多难以解决的问题。但是,也正因为如此,在马克思和恩格斯之后,才出现了许多创新理论学者,在马克思和恩格斯思想的影响下,不断进行理论创新,发展成为我们今天的马克思主义科技创新驱动思想,包括发挥科技的属人效应、坚持科技发展与保护生态环境相结合、正确处理人与自然之间的关系、实现科技与自然之间的双向互动,以及为科技创新营造良好的制度环境等②,这些思想的进一步展开,已经成为我们新时代科技创新驱动战略的重要思想基础。

---

① 中共中央编译局.马克思恩格斯文集:第9卷[M].北京:人民出版社,2009:422.
② 黎朝辉.恩格斯科技思想及其当代启示[D].重庆:重庆工商大学,2021.

第三章
科技创新驱动思想的新发展

在受到马克思思想影响的西方技术经济学界及社会学家的努力下,从技术创新理念的深入解读,到分析创新与经济发展的内在联系和外在影响,创新驱动理论的发展不断深化,理论内涵和研究范畴不断丰富,而且通过实践的不断检验进而实现了创新理论的凝练和升华。在此过程中,科技创新驱动的作用和贡献不断提升企业作为创新主体的地位,不断加强创新要素和资源的制度化保障功能更加凸显。对比国外理论及经验与国内探索的实践,对我国开展马克思主义科技创新驱动思想的研究具有重要的参考价值。

第一节 内在论的科技创新驱动思想

内在论主要指 20 世纪的创新经济学家们的贡献。关于科技创新与社会发展的研究实际上已经扩大到经济之外更广阔的领域,包括具有重大意义的新工业经济方面,而这些新方面在"技术变革"的主题下并不适合。因此,尽管该术语在文献中大量出现,越来越多的学者使用了更宽泛的术语如"创新经济学"来描述其中的主题。"创新"一词不仅包括技术变革,还包括经济变革的许多方面,这些方面不容易纳入技术变革的范畴。例如,早期创新中的硬件、装配线,以及之后的计算机、互联网、社交网络等数字世界的新创新,还有在这些领域进行创新后的工作重组。此外,软件既可以在更广泛的意义上用来指代任何非硬件的东西,其中可以包括在大学、工业和政府实验室中进行的研究,也可以包括人脑中可能出现的新想法。在过去的几十年中,罗默的研究塑造了经济学家的许多学术语言。从某种意义上说,从技术变革到创新经济的演变,体现出了发达经济体中非制造业部门的重要性上升,以及与有组织的研发相关的生产力和提高福利的变化等。

1. 熊彼特的贡献

约瑟夫·熊彼特(Joseph Schumpeter)对创新经济学的发展有着巨大的贡献,虽然受到了马克思的著作的深刻影响,但依然可以说他是创新理论领域的开创者,他的工作包含了许多今天仍然具有影响力的理论。在熊彼特于1937年出版的《经济发展理论》日文版的序言中,熊彼特勾勒出他可能承诺的关于自己的研究目的的最准确、最简洁的陈述。该目的不仅着眼于对经济体系如何产生变化的理解,而且还着眼于随着纯粹内生力量的产生,以及这种变化如何发生:"如果我的日本读者在打开本书之前问我,写本书的目的是什么? 在25年以前,我会回答我正在尝试构建时间变化中的经济过程的理论模型,或更清楚地说,是为了回答以下问题:经济体系如何产生不断进步的力量……我感到非常强烈……经济体系中有一种能量本身会破坏任何可能达到的平衡。如果是这样,那么就必须有一个纯粹的经济变化的经济学理论,它不仅仅依赖于将经济体系从一种均衡推向另一种均衡的外部因素。我试图建立这样一种理论。"①

应当指出的是,这些措辞是他于 1937 年所写的,熊彼特当时正在从事《资本主义,社会主义和民主》的写作工作。实际上,《资本主义,社会主义和民主》恰恰是熊彼特在引用他给日本读者的文章中明确阐述的研究计划的实现。

当然,正如熊彼特所提到的那样,在新古典均衡分析的严格静态框架内,无法提供经济发展如何以及为何发生变化的说明。熊彼特还指出,旧的经济理论只能考察"平稳过程",即"实际上不会改变其主动性,而只是在流动时产生恒定的实际收入的过程"。随着时间的流逝,正如熊彼特对该理论的解释:"当然,经济生活本质上是被动的,只会适应可能正在作用于它的自然和社会的影响,因此平稳过程的理论实际上构成了理论经济学的整体。作为经济理论家,我们不能过多地解释造成历史变化的因素,而只需对其进行记录。"②

这里的关键点是,熊彼特直接拒绝了旧理论的这个观点,即经济学理论必须局限于平稳过程的研究,并且他还证明了均衡是如何逐渐偏离的,如人口增长或人口减少可能导致的偏离。为了节省成本,只需设置动力即可使系统恢复到平衡状态。在提出发展一种理论来说明固定过程如何受到内外驱动力干扰的理论时,熊彼特提出,资本主义的本质不在于均衡力,而在于该制度不可避免地背离均衡的趋势,或者说是背离平衡,均衡分析未能抓住资本主义发展的本质。熊彼特在这一关键问题上的立场可引用他自己最有力的表述:"虽然固定的封建经济仍然是封建经济,固定的社会主义经济仍然是社会主义经济,固定

---

① Schumpeter J A. Preface to the Japanese edition of theorie der Wirschaftlichen Entwicklung[M]//Clemence R V. Essays of J. A. Schumpeter. Cambridge: Addison-Wesley, 1951: 158.

② Schumpeter J A. Preface to the Japanese edition of theorie der Wirschaftlichen Entwicklung[M]//Clemence R V. Essays of J. A. Schumpeter. Cambridge: Addison-Wesley, 1951: 2,3.

资本主义就其名称而言却是矛盾的。"①

2. 内生增长理论的创新驱动观点

内生增长理论(Endogenous Growth Theory)最早是索洛(Solow)在其1956年的经典论文《内生增长理论》中提出的,经过拉莫(Romor)等人的发展,成为内生论的核心理论。由于生产引入了非竞争性,因此无法支持价格竞争,相反,均衡是具有垄断竞争的均衡。其主要结论是,人力资本的存量决定了增长率,人力资本投入均衡研究的不足,与世界市场的融合将提高增长率,人口众多不足以促进增长。

拉莫在研究中提出的论点基于三个前提。第一个前提是技术变革,包括改进原材料等贡献,是经济增长的核心。由于他介绍的模型类似于具有技术变革的索洛(1956)模型,故又称为索洛-拉莫模型,该模型用数学方法展示了技术变革为持续的资本积累提供了驱动力,而资本积累和技术变革共同构成了工作产出增加的大部分。第二个前提是,技术变革之所以产生,很大程度上是由于响应市场激励措施的人们所采取的有意行动。因此,该模型是内生的而非外在的技术变化之一。这并不意味着对技术变革作出贡献的每个人都受到投机机制的激励。受政府补助支持的学术型科学家可能与他们所远离的市场完全隔绝。这里的前提是,市场激励仍然在将新知识转化为具有实用价值的商品的过程中起着至关重要的作用。我们对电磁学的最初了解源于学术机构进行的研究,但是磁带和家用盒式磁带录像机是私人公司试图盈利的结果。第三个也是最基

---

① Schumpeter J A. Capitalism in the postwar world[M]//Clemence R V. Essays of J. A. Schumpeter. Cambridge: Addison-Wesley, 1951: 158.

本的前提是，处理原材料说明与其他经济商品本质上是不同的。只要产生了新的技术或工艺产品，就可以在不同的领域不断使用这项技术，而无须支付额外的费用。此属性被视为技术的公共特征。

常规经济商品既是竞争性的，又是排他性的，它们是由私人提供的，可以在竞争性市场中交易。根据定义，公共物品既是非竞争性的，又是非排他性的。由于它们是非排他性的，因此不能私下提供或在市场上交易。通过存在可以征税的政府，可以将公共物品引入价格行为模型。基础科学研究是可以以这种方式提供的公共物品的示例之一，并且其与增长有关。

拉莫使用的规范的关键特征是知识以两种不同的方式进入生产。新的设计可以将生产用于产出的新货物。还有一种新的设计还可以增加知识总量，从而提高研究部门的人力资本生产率。外观设计的拥有者对其在生产耐用的新生产者中的使用拥有所有权，但对于研究中的使用则没有所有权。如果发明人的设计获得专利，那么未经发明人的同意，任何人都无法制造或销售它。此外，其他发明者可以自由地花时间研究新技术的专利申请，并学习有助于设计的新的知识。小部件的发明者无法阻止其他发明者从小部件的设计中学习。这意味着，从设计的第一个生产性角色获得的收益是完全可以排他的，而从第二个生产性角色获得的收益是完全不排他的。从总体上讲，这意味着非竞争性设计输入可以部分排除。

该模型的平衡点是价格和数量的路径，并使得：① 消费者根据给定的利率做出储蓄和消费决定；② 人力资本持有人根据总知识量、外观设计价格和制造业部门的工资率来决定是在研究部门还是在制造部门工作；③ 最终产品生产者选择劳动力或人力资本，并按给定的价格选择不同的耐用品清单；④ 在给定利率和面临向下倾斜的需求曲线的情况下，每家拥有设计和制造生产者的公司都将设定价格以使利润最大化；⑤ 打算进入生产类似产品的企业以给定设计的价格为准；⑥每种商品的供应量等于需求量。

  溢出和价格对于在增长模型中获取知识的特征是必不可少的。毫无疑问，任何给定的创新或发现对社会的许多价值都不会被发明者捕获，任何错过这些溢出效应的模型都将错过增长过程的重要因素。但是，仍然存在这种情况，即私人的、利润最大化的代理商在创造新知识方面进行了投资，并且他们通过使所得产品的价格高于生产该产品的边际成本的价格来获得这些投资的回报。

  内在增长的模型表明，当将投资实物资本的决定与投资研究的决定脱钩时，对实物资本的补贴的效果与降低市场利率的效果完全不同。如果根本的政策问题是我们的律师和管理硕士过多，而工程师却不足，那么对实物资本积累的补贴就是一种微弱的、可能适得其反的政策反应。

  此外，还有许多创新经济学的理论家从各个角度对内生增长理论作出了贡献，这种对内部产生的经济变化对经济发展的重要性，以及对静态经济分析的弱点的基本理解，占据了大部分的创新经济学研究。第一个，也许是最重要的主题是创新过程中的基本驱动力，或者说今天新生产的知识、发明和创新是如何建立在过去的知识基础上的，创新通常不会直接产生收益，除非它经历了动态的、累积的学习和传播过程。对这一现象的理解几乎是所有学者研究的基础，如汤普森的边做边学、布雷斯纳的通用技术、蒂斯的创新公司，以及斯通曼和巴蒂斯塔的创新传播论，都是很明显的。人们感兴趣的是科技发展的中心过程具有动态和类似停滞的特性，这一事实意味着静态经济模型的分析价值有限。在许多论文中都反映了这种思想，其中一些提出了替代建模方法。多西和内尔森(Dosi,Nelson)，蒂斯和索托(Teece,Soete)等人的观点明确地将新古典理论在工业、公司或国家层面的创新分析中的局限性作为出发点。施泰恩米勒(Steinmueller)认为，阿罗和内尔森(Arrow,Nelson)针对科学技术政策制定的市场失灵理论虽然有效，但却是政策的不完整指南，因为它过分强调了将产权分配给创新者的重要性,并且忽略了所需政策的系统性。① 例如,如果需要花费时间来培养受过训练的科学家和工程师,或者如果教育系统根本不具备创新能力,那么研发补贴将无法达到预期的效果。可以肯定地说,创新系统和制度的主题还处于起步阶段。此外,还需要深入研究欧洲创新政策互补性的研究。尽管新制度经济学为创新管理提供了大量研究成果,但整个经济层面的实证研究还在落后,这可能是建模和数据障碍所致。

3. 科技创新政策的驱动力价值

另一个主题是科技创新政策对推动经济发展的重要性。我们可以在创新理论学者们关于大学研究和公私互动、知识产权、研发回报的度量、创新融资、环保、农业创新等论述中得到启发。对这些特定主题的广泛研究在很大程度上是由在实施各种科技政策对经济的驱动作用开展的,这些问题通常伴随着更具体的问题以待分析。在《创新经济学手册》的最后部分中还有几章直接涉及政策主题。② 例如,施泰恩米勒和索托在总体上讨论了科技政策的广泛主题以及对其进行分析的创新方法体系,而莫雷里(D. Mowery)讨论了来自政府国防部门研发的溢出效应。

创新经济学与政策问题之间关系密切有两个相关原因。首先,正如赫尔滕(Hulten)在有关增长核算的论述中所回顾的那样,过去 50 年左右的经济增长文献已将技术变革确定为生产力增长的主要推动力。其次,作为技术变革源头的发明和创新也创造了知识,这些知识可以溢出到对原始创作不负责任的实体

---

① Hall B H, Rosenberg N. Handbook of the economics of innovation: Vol. 1[M]. Berkeley: Elsevier, 2010: 6.
② 布朗温·霍尔,内森·罗森伯格. 创新经济学手册[M]. 上海:上海交通大学出版社,2017.

上，并且这种转移不会发生有价交易。正如阿罗和内尔森早就指出的那样，这一事实表明需要采取政策对这些活动进行适当鼓励。由于这种知识转移可能是分散的，不一定在一个明确的市场中进行，因此，也应将政策注意力放在跨部门和跨国界的溢出效应上；还可以通过测量这些溢出的尝试，了解跨国溢出对技术转让和发展的重要性。多位学者还突出分析了数字革命的重要性，其导致了信息和计算技术（ICT）的重大创新，并影响了经济的所有部门。从广义上讲，半导体技术和与之伴随的创新具有通用技术的所有特征。通常，这些技术具有高度的累积性和交互性，要求不同公司制造的组件之间具有很大的互操作性，这增加了标准、公司之间的协作和采用网络的影响。反过来，这也引起了人们对技术市场、用户和公司的协作与网络以及专利制度的重新关注。就专利而言，ICT产品的复杂性意味着该领域的公司与传统的专利领域，如化学和制药，其专利制度的运作方式与此前大不相同。

4. 科技创新驱动的微观机制分析

此外，通过分析技术和组织创新和模仿如何推动产业发展，可以从技术知识的本质和动态的角度出发，对技术知识的结构及其在不同技术范式中的多样性进行理解，以及对这种知识的产生、积累和扩散的方式进行理解，这对于理解创新的速度和方向也是至关重要的活动，远远超出了经济主体所面对的激励。这些微观机制的分析也大大促进了我们对科技创新驱动机制的理解。

创新和模仿的不同是产业发展的主要方面和驱动力，塑造着竞争型企业职工的增长、衰退和退出模式，以及新企业的进入机会。其动态过程一方面是由持续异质的公司创新学习的双重力量所驱动的演化过程，另一方面是不完美的市场选择带来的奖惩，即这些异质企业群体的利润，增长的可能性和生存率。

公司特定的学习过程似乎比公司间的选择动力相对更强大。

在经济中进行的学习既有集体的要素，也有个体的要素。尽管他们的能力和行动远不相同，但同一行业的公司通常会就如何操作新兴技术发展学到类似的东西。而且，企业之间的相互学习有时是有意交流的结果，有时是因为个体企业中至少有一部分活动变成了公共知识。技术范式的广泛流行是该领域技术人员的共同财产。结果，尽管公司的选择通常相对较弱，但对于引入该领域的新技术变型，通常会有大量的选择，随着我们对扩散研究的描述，这些进展往往会渗透到一般实践中，此过程可能需要花费大量时间。

这还可帮助人们理解经济增长的基本进化解释。虽然无法在此进行详细讨论，这种进化解释将凸显我们在前面的讨论中提到的不同技术和行业在不同时期进步速度上的显著差异，旨在解释这种差异的研究正在不断发展。如前所述，一个重要的基本变量是阐明实践领域中使用的技术的科学推动力，但是，显然有许多因素在起作用。技术领域内的进展趋向于更加狭窄，并且随着技术的成熟而放缓。经济增长过程是由旧工业的持续转移且不断推出新产品、新技术和资源而推动的，旧工业的发展速度已减慢，资源正流向新兴产业。没有这种演变过程，就不可能实现工业化经济体不断提高的人均产出和人均收入。

对经济增长的全面解释还应考虑到，历史增长的时间路径往往被时代打断，时代特征是"通用"技术的特定领域的发展或从扩散的意义上讲的广泛的技术经济范式。在特定的经济时代，经济的增长是由生产直接结合了驱动技术范式产品的行业中的创新和生产力的增长，以及下游能够将这些产品用作输入的行业，如蒸汽动力、电力和内燃机，以及今天的ICT技术。

经济增长的演进过程深嵌在丰富的制度结构中。现在有广泛的经验研究涉及所谓的创新系统的制度。这些研究关注的问题包括公司之间的合作安排、大学在技术进步中的作用，以及不同行业中大学与产业互动的模式，支持技术进步的各种政府计划及其他支持机构。其他相关机构则与社会的政治经济模式有关,这些经济安排管理着公司的组织和管理方式、劳动力市场、金融与行业关系和公司法等。对于经济增长,目前普遍接受的观点是,经济增长是由技术与制度的共同进化实现的。

第二节 外在论的科技创新驱动思想

1. 海尔布隆纳的技术决定论

在1967年发表的一篇经典论文中,马克思主义技术思想家罗伯特·海尔布隆纳(Robert Heilbroner)分析了技术与社会发展的两个方面。第一个方面遵循技术以固定的自然确定的顺序发展。第二个方面认为给定技术会在使用该技术的社会上强加某些社会和政治特征。关于技术与社会关系的这种观点其实是一种普遍的观点,尽管这种观点通常没有被如此明确地表达出来。这种观点容易被认为是特定的技术必然会产生特定的社会影响。但是,海尔布隆纳等人都不是硬技术决定论者,因为他们似乎仅仅承认了社会对技术的某些影响。尽管海尔布隆纳早在1967年就撰写了这篇文章,但它仍然是对技术决定作用的较好诠释之一,而他提到的某些观点今天仍处于辩论中。

当然,机器在某种意义上可以创造历史,而技术水平与人类实践有着直接的联系。同样清楚的是,他们并没有创造全部历史,但是对历史却有重要的驱动作用。

机器创造历史的许多重要方式在这里都未曾涉及。例如，人们可以研究技术对历史政治进程的影响，而战争技术的核心作用最为明显地证明了这一点。或者，人们可以研究机器对构成历史演变基础的社会态度的影响，如人们可以考虑广播或电视对政治行为的影响。又或者，人们可以将技术作为决定生活从一个时代到另一个时代的变化内容的因素之一，"当我们谈论中世纪或今天的生活时，我们定义了一种存在，其许多质地和物质都与当时的技术秩序紧密相连"①。

海尔布隆纳建议研究另一领域的技术对历史的影响，该领域由马克思加以阐述。其中的问题涉及技术在确定社会经济秩序性质方面的作用。用最简单的话来说，类似的问题如：中世纪的技术是否带来了封建制度？工业技术是资本主义的必要条件吗？或者，通过扩展，计算机技术和原子会构成新的社会秩序的必然原因吗？即使在这种有限的意义上，我们的研究也应该是广泛的，并且应该思考未来社会中技术的作用。

海尔布隆纳分两个阶段进行研究：① 如果我们假设手工工厂确实给我们带来了封建主义和蒸汽工厂资本主义，那么技术变革在社会历史的原动力中的地位则会下降很多。那么，我们还能解释技术本身的"运动定律"吗？若不那么夸张地提出这个问题，我们还能解释为什么技术会按照它的先后顺序发展吗？② 以马克思主义的价值理论为基础，当我们断言手工工厂与封建主为人们建设社会时，到底是什么意思？确切地说，生产方式如何影响社会关系的上层建筑？这些问题将使我们能够检验技术决定论思想中的经验内容，或者至少查看是否存在经验内容。

---

① Heilbroner R L. Do machines make history? [M]//Deborah Y, Johnson G, Wetmore J M. Technology and society: building our sociotechnical future. Cambridge: MIT Press, 2009: 97.

海尔布隆纳相信技术的发展有其顺序：蒸汽机并非偶然地代替了手动磨机，而是因为它是自然界技术性征服中的下一个"阶段"，它遵循着一条唯一的进步道路。换句话说，要等到蒸汽机的使用时间超过手磨机的使用年限，这是不可能的。就算掌握了蒸汽机，也并没有掌握电力技术，直到有了电力发电技术。

首先，并非所有社会都对开发生产技术或将相应的新能源用于该技术感兴趣。海尔布隆纳非常了解不同社会对技术发展方向施加的不同压力。对于这种观点有什么证据？海尔布隆纳提出三个有启发性的证据：

① 发明的同时会产生一系列众所周知的现象。他认为发现的过程是沿着明确定义的知识边界发生的，而不是以随机的方式发生的。技术发展遵循的是顺序和确定的过程，而不是随机的过程。

② 缺乏技术飞跃。从定义上讲，所有发明和创新都代表了超越现有基准的先进技术。然而，大多数技术进步似乎都是渐进的。如果自然界没有突然的飞跃，那么技术也不会凭空出现。举例来说，我们并没有在 1500 年进行电力实验，也没有在 1700 年尝试从原子中提取能量。总的来说，生产技术的发展呈现出相当平稳和连续的状态，而不是锯齿状参差不齐。

③ 技术的可预测性。技术预测的历史由来已久，有趣的是，技术进步的发展似乎是内在可预测的。这并不意味着我们可以制定未来的技术发现时间表，也不排除意外的可能性。许多科学家愿意对未来 25 年甚至 50 年的技术能力的性质做出一般性预测。这也表明技术遵循了发展的顺序，而不是以更偶然的方式实现。

其次，海尔布隆纳通过提出两个深层次的理由来加强这些基础，以及为何技术应该能建构或者驱动历史。

第一，主要的制约因素总是取决于技术能力，即其累积的可用知识储备的制约因素。这些知识的应用可能落后于其范围。例如，手磨机的技术绝不是中世纪技术知识的前沿,但是技术实现几乎不能像人们通常所认为的那样进行,尽管实验可以同时使技术和知识同时进步。尤其是从19世纪中叶到现在,我们感觉到对技术的宽松管理源于不断产生的科学知识,这些科学的进步导致了电气、化学、航空、电子、核能和太空等技术相继出现。知识的逐步扩展并不是技术发展的唯一束缚。第二个控制因素是时代的物质改造能力,即其技术水平。例如,制造蒸汽机不仅需要了解蒸汽的弹性特性,还需要具有一定精度的铸铁气缸的能力。生产单个蒸汽机作为昂贵的玩具是一回事,如早在古希腊时期工程师希罗(Hero)就曾描述过机器,而生产出能够经济有效地发电的机器是另一回事。与单台机器相比,瓦特和博尔顿在实现活塞与汽缸的配合方面遇到的困难说明了创造技术的问题。

直到实现了金属加工技术,才可能创建工业技术。此外,创造这种技术所需的能力并不仅仅取决于制造一台特定机器的能力,而是取决于许多人的协作能力。行业会不断改变其产品或过程以适应一项新关键产品或过程的变化。

最后,海尔布隆纳尝试系统分析当时技术决定论观点中的问题:[1]

① 技术进步本身就是一种社会活动,技术决定理论必须与以下事实相比较:发明和创新活动本身是某些社会的属性,而不是其他社会的属性。例如,南美或非洲的丛林人或部落人一直坚持新石器时代的技术。历史上,阿拉伯人曾达到很高的技术水平,此后却下降了。中国古代在某些领域发展了技术专长,而在生产领域却忽略了这一点。

② 技术进步的历程对社会发展方向有何响应?究竟是技术在战争、艺术、农业领域的进步,或是其行业部分取决于社会提供的奖励、诱因和激励。这些

---

[1] Heilbroner R L. Do machines make history? [M]//Deborah Y, Johnson G, Wetmore J M. Technology and society: building our sociotechnical future. Cambridge: MIT Press, 2009: 98.

技术进步的方向一部分是社会政策的结果。例如，由于缺乏政府利益或市场刺激，最初引入法国之后又独立引入英国的可互换零件系统未能在两个国家扎根，其在美国的成功主要归功于政府的支持，以及在没有行会传统和高昂劳动力成本的社会中的吸引力。技术的总体水平可能遵循独立发展的先后顺序，但其应用领域肯定反映了社会影响力。

③ 技术变革必须与现有的社会条件相适应。技术的进步不仅必须与周围的技术相适应，而且还必须与现有的经济和其他社会制度相适应。例如，在一个劳动力充沛且生产要素廉价的社会中，省力型机械将无法立即被接受。大规模生产技术也不会向没有大规模市场的社会推广。的确，奴隶劳动的存在通常会抑制机械的使用，而昂贵的劳动力的存在会加速机械的使用。这些对依靠技术进步的社会力量的反思使我们抛弃了强的技术决定论的观念。然而，将技术从原始移动设备在历史上应有的地位转移到由社会主作用的中介因素，并不是要抹杀其影响，而只是明确其模式，让分析的精度更高。同样，承认我们几乎不了解产生技术的文化因素并不会贬低其作用，而是将注意力集中在技术是主要历史力量的那个历史时期，即自 1700 年以来的现代社会。

然后，海尔布隆纳进一步阐释了他的技术决定论，即技术在现代西方社会中所起的中介作用是什么。这就转化为一个温和的技术与社会问题，社会与技术的相互作用就是：

① 资本主义的兴起为生产技术的发展提供了刺激。直到围绕私有财产原则组织的市场体系出现，才出现了能够系统地指导社会发明和创新能力的机制，促进了生产中的技术。因此，18、19 世纪的外部环境为工业技术的发展提供了新颖而极其有效的激励。此外，晚期重商主义社会的政治和社会框架的缓慢开放引发了社会的新想法。为此，新技术提供了最佳实现机会，不仅给我们提供了工业资本家所需的蒸汽机，还给我们提供了不断发展的发明家和制造商。

② 市场体系内技术的扩展迎来了新的自动化。在迅速发展的市场体系下,不仅是技术改进的启动,而且其后在整个经济中的采用和影响很大程度上取决于市场考虑。结果,技术的兴起和扩散都假定了一种非人格化的"力量"对社会和经济生活产生影响。更为明显的是,为缓解其破坏性后果所需要的政治控制受到了现行自由放任主义思想的抑制。

③ 科学的兴起为技术提供了新的动力。早期资本主义时期大致与技术鼓励的独立来源和科学的自觉活动的兴起的发展相吻合,并为之提供了有利的环境。自19世纪中叶以来,随着研究自然秘密及其为社会所用的科学研究的不断扩展,科学研究为推动技术发展提供了越来越重要的动力。的确,随着20世纪的发展,科学本身已成为重要的社会力量,如今已成为有效技术的必不可少的前提。

出于这些原因,技术在资本主义的背景下,在基于最大化生产或最小化成本的社会背景下,具有特殊的意义。因为在这些社会中,技术进步的不断出现及其在整个社会中的传播都具有自主过程的特征,即社会以一种冷漠的方式强加于其成员。这就是为什么技术决定的问题,即机器如何创造历史,仍然不断地呈现在我们面前的原因。

因此,技术决定论是一个特定历史时期的问题,特别是在资本主义和社会主义的一定历史时期,当控制或指导技术的机构仍处于起步阶段时,其技术变革的力量被逐渐释放出来。

2. 平齐与比克的社会建构论思想

平齐(T. Pinch)和比克(W. Bijker)的思想反映了技术的社会建构论(Social Construction of Technology,SCOT)的基本内容,也反驳了技术决定论的观点。SCOT方法的拥护者认为,社会指导技术的各个方面。构建技术并赋予其意义的是人而不是机器,并最终决定采用哪些技术和拒绝哪些技术。对于机器而言,人类的定义和更改其周围技术的能力不仅仅限于少数强大的团队,如CEO、工业家甚至工程师。即使公司制造并出售了一件技术品,人们仍然有权重新定义该技术的含义并提出其意想不到的用途。他们认为,技术决定论类似于神话,是当人们回看历史时所产生的想法,并认为历史通往现状的发展是唯一可能的道路。相反,他们鼓励我们思考过去可用的所有可能性,并意识到选择的技术、设计和用途与当时的社会环境、技术知识的性质和状态密切相关。他们提供了理论框架来解释技术发展是一种社会过程。他们认为,在技术开发的早期阶段,存在着各种各样的可能性,该技术具有解释的灵活性。不同的社会群体根据需求来决定技术的用途、含义和特定设计。随着不同利益群体围绕特定设计和技术含义的融合,技术设计开始趋于稳定,并且变得难以解释。在此过程中,给定了一种技术的用途和含义,这些用途和含义后来似乎是该技术必不可少的某种自然部分,而不是通过社会本身达成的某种东西。

他们认为,首先应该分析两种方法,即经验相对主义纲领(Empirical Programme of Relativism,EPOR)和技术的社会建构论(SCOT)之间的不平衡。EPOR是科学知识社会学蓬勃发展传统的一部分:它是一项完善的计划,并得到了许多实证研究的支持。相比之下,技术社会学是一个没有成熟的研究传统的萌芽领域,当时明确采用的SCOT方法只是处于初期的经验阶段,尽管目前已获得发展。在SCOT中,科学的发展过程与技术物被描述为变异和选择的交替。这就导致了多向模型的产生,与许多创新研究中明确使用的和许多技术历史中隐含的线性模型形成了鲜明对比。这种多方位的观点对于任何社会建构主义的技术描述都是必不可少的。当然,从历史的角度来看,可以将多方向模型折叠为一个更简单的线性模型。但这错过了关键的论点,即发展中的成功阶段不是唯一可能的阶段。

他们又以自行车的早期开发为例进行分析。将这种多方向图景应用于此开发过程中的级别,能看到人造物的形成及其一系列可能的变化。更重要的是要认识到,根据当时行为者的观点,这些变体是彼此之间完全不同的,是竞争对手。通过回顾19世纪80年代的实际情况,人们也对这样的回顾性描述提出质疑。一些普通的安全产品是由商业生产的,而劳森的单车在线性模型中似乎起着重要的作用,但被证明是商业上的失败。然而,如果采用多方向模型,则可能会问为什么有些技术变体死亡,而另一些技术变体存活。为了阐明开发过程的这一"选择"部分,让我们考虑一下每个技术物在特定时刻提出的问题和解决方案。此举的原理与在EPOR中关注科学争议的原理相同。通过这种方式,人们可以期望更加清晰地展现出技术产品的解释灵活性。

在确定哪些问题存在相关性时,与工件相关的社会群体以及这些群体赋予技术物的含义起着至关重要的作用:只有当存在某个社会群体构建时,问题才被定义为需要解决的问题。相关社会群体概念的使用非常简单,这些内容表示机构和组织,以及有组织的或无组织的个人。关键要求是,某个社会群体的所有成员都具有相同的含义集,并附加到特定的人工物上。在确定哪些社会群体相关时,我们必须首先询问该人工物对于以下成员(即被调查的社会团体)是否具有某种意义。显然,技术物的"消费者"或"用户"的社会群体满足了这一要求。然而,也可能需要包括一些表现不太明显的社会群体。以自行车为例,需要提及反骑行者。他们的行为包括大声嘲弄和更具破坏性的行为。显然,对于骑自行车者而言,自行车这一人工物具有意义。我们需要解决的另一个问题是,临时定义的社会群体相对于技术物所赋予的含义是否是同质的?或者通过将相当不同的群体划分为几个不同的社会群体来描述发展过程是否更有效?因此,在自行车使用者群体中,我们可以辨别出一个单独的女子自行车社会群体。在自行车高轮时代,身高成为骑自行车的限制因素之一。然而,工程师和生产者期望大众都能成为潜在自行车使用者。在对1890年的斯坦利自行车年度展览的回顾中,可以观察到从适合女士使用的安全性来看,骑自行车似乎越来越受到女性的欢迎。因此,通过涵盖一个独立的女性自行车使用者社会团体,可以更好地解释自行车发展的某些部分。

一旦确定了相关的社会群体,就可以对其进行更详细的描述。因此,在相关的地方,如权力或经济实力等方面也要加以描述。尽管唯一的定义属性是对某种人工物赋予某种均质的含义,但其目的不只是退缩到有关"消费者"和"生产者"的陈旧表述中。此时就需要对相关的社会群体进行解释,以针对每个群体更好地定义人工物的功能。没有这一点,就不能够奢求对技术发展过程做出任何完整解释。例如,自行车使用者组成的社会团体可能是专业人士、艺术家和管理者等。

对于这个社会群体,自行车的功能主要是运动、通勤。现在回到模型的说明,在确定了某个技术产品的相关社会群体之后,需要特别关注每个群体与该产品有关的问题。围绕这些问题,可以确定解决方案的几种变体。对于自行车,一些相关的问题和解决方案发展过程的方式清楚地表明了各种冲突:不同社会群体的技术要求冲突,以及对同一问题的解决方案相互矛盾,甚至是道德冲突。在该方案中,可以对这些冲突和问题采取各种解决方案,不仅是技术上的解决方案,还有可能是法律上甚至道德上的解决方案。

通过这种方式的发展过程,我们看到了不同人工物稳定性的增长或降低。原则上,不同社会群体的稳定程度是不同的。通过使用稳定的概念,我们看到安全自行车的"发明"不是一个孤立的事件,而是一个历时多年的缓慢过程。例如,在安全自行车发明初期时,相关团体没有见过安全自行车,而是看到了各种各样的双轮车和三轮车。后来,安全自行车一词才表示带有后链传动、菱形框架和充气轮胎的低轮自行车。到19世纪末,人们已经不需要指定这些细节,因为它们被视为安全自行车必不可少的"成分"。

另外要强调的是,该模型不能用作必须将经验数据强加于人的模型。该模型是通过一系列案例研究开发的,而不是纯粹从哲学或理论分析得出的。它的功能主要是启发式的,即找出与我们目标相关的所有方面。这并不是说没有其他解释和理论上的目标,类似于EPOR的不同阶段。该模型不仅仅描述了技术发展,还突出了它的多向性。而且,它指出了技术人工物的解释灵活性,以及不同的机制可能在人工物的稳定中发挥的作用。

3. 托马斯·休斯及其技术动量论

托马斯·休斯(Thomas P. Hughes),现代技术史学的开拓者之一,1924年10月20日生,2014年2月3日在美国弗吉尼亚州夏洛茨维尔市逝世。早年他在弗吉尼亚大学获得了机械工程本科学位,随后在杰斐逊大学获得了历史学硕士学位。这种组合体现了他的专业和个人兴趣。他受到刘易斯·芒福德的"机器的神话"三部曲的影响,逐渐转向对机器技术和人之间的复杂相互作用的研究,并构建了自己独特的分析方法。休斯不仅羡慕芒福德的写作风格和渊博的知识,还受其技术决定思想理论的极大影响。他还出版了关于美国和欧洲历史的书,特别注意现代技术、科学和文化的历史。休斯教授曾是美国哲学学会会员、美国国家工程院和瑞典皇家工程院院士、美国艺术与科学院院士中的一员。美国哲学学会的科技史分会曾授予他达·芬奇奖章;国际科学社会研究学会给予他伯纳尔奖。斯德哥尔摩皇家技术学院授予他工程学荣誉博士学位;美国西北大学授予他人文科学博士学位。对于休斯来说,技术影响着社会,但社会也塑造着技术,这种相互作用是具有时间依赖性的,因此需要将技术放置在社会历史分析的核心。为此,他不仅追求技术本身的历史研究,还积极参与技术史协会的创建。

休斯完成了两本技术史专著《电力网络:1880—1930年西方社会的电气化》(1983)和《埃尔默·斯佩里:发明家和工程师》(1971),并获得了德克斯特奖。他的《美国创世纪:1870至1970年间对发明和技术的热情》(1989)入围了普利策历史著作奖。1990年,他和阿加莎·休斯共同主编了《刘易斯·芒福德:公共知识分子》(1990)和《系统、专家和计算机》(2000)。他所撰的《拯救普罗米修斯》(1997)是关于大技术系统的深入研究。他的晚期著作有《人工打造的世界:如何看待科技和文化》(2004)。休斯进行了长期且富有成效的技术史研究。1983年出版的《电力网络:1880—1930年西方社会的电气化》为他获得了技术史和技术社会学的双重国际声誉。这本书重点分析了电灯和电力系统的建立和扩大,也探讨了在这一时期的现代化和西方社会转型的基本机制。在这本书中,他提出了他最有影响的技术社会建构方法——"技术系统方法",该方法研究了不可分割的社会技术综合体。休斯解释说,电力系统体现的是物理人造物,以及构建者们。因此在解释电力系统的发展中需要分析社会性的资源,历史学家也必须研究不断变化的资源、组织、团体和个人,因为电力系统和许多其他的技术一样,都受到社会变革的影响。他介绍的方法论概念像反突出和技术动量的分析,鼓舞了一代技术史学家跟着他走下去,继续研究复杂社会技术网络如何构成了现代世界。

休斯的科技与社会的无缝网络观点,不仅启发了技术历史学家,还让科学知识社会学家开始将兴趣转移到对技术世界的钻研。比克和特来弗(Trevor)受到休斯的巨大影响,将相关论文编辑成《技术系统的社会建构》一书出版,成为技术建构论的经典读物,在读者中产生了巨大的影响。技术和社会之间的相互塑造有力探索了社会建构上的合作。这个系列,其中包括比克的理论创新、技术的社会建设,打开了技术黑箱的历史和社会学的研究,使得它成为科学技术学中的又一重要里程碑。休斯有一个梦想:有一天技术史将成为主流历史的一部分。《美国创世纪:创新与技术的热情》(1988)一书极力主张如果不弄清楚如何创新和技术热情的精神塑造新的世界的社会和文化,就很难理解美国的历史。这本书针对主流历史学家和更广泛的受众,让各类读者对技术的社会发展史产生了极大的兴趣和热情。随后,休斯不断在后期作品中改进他的技术系统论。《拯救普罗米修斯》(2000)研究了在第二次世界大战后建设并管理大规模的技术项目人。该书将他引到他最后的思想结晶——《人类建造的世界》(2005)。在这本书中,休斯模糊了从技术的世界分离出来的人的世界之间的界限。他认为,现在或未来,技术和人的世界将组成一个无缝的网络。他最后的理念,即技术生态系统(Ecotechnological System)概念,认为一个单一的系统将包含两个世界。他乐观地认为,通过良好的管理,人类甚至能够解决最具挑战性的问题。

1969年,休斯创造了"技术动量"一词。从那以后,历史学家一直在争论技术动量论与技术决定论的关系,特别是它们在含义上是否同义,以及如果不是,它们之间有何不同。在随后的文章中,休斯通过定位技术动量的概念提供了有用的说明,即其介于技术决定论和社会建构主义两极之间的某个地方。通过从他对技术系统的出现进行的广泛研究中得出的一系列例子,他表明,较年轻的发展中系统倾向于更开放地接受社会文化的影响,而较老的、更成熟的系统则被证明更不受外界影响,因此更具确定性。休斯认为技术动量论可以替代技术决定论,并认为它是比技术决定论或社会建构主义更有价值的解释性概念,因为它与时间有关,且对社会和文化的混乱复杂性敏感。然而,对于一些批评家来说,休斯对过去的系统化解释本质上仍是确定性的,因为它将技术置于历史过程的中心,并将其他所有内容联系在一起。休斯自然否认这一观点,强调技术动量是一个综合概念,他对社会和技术力量给予同等的重视。无论人们是否同意休斯的解释框架,他对技术系统动量的强调都有助于更准确地定义变革的技术和社会决定因素之间的差异。①

4. 拉图尔论行动者网络

尝试解决技术研究中的技术决定论和社会建构主义二分法的常见和有力的方法之一是行动者网络理论(ANT)。那些主张网络方法的人同意社会建构主义者的观点,即社会技术系统是通过人、机构和组织之间的协作而发展的。但是他们提出了另一个有趣的论点,即人工物也是这种协作的一部分。这并不是说机器会像人一样思考并决定将如何行动,但它们的行为或性质通常具有可类比的作用。技术网络理论家认为,物质世界能够还原为其物理结构和设计。人们可以自由解释人工物的确切含义,但是他们无法确切地解释汽车发动机每升汽油可以行驶多少千米。自然法则和特定设计的能力限制了将人工物集成到社会技术系统中的方式。ANT 的重要贡献者之一的布鲁诺·拉图尔(Bruno Latour)探索了如何设计人工物以替代人类行为并约束和塑造其他人类行为的方法。他们的研究向人们展示了,一项新发明出来的技术,是如何引导或迫使使用者产生某些行动的。他认为,即使是非常普通的技术,甚至是我们都认为不必加以思考的技术,也会影响我们做出的决策、我们的行动产生和我们走向世界的方式。拉图尔认为,技术在调解人际关系方面发挥着重要作用,因此如果不了解技术如何塑造我们的日常生活,就无法理解社会的运作方式。拉

---

① Hughes T. The evolution of large technological systems[M]//Bijker W E, Hughes T P. The social construction of technological systems: new directions in the sociology and history of technology. Cambridge: MIT Press,1987: 45-76.

图尔通过对生产商、机器和用户之间的关系的研究表明,通过技术的构建和使用可以实现某些价值和政治目标。

(1) 内置用户和作者

拟人化的争论之所以出现,是因为拉图尔认为存在"人类"和"非人类",却没有意识到角色和行动的这种归因也是一种选择。理解这种选择的最佳方法是将机器与语境结合。社会可由人际关系构成的怪异想法与另一种同样怪异的想法(即技术可能由非人际关系)构成非常相似。人们是否想消除行动者的丰富多样性,并人为地制造出两堆事物:一堆是社会物,另一堆是技术物。场景、文本和自动操作可以在限定范围的近或远范围内对其指定的用户执行很多操作,但最终归因于他们的主要效果以进行其他设置,甚至关于自由、决心、预定或有效意志的经典辩论也将慢慢被侵蚀。大多数社会学家对人类与非人类的神奇障碍的跨越感到极大的不满,因为他们将这种鸿沟与具象和非具象角色之间的鸿沟相混淆。

人与非人之间的区别,所体现出的或没有体现出的技能或机密,相对能力和行为分布的完整链条而言没有那么受人关注。例如,在高速公路上,如果看到一个身穿黄色西装,戴着红色头盔的家伙挥舞着小旗子,人们会自动放慢速度。而可能走到近前时,才意识到它是一台机器。挥舞着旗帜的手臂不仅可被操控,机身外观也是机器的一部分。如果驾驶员比较谨慎和遵守纪律,他们就会在高速行进中减慢速度。

(2) 从非人类到超人类

在我们的社会中,有两种系统:非人类的和超人类的,或者说是机器和神。它们首先依靠于人类的内在道德和常识,虽然往往会失败,但是面向非人类的门总是开着。然后,人们向技术人员所认为的最高上诉法院提出上诉,也就是向"非人类"提出上诉,该"非人类"定期和方便地代替不忠实的人来从事这项工作。然而，令人们感到头疼的是，一段时间后，针对"非人类"的管理也失效了。

社会并非总是依靠从自主的知识体系到通过强制性禁令的中间状态来迫使人们前进。例如，在巴黎很多驾驶员都不会尊重路标也不会遵守人行道。因此，法国政府不愿在巴黎人的意识中突出人的执行技巧，而是宁愿诉求于第三方代理，即使这样做也可能无法确保人行道的安全。因此，人们越来越依赖外在的技术物，即依赖安全而听话的非人物体，而非无纪律的人。

在交通系统中，当车流量足够大时，会通过红绿灯进行调节，此时交警也会受到更多尊重。从书面禁令到车身技能的合并也适用于汽车使用手册。在启动一辆陌生汽车的引擎之前，没有人会先粗略地浏览手册。人们已经很好地体现或融合了很多技能，以至于书面说明的调解有时是无用的。技术能力已经逐渐内化，就像人本身或被设计出来的机器一样。

人工物的优点在于，它们承担着人类与非人类的愿望或需求。为防止发生意外，人们的安全带应该牢牢地系在自己身上，这也是不要车速太快的原因之一。在安全带的可活动范围内，驾驶员需要能够切换档位或调节收音机。汽车安全带不像飞机安全带那样，在一些特定情况下，如遇事故或者落水时，驾驶员需要能快速地解开安全带。安全带系统确实需要其他方法来进一步协调。

安全工程师必须在设计安全带时重新审视这些矛盾的用法。该机制再次被调整，使其更加复杂。与汽车安全带相比，飞机安全带比较简单。如果你在研究复杂的机制时没有看到它包含相互矛盾的规格，那么你可能会觉得乏味，但是当你对每个车轮和曲柄都存在异议时，每件人工物都会让你着迷。实际上，该行动纲领是对该机制进行自我反击的答案。单看机制，就像在网球比赛中只看半场球场一样，它似乎有许多无意义的举动。人工物的分析人员必须做的事与我们研究科学文献时所做的事情相似。科学文献看上去呆滞，但当其所反应的机动领域重新出现时，会变得像歌剧一样充满戏剧性。安全带、道路保险杠都是如此。①

（3）文字和机器

故事和机器之间、叙事程序和动作程序之间存在至关重要的区别，这一区别解释了为什么机器很难用我们的通用语言来检索。在讲故事时，一个呼叫可以将角色转移到另一个时空或角色，且故事中的转移次数没有限制。例如，我很可能站在圆形剧场内叙述两个角色之间的对话。在这种情况下，房间变成了由叙述者来讲故事的地方，无论他们是否能回到圆形剧场来复述一个故事。

学技术的学生一方面不必面对人，另一方面也不直接面对事物，他们只需面对行动纲领，将其中的一部分赋予人类，而其他部分则赋予非人类。他们唯一能观察到的是：将持异议人士联系在一起的谈判该如何将越来越多的要素捆绑在一起，以及如何转移到其他事务上。拉图尔说，在技术研究中我们目睹了过去在科学研究中发生的相同位移，这并不是说社会和社会关系侵犯了科学的确定性或机器的效率。一旦我们将组成社会的自然物和人工物都加入社会，就应该重新思考社会的整体结构。代替社会和技术这两个对象出现的不仅仅是简单的混合对象，一点点效率和一点点社会化，而是一个特殊的对象、一个技术集体的东西。它还会充满人性，以至于看起来不像旧的技术，但是它最终还是非人性的，以至于也不能用过去的社会理论进行分析。失踪的社会成员存在于我们的传统社会理论中，而不是在所谓的冰冷、高效和不人道的技术中。

---

① Latour B. Where are the missing masses? The sociology of a few mundane artifacts[M]// Bijker W E, Hughes T P. The social construction of technological systems: new directions in the sociology and history of technology. Cambridge: MIT Press, 1987: 151-180.

5. 莱西格的代码决定论

劳伦斯·莱西格（Lawrence Lessig）认为，技术与社会是相互交织的。然而，莱西格不仅关注过去，还特别关注现在和未来。在处理相对较新且仍在不断发展的技术——互联网时，莱西格甚至称计算机代码不仅会影响我们的生活，而且会像法律一样强大到可以限制我们的行为。他认为，个人的行为受到四种形式的法规的影响：法律、规范、市场，以及他所谓的架构。架构是他用于形容计算机代码的术语，尽管他所称的术语同样适用于建筑环境。他敦促我们在技术仍处于发展阶段时采取行动，以便我们指导它创建一个我们想要的世界，而不是由编写代码的人所决定的世界。莱西格的分析不仅说明了社会与技术相互交织的另一种方式，还揭示了一个重要的含义：为了获得我们想要的那种未来，我们不能只关注法律、规范和市场，还必须注意技术、技术设计和技术细节。

对网络空间的最初思考将自由与国家的消失联系在一起。很多人认为，政府无法规范网络空间，而网络空间在本质上也不可避免地是自由的。政府可能会约束网络，但网络行为无法得到控制，如可以设立防止盗版的法律，但可能无法完全起作用意义。网络空间是一个截然不同的社会，有定义和方向，但要自下而上地构建，而不是通过相反的方向来构建。这个空间的社会将是一个完全自我秩序的实体。没有来自互联网的财富，任何政府都无法生存，但没有政府可以完全控制那里发生的一切。此外，很多人还认为网络空间必然是免费的，因为自由是其本质。

但是，为什么网络空间是政府无法完全控制的地方？其实，网络空间成立之初所存在的许多自由都将在未来消失。我们现在所认为的基本价值观不一定会保留,基本的自由将慢慢消失。如果要保留原始的网络空间,并且要保留我们在那个世界上知道的价值,那么我们必须了解这种变化是如何发生的,以及我们可以采取的应对措施。网络空间为那些考虑监管和自由的人们提供了新的东西。它要求对监管的运作方式和那里的生活进行监管的新认识,迫使我们超越传统规训的范围、超越法律法规和社会规范。它需要一个新的监管者。

在现实空间中,我们认识到法律是如何通过宪法、法规和其他法律法规进行监管的。在网络空间中,我们必须了解代码是如何进行监管的,此代码是网络空间的"法律",它对自由民主及其理想提出了很大的威胁,也给它们带来了很大的希望。我们可以构建、设计或编码网络空间以保护我们认为是最基本的价值,但也没有不包含某种价值架构的选择。

在构建网络空间时,我们面临着许多伦理问题,例如,网络空间会保证隐私或访问权限吗?它会保留言论自由的空间吗?它会促进自由和开放贸易吗?这些是实质性的价值选择。其结构也很重要。我们可以在空间设计中建立哪些对任意监管能力的检查?什么是"制衡"?我们如何分散权力?我们如何确保一个监管机构或一个政府不会变得过于强大?关心网络空间的学者们一直在谈论这些问题。如果拥有网络空间代码,那么它可以被控制,如果它不归所有人所有,那么控制将更加困难。缺乏所有权、不存在网络财产权,以及无法指导网络使用方式是限制或检查网络控制的关键。①

一部分所有权问题是当前开源软件和封闭源软件之间争论的核心。我们可以将每个约束都称为监管者,并且可以将每个约束视为一种独特的监管方式。每种形式都有复杂的性质,这几种形式之间的相互作用很难描述。但就目

---

① Lessig L. Code is law [M]// Bijker W E, Hughes T P. The social construction of technological systems: new directions in the sociology and history of technology. Cambridge: MIT Press, 1987: 181-194.

前而言，只能看到它们之间的联系，从某种意义上说，它们结合起来就产生了我们在任何给定领域中少数几点所要遵循的规则。相同的模型描述了网络空间中的行为调节。

法律规定了网络空间的行为。版权法等法规使得侵犯合法权利的行为会受到制裁。虽然在某些情况下，法律的执行效率高，在某些情况下效率低。但是，无论是否变得更好，法律终将产生一定的后果。市场调节网络空间的行为，其特定结构也会被限制访问，如频繁的信号会被限制访问。例如，服务网络开始收费，因为在线服务已免费一段时间了，而且在线服务还会放弃人口稀少的论坛。这些行为都是市场约束和市场机会的结果。从这个意义上讲，它们都属于市场法规。

最后，用于架构的模拟物可调节网络空间中的行为或代码。使网络空间成为现实的软件和硬件，会对使用者的行为方式构成一系列约束。这些限制的实质可能有所不同，但是它们是我们访问网络空间的条件。例如，在某些地方必须先输入密码，然后才能访问；还有些地方，你可以选择使用一种只有接收者才能听到的语言，而在其他地方，则不需要选择加密。代码或软件、体系结构或协议设置都体现了代码编写者选择的功能，通过使其他行为成为可能或不可能来限制这些行为。该代码嵌入某些价值或使某些价值不再出现。从这个意义上说，它也是法规，就像现实空间的代码体系所需的法规一样。

因此，如同在现实空间中一样，代码模式也可以控制网络空间，并产生相同的控制结果。法律和风俗习惯在代码中得以维持，并达到新的平衡。在我们建设网络空间社区时，我们将不得不制定和维护类似的协议，尽管它们会体现在软件结构和电子访问控制中，而不是体现在体系结构安排中。法律、规范、市场和体系结构相互作用才能构建出好的网络。

第三节 科技工具的创新驱动作用

随着科学设施的重要性越来越突出,尤其是大科学工程的迅速发展,我们需要对科技工具的创新驱动作用进行全方位的研究。

1. 三个维度的分析

科技工具哲学(Philosophy of Scientific Instrument Artifacts),有的学者称之为科学实验哲学(Philosophy of Scientific Experimentation,PSE),是众多相关学科对科学实验(Scientific Experiment)的相关哲学、历史和社会学问题的综合性研究领域的统称,在科学哲学领域被称为新实验主义(The New Experimentalism),在科学技术与社会(STS)领域被称为实验室研究(Laboratory Studies),而在科学史领域被称为科学仪器的历史和哲学研究(The History and Philosophy of Scientific Instrumentation)。从狭义角度来看,科学实验哲学应该只包括科学哲学中对实验的研究。然而,在查阅参考文献之时,科学技术学和科学史领域的研究越来越受到重视,甚至有取而代之的趋势。虽然经典哲学家们都对实验进行过哲学分析,如培根、马赫、彭加勒、杜威和库恩,以及逻辑经验主义及其相关的科学哲学家们等,但是科技工具哲学成为科学哲学的一个分支,是从 1983 年哈金(Ian Hacking)的《表征与干预》(《Representing and Intervening》)正式开始的。国外有关科技工具的研究资料丰富多彩,这里主要从以下几个方面加以简介,分析科学哲学中的新实验主义维度、STS 中实验室研究的实践维度、科学史学领域的科学器物史维度。

在新实验主义的研究领域,哈金是早期最著名的代表,其主要作品为《表征与干预》,其中有专门篇章介绍了他那"科学实验有生命"这一独特的观点。新实验主义最早的倡导者为罗伯特·阿克曼(R. Ackerman),他早在 20 世纪 80 年代就开始提出这个概念。阿克曼在 1987 年发表了他的《数据、工具和理论:一种辩证的理解科学途径》,为新实验主义提供了具体全面的分析,将工具提高到科学哲学的层面。随后,在 1989 年,阿克曼在为富兰克林的《The Neglect of Experiment》写书评时,明确地以"新实验主义"(The New Experimentalism)为题,首次把通过实验为科学寻找的基础的科学哲学的趋势称为"新实验主义"。此后科学哲学家才开始用新实验主义一词。其代表人物主要有:哈金、富兰克林(Allan Franklin)、古丁(David Gooding)、迈约(Deborah Mayo)、拉德(Hans Radder)、范·本德格姆(van Bendegem)、阿克曼等。进入 2000 年,荷兰阿姆斯特丹市召开了科学实验哲学的国际会议,主题是"面向更加成熟的科学实验哲学"。与会者包括雷德(H. Radder)、贝尔德(D. Baird)、朗格(R. Longe),以及女性主义科学哲学家凯勒(E. F. Keller)等。会议还形成了由雷德主编的论文集。值得一提的是,现任日内瓦大学哲学系的韦伯(Macerl Weber)教授,一直致力于生物学实验哲学和科学形而上学研究。他是生物学实验哲学的开创者,著有《生物实验哲学》(《Philosophy of Experimental Biology》)。

在科学技术学领域的实验室研究中,哲学家或者社会学家主要关注科技工具的实践维度,其主要代表人物为拉图尔、诺尔-塞蒂纳、皮克林、约瑟夫·劳斯、柯林斯等。此外,科技工具的实践研究内容,还包括美国的哈罗德·伽芬克尔(Harold Garfinkel)、迈克尔·林奇(Michael Lynch)和埃里克·利文斯通(Eric Livingston)等把他们独具特色的常人方法论研究与实验室生活研究联系起来。卡特赖特(Naney Cartwright)、亚瑟·法因(Arthur Fine)也在他们自身所处领域发展了一种经验性研究方向。特拉维克(Sharon Traweek)则在斯坦福线型加速器中心对粒子物理学家进行了人类学的研究。其中,比较另类的是解释学进路的约瑟夫·劳斯(Joseph Rouse)所写的《知识与权力》和《涉入科学》等。

科学史维度包括各层面的历史分析,如《展览中的科学仪器》与《十八世纪欧洲实验哲学的展柜》等。同时,一些科学哲学类杂志也陆续收录了一些专门研究科学仪器的文章,如《科学史与哲学研究》《英国科学哲学杂志》《科学年鉴》等近年也有不少相关文章发表。

科学仪器史研究领域主要包括图尔纳(Gerard L'E Turner)和范·黑尔登(Halbert Van Helden)等科学史家,图尔纳的作品主要包括《科学仪器导论:1500—1900》(1998)、《科学仪器和实验哲学(1550—1850)》(1991)、《文艺复兴时期的星盘及其制造者》(2003)和《19世纪的科学实践:泰勒博物馆的教学和研究设备》(1996)等。范·黑尔登的主要作品为《测量宇宙:从阿利斯塔克到哈雷的宇宙维度》(1985),《望远镜400年》(2009)与《望远镜的发明》(1979)、《星光的七个时代》(2012)等。

在对实验仪器的历史与哲学的探讨方面,主要包括伽里森《实验的终结》《图像与逻辑》(1997);当代著名科学史家夏平对17世纪英格兰的科技工具室进行了社会史的研究,主要作品为《利维坦与空气泵》《真理的社会史》等;莱茵伯格(Rheinberger)从科学实验史的角度分析了知识在实验中的积累的过程;对实验室的能力方面的探讨,主要见于古丁的《实验与意义的创造》(1990);戈林斯基(Golinski)从法拉第等科学家的历史研究中,完成了《重新思考法拉第》《作为文化的科学》《创造自然知识:建构论与科学史》;剑桥大学的张夏硕通过对化学实验史的研究,出版了主要作品《发明温度》(2004)和《H_2O是水吗?》(2012)。此外,还有德国布朗克科学史研究所科学史与科学哲学家雷伯格

(Hans-Jörg Rheinberger)，其主要作品为《走向认识论事物史》(1997)，他对18世纪的仪器进行分类，并区分了消极的仪器和积极的仪器等。英国的科学史家扬·戈林斯基(Jan Golinski)于2005年出版的名著《制造自然知识》，提供了一个科学史视角的科学实验建构观点。

2. 科技哲学分析

哲学层面的研究，主要是围绕新实验本身的哲学探索，是新实验主义的研究，包括哈金等的研究。此外，荷兰技术哲学家克罗斯(Peter Kroes)从技术人工物的角度对实验进行了分析，他将物理学实验中所研究的自然对象和现象与那些实验的人造基础设施相对应。实验主义的典型代表是哈金，他在《表征与干预》一书中对实验进行了详细的研究，指出自然科学史现在几乎被写成了一部理论的历史，科学哲学几乎成为了理论的哲学，前理论的观察和实验被人遗忘。在科学哲学的过往学说中，存在太多看低实验重要性的观点。因此，他提出实验具有自己的生命，并从哲学、技术、实践等多角度对研究进行了探索。

雷德则提出了物质实现论。荷兰科学哲学家汉斯·雷德是2004年科学实验哲学研究领域的重要文集——《科学实验哲学》的主编，他还完成了多部科学实验哲学的学术专著，是当今科学实验哲学的主要倡导者之一。雷德的科学实验观集中体现在他的著作《科学的物质实现》(1985/2002)一书中，他将科学看成是一种多维实践活动，将科学过程划分为实验行为和生产、观念-理论解释和形式化的数学工作。在此基础上，他进一步通过对科学史的概念拆分与整合的方式，提供了一个详细的关于自然科学的实在论的观点。雷德的实在论在很大程度上，借鉴了哈贝马斯对于客观性和真理的划分的思想，并以此对科技工具进行了深层次地分析，包括科学实验的物质实现、量子力学中的物质案例研究。

雷德的研究为科学哲学和科学学研究提供了更多的分析途径。由此，雷伯格才认为，雷德是第一位对实验系统进行认识论分析的科学哲学家，他的工作将科学哲学、科学学研究与科学史结合到了一起。雷德在《可感知的世界》中认为，观察和观念解释是认识世界的主要途径，两者是分析自认的基本方法，然而以往的哲学家是将此两者孤立对待的。而雷德认为观察过程是可以进行概念解释的，同时概念解释的实现是依赖于观察过程的。他仔细研究了在科技工具中的人类行为，对观察、抽象和概念的意义之间的内在关联进行了深入而细致的历史分析。雷德在实验室分析中使用了本体论、认识论、语言哲学、科学学哲学、科学学与认知科学的方法，扩展了认识视野。而在《在世界之中和关于世界》中，他又对当代科学技术进行了一次理论解释和规范进化式的细致分析。

富兰克林（Allan Franklin）则提出了物理实验认识论。富兰克林于1965年在美国康奈尔大学获物理学博士学位，现任美国科罗拉多大学物理学系教授。他是科技工具哲学家中唯一在物理学系工作的哲学教授，对物理实验进行了极为深刻的研究。他也是新实验主义早期的主要推动者，主要作品有《实验的忽视》《实验、理论、选择以及迪昂—奎因问题》《实验，对或错》《自然科学中实验的作用》等。他尝试从贝叶斯主义的方向，寻找对实验的理解和分析。

黛博拉·迈约（Deborah Mayo）对实验错误的分析。迈约于1979年在美国宾夕法尼亚大学获统计学博士学位，现任美国弗吉尼亚理工大学（Virginia Tech）哲学系教授。迈约主要致力于科学的认识论问题和统计推论（Statistical Inference）哲学，其近期研究主要通过统计推理（Reasoning）和"从错误中学习"的思想来对科学中的实验推论进行说明。迈约从哲学层面对科学实验中的错误进行了深入剖析，将证伪主义推广到一个新的深度。

吉欧拉·赫恩（Giora Hon）对实验可错性的分析。赫恩是以色列海法大学科学哲学教授，曾在以色列特拉维夫（Telaviv）大学获物理学学士学位，1985年于伦敦大学获得科学哲学史博士学位。主要研究成果有《这是个错误吗？用错误探索实验》(1998)、《实验方法的极限：对复杂系统的实验——生物物理学案例》(2000)等。赫恩的实验观念是：从错误的角度来逼近知识，这个路径与富兰克林的分析是截然不同的，通过检验实验的可能性失误，有助于科学家进一步了解这种研究的方法。

3. 科技实践研究

早期的科学知识社会学成果有布鲁尔等的《科学知识与社会理论》《知识与社会意象》《维特根斯坦：知识的社会理论》。科学知识社会学家以社会学为基础，对科学活动的行为进行了详细的社会调查分析，揭示了科学实践的现实意义，对科学哲学和科学史分析都有很大的参考作用。

拉图尔的实验室生活。行动者网络理论最初由巴黎学派的拉图尔、Michel Callon 和 John Law 共同创立。拉图尔是其典型代表。拉图尔的作品有着丰富的形而上学色彩，非常关切人类生活，并且将科学活动和人类的日常生活相结合，从生活世界的视角对科学进行了分析，非常具有启发意义。

诺尔-塞蒂纳(Knorr-Cetina)论制造知识。诺尔-塞蒂纳曾先后担任国际社会学学会科学社会学研究委员会副主席(1986—1990)，和 4S 学会主席(1995—1997)。主要作品包括《制造知识》和《认知文化：知识社会学的文化》。诺尔-塞蒂纳认为，科学知识在本质上是建构的，而非描述的，他在书中详细分析了科学知识的建构过程，将实验室看作是一个生产知识产品的工厂，与社会中其他工厂并没有本质差别。这个角度帮助我们理解科学的加工能够更好地从政策角度发展下去。

劳斯(Rouse)的科技工具建构分析。劳斯有关科技工具的论述集中在《知识与权力》一书,主要有以下几个方面:实验与微观世界的建构、实验知识的地方性品格、对实验知识进行辩护的社会情境、实验室中的权力关系、实验室之外的权力关系及其范围、方向和特征。劳斯深受法国哲学家福科的影响,认为英国哲学和大陆哲学都没有从现实层面把握科学与社会的关系,他尝试从知识和权力结合的角度,分析科学知识以及工具的政治实践。

皮克林(Pickring)的实践转向。《建构夸克:粒子物理学的社会学史》的作者皮克林从历史和社会角度对高能物理学的实验进行了跟踪性的人类学研究,从建构主义的视角提出了很多非常有冲击力的分析结论。他认为在夸克的研究过程中,实验工具起到了最重要的推动作用,是最核心的驱动力量。

柯林斯(Collins)的实验者回归。柯林斯是科学知识社会学巴斯学派的创立者,曾获"贝尔纳奖"和"默顿奖",在科学知识社会学界享有很高的声誉。他采用精致的微观案例研究方法,探究了科学知识的社会本质,提出了相对主义的经验纲领。柯林斯的实验观主要是在科学知识社会学"社会建构论"思想的启发下,在长期跟踪、观察重建激光器(Replicating the TEA-Laster)和探测引力波(Detecting Gravitional Waves)这两个物理学实验的实践过程中逐步形成的。柯林斯在具体的实验中看到了"实验者的回归"问题。

4. 工具的历史社会研究

最早对科学器物历史的系统研究,是著名科学史家普莱斯(Price)的科学仪器史研究。早在 20 世纪 60 年代为查尔斯的七卷本《技术史》撰稿的时候,普莱斯就已经对科学仪器的历史进行了系统的研究。随后,普赖斯在 80 年代正式提出科学仪器哲学这一术语。本部分主要介绍在科学实践哲学的框架下重点突出仪器维度的伽里森的思想、夏平的科学实验史研究、贝尔德的仪器认识论、张夏硕的化学实验史研究，以及古丁的实验知识建构观。

伽里森（Galison）的科学仪器史。伽里森先后完成了三部在科学哲学界和科学史界都有影响力的作品：《实验的终结》《图像与逻辑：粒子物理学的物质文化》与《爱因斯坦的时钟与彭加勒的地图：时间的帝国》。这三部著作对20世纪物理学史中的工具、实验、理论关系问题，进行了详细论述，将科学的关注点扩展到了理论、实验和工具的三重维度结合的角度。这种分析对于理解科学工具的社会发展、对基础科学研究的驱动作用，非常有价值。

夏平（Shapin）的科学实验史。夏平的主要代表著作有《利维坦与空气泵》（1985）、《17世纪英格兰的实验场所》（1988）、《真理的社会史》（1994）。夏平作为当前科学社会学的领军人物，其著作涉及科学哲学、科学史、科学社会学等领域，具有很强的可读性。他对波义耳的研究，已经成为科学哲学史历史实践分析的经典解读。夏平在解读中将科学知识放在广阔的社会空间中分析，将科学和经济、政治、宗教、文化等领域进行综合考虑，分析了它们之间的互相影响和制约。夏平将科学知识作为一种社会发展的重要动力，是社会文化进步的关键环节，是驱动社会发展的重要力量。

贝尔德（David Baird）的仪器认识论。贝尔德作为南卡罗来纳州大学哲学教授，也是实践中的科学哲学学会（Society for Philosophy of Science in Practice）的成员，他的著作《器物知识》（2004）对科学仪器，尤其是化学仪器如何表现知识进行了哲学分析，获得了德国化学学会的保罗邦奇奖，在科学哲学界引起很大反响。贝尔德对科学仪器的历史和现状有着非常详细的审视，他将仪器作为表征性事物（Representing Things）装置式仪器所蕴含的操作性知识（Working Knowledge）、测量式仪器所蕴含的包容性知识（Encapsulating Knowledge），开辟了科学工具哲学分析的一种历史实践视角，非常具有启发意义。

张夏硕(Chang)的化学实验史分析。剑桥大学的张夏硕从化学史和化学哲学入手,对科学中的测量问题进行了细致研究,他在其名作《发明温度》一书中,提出"温度是什么",从一种实践与历史社会结合的角度,对温度制造的科学史展开了研究,分析了温度的实践如何在知识生产中发挥作用。

古丁(Gooding)的实验知识建构论。古丁是英国巴斯大学科学史和科学哲学教授和科学研究中心主任,主要研究方向在于科学是如何持续不断地重塑知识、技术和人类行动的互动。他写过许多篇关于科技工具的论文,其中论述法拉第(Faraday)实验工作的细致结构的论文影响较大。古丁的科学实验哲学作品主要为《实验的应用》(《The Uses of Experiment》)和《实验和意义的制造》(《Experiment and the Making of Meaning》)。古丁对科学史案例开展了细致的案例分析,对实验过程进行详细剖析,对实验对象、语言、实践、现象等方法都进行了探索,突出了渐进实在论的视角,尝试从建构角度对实验知识的形成展开探索,把实验的作用进一步拓展,加深了我们对实验与工具在社会发展中的作用的理解。

5. 科学工具研究的未来

未来科技工具研究具有不同的新方向。其中,科学器物哲学将主要关注科技工具的价值问题,如科学观察与科学实验的深层次关系;在社会科学和人文科学中的作用,如经济学、社会学、文学和心理学等;以及对科技工具的社会或伦理的规范性问题的研究。对于科学与实验之间的关系,可以分析科学实践的实现和哲学说明,进一步分析科学经验的新观念,还可以分析科学与技术工具之间的认识论差异,或者因果性关联。科技工具的价值问题,是非常重要的一个研究领域,如自然科学与社会科技工具的差异与共性。最后是大量关于科技工具的规范性与社会性问题，都需要进一步研究。例如，以动物与人为对象的实验伦理问题，科技工具的社会规范的因果性问题，自然物与人工工具的对照问题，环境规范等。未来科技工具哲学的功能应该主要体现在：科技工具哲学一是能帮助我们重新理解科技工具、科学仪器与科技资源；二是可以帮助我们理解科学思想史的反战脉络；三是能够帮助我们理解科学哲学本身的发展历程和未来方向。

纵观三十多年来国外科学哲学的发展，对科技工具的哲学探索正成为一个重要的学科交叉的学术领域，其研究领域和内容包括了科学哲学、科学社会学、科学技术学、科学人类学、科学史和技术史等领域的内容，研究成果遍布多个学科，已然成为当今科学哲学研究的一个重要分支。本部分将从多学科交叉的视角，来分析几十年来科技工具哲学的进展，以及它所包含的众多哲学议题，以期能为我国的研究人员提供一个对科技工具开展哲学分析的更加广阔的视野。

20世纪70年代以来，西方理论界越来越重视科技革命与政治的相互影响，体现在近代科技史的研究之中，如夏平的《利维坦与空气泵》、James Jacob与Margaret Jacob等的大量著作，如《波义耳与英国革命》《牛顿和英国革命》《科学革命的文化意义》《莱布尼兹和17世纪的革命》。这些著作仔细分析了科技革命如何成为政治合法资源的运用。

当前，国外科技政治领域的研究的基本理论为社会建构论、行动者网络理论（ANT）、各种形态的技术决定论、女性主义、社会世界观等，主要关注点为科技的公共参与、社会运动、工程伦理、科学治理和专家政治等，对科技民主与技性科学的关注也与日俱增，有影响的观点为Jasanoff的公民认识论、Epstein的知识政治学、Turner的科学政体论和Bijker的技术社会建构、Ezrahi的意识形态论等。当前国外已经逐渐从对科学实践本身的社会学研究，转向对作为政治现象的科技活动的研究，以至于西方学者Sismondo在《科学技术学手册》第三版中称,科技政治的分析已经成为当代STS研究的核心领域。

国内的马克思主义理论研究与科技哲学界历来重视分析科技政治现象,主要集中于对西方的科技政治现象与理论的分析和批判。主要成果有:徐治立的《科技政治空间的张力》(2006)、董金华的《科技与政治的社会契约关系研究》(2010)、胡春燕的《科学技术政治学的研究纲领》(2009),以及刘文海的《技术的政治价值》(1996)。它们对委托代理论、技术政治哲学观点等进行了研究。中文论文主要关注Feenberg的技术民主、Guston的空间论、Rouse的知识权力和Winner的自主技术思想等。此外,许多PST领域的名著已译为中文,如Jasanoff的《自然的设计》与《第五部门》、Guston的《在科学与政治之间》与《塑造科学与技术政策》和Fuller的《科学的统治》等。还有以马克思主义基本原理为研究起点,全面分析科技革命的政治价值,探索科技如何发挥社会变革的重要力量,包括在工业革命和政治革命中的影响等。同时,梳理并吸收当代西方研究中的可借鉴的理论成果,如社会建构论、ANT、技术决定论等理论探索,分析技术动量论、情景分析法、科学统治论和专家政治论等观点。

因此,我们在进行科技创新驱动思想研究中,应该以近代科技革命为史料,利用前期理论,阐释科技革命对政治进步的关联,分析科技发展在社会变革中的重要作用,重点关注近代科学革命中的个案研究。这种分析具有多方面的价值:一是丰富马克思主义的科技观;二是为深刻理解科技革命提供参考;三是促进新兴学科的发展和学科融合。将推动马克思主义、科技哲学与科学技术史学等相关学科的进步,对社会学、政治学、哲学、科技史等学科也有推动作用。我们可以从国外发达国家的科技工具与政策分析中分析能源科技与社会发展的关系,尤其是从主要工业国的科技创新驱动的政策视角来进行分析。

第四章
主要工业国科技创新驱动策略比较

本章将深入分析当今世界各国创新驱动发展策略,分析其理论与取得的成果,比较世界几个主要国家,如美国、日本、英国和德国等国家的创新驱动战略的得失。通过总结各个国家的发展路径与特征,为我国的科技创新驱动思想提供一些可供借鉴的模式。把当前面向新工业革命的科技创新驱动政策发展基点放在创新体系,形成促进创新的体制架构,塑造更多依靠创新驱动、更多发挥先发优势的引领型发展,使科技创新成为推动产业发展的根本动力。

第一节 美国的科技创新驱动政策实践

科技创新在世界经济发展史中,发挥着极为重要的作用,尤其是在美国这样的国家。曼斯菲尔德(Edwin Mansfield)早在1971年的作品《技术转移》(《Technological Change》)中,就曾经指出:"技术创新是一个即使不是最重要的,也是非常重要的经济增长的因素……毫无疑问,它对美国经济的形成和进步有着最重要的决定性作用。"[1]科学技术在世界现代史中为我们带来了一种"新经济"——一种非常重视知识产权和知识转移角色的经济。然而,大多数人

---

[1] Edwin M. Technological change[M]. New York:W. M. Norton,1971:1-2.

并没有认识到这种重要作用。对于美国来说,经济增长的重要因素为科技创新,而这种创新的基础是美国的科技政策,所以美国对于科技比其他国家投入更多的关注。本节将以美国科技政策的历史为基础,分析美国经济进步与其科技政策之间的内在关联,并为我们提供可借鉴的经验。

这个领域可以称为科技创新经济学(Economics of Science, Technology and Innovation),这是一个不同于传统的技术经济学的学科,可以将其看作技术经济学、科学经济学、创新经济学和演化经济学,以及科技管理学、科技政策学相结合的综合学科。对于科技创新经济学来说,与之相关的主要概念包括科学技术、发明、创新、企业、经济进步和科技政策等。发明是创造新事物,创新是新事物的应用。创新包括能够给经济活动提供增值的新产品、新工艺和新组织方法等,可见发明与科学关系密切,而创新又与技术关系密切。也可以说,创新就是一种新技术的实施,创新体现为一个新产品的出现,而这个产品的生产也成为一种工艺创新。当一个发明开始应用,就需要一个企业来实施,企业就成了创新资源的组织,创新输出的主体。企业的创新活动就是一种经济增长的体现。

纵观美国两百多年来的科技政策发展史,就是科技在公共部门和私有部门之间的不断地协作与博弈,可以称之为公私协作(Public/Private Partnerships)。政府的目标在于推动私人投资集中于特定的科学行为(Scientific Activity),并且通过新技术的应用和开发推动经济的进步。联邦政府的职责就是试图建立一种推动私有部门对研发的投资,并以公私协作的形式推进技术创新活动的开展。

1. 从殖民地到美国建国初期

在早期的美国历史中,科学技术和经济的增长很大程度依赖于欧洲的科学发现和大学设施的完善,然而很难将这些跨越大西洋的科技转移清晰地再现,只能对一些重要的人物和里程碑式的事件进行描述。联合国教科文组织(UNESCO)曾在1968年发布了一份报告——《美国国家科学政策:起源、发展和现在的状态》(《National Science Policies of the U.S.A.:Origins,Development and Present Status》),对美国历史上的科技资源是如何为美国发展作出贡献,并最终成为影响美国经济的最关键力量进行了阐述。到了2000年,美国的国家科学部(National Science Board)又完成了一份新的类似的报告——《科学和工程导引》(《Science & Engineering Indicators》),对1968年的报告进行了补充。这些文献强调了创新发生的政治环境,公共政策在环境中的影响,以及政府扮演的角色和企业的创新过程。

美国的科学历程始于何时,已经无从考证,然而第一个历史记载的科技事件发生在1631年。彼时,美国刚刚成立殖民地没过几年,一名英国皇家学会的科学家来到了马萨诸塞殖民地,他就是约翰·温思罗普(John Winthrop)。作为一名科学家,他所关心的是在这里建立药店和化学实验室,来满足附近村民的医疗需求。

在整个17世纪,美国人做的只是推动了科学学会的成立,这个学会的目标就是推动科学探索,哲学和自然史都有了进步,其中包括最早成立的波士顿哲学学会,于1683年正式成立。

1742年,本杰明·富兰克林在费城创立了美国哲学学会,其目的是鼓励殖民地所有领域的科学通信。随后,该学会和富兰克林创办的美国协会(American

Society)合并,共同推进实用性知识(useful knowledge)的进步。合并后的协会重视推进农业和医学领域的个人研究,并且发起成立美国第一个医学院,这个学院也受到了宾夕法尼亚州众议院(House of Representatives)的支持,可见这是美国公私部门在推进国家财富增长方面最早的科技合作。

在美国宾夕法尼亚州和马萨诸塞州推动科研机构的行为的激励下,1787年美国宪法草案开始讨论推动国家科研大学的建立。不过当时大家认为教育和科研活动应该独立于政府的控制,同时觉得应该使用间接的手段来促进科研。例如,草案中指出"国会应该有促进科学和实用艺术的进步的权利,通过补偿作者和发明家维持其写作和发现的权利"。随后,美国国会通过了第一个专利法案。

1803年,美国总统托马斯·杰斐逊发起了一项直接影响科学的政府行为——成立了刘易斯与克拉克基金,以促进国家地理知识的进步。这个行为对后世产生了很多影响,如促进了联邦科研基金的成立。独立战争之后,政府越来越认为成立一个直接影响科学的机构非常有必要。1802年,推进科研的第一个国家机构诞生了——西点军校,而其实在1799年康涅狄格州就已经成立了第一个州立艺术和科学学院。越来越多的大学开始重视科学技术的研究,1824年,纽约市成立了伦斯勒理工学院(Rensselaer Polytechnic Institute)以促进科学和技术的应用。

1826年,美国创办了《美国力学杂志》和《美国科学期刊》。19世纪20至30年代,政府越来越重视科学技术的研究和应用。

1838年,政府再次在鼓励技术创新层面扮演了重要角色,支持了萨缪尔·莫斯(S. Morse)在电话方面的研究,国会为其提供了3万美元在巴尔的摩市、马里兰州和华盛顿特区之间建立了试验线路。这种冒险的资助行为是政府首次对个人研究的支持。

公私合作推动科研的行为范围越来越宽广,1829年,詹姆斯·史密森给美国政府捐赠了50万美元,用来在华盛顿特区建立一个促进"人们之间知识的增长和扩散"的研究机构,这就是1846年成立的史密森学会(Smithsonian Institute),约瑟夫·亨利成为它的第一个总裁。亨利是一位实验物理学家,他不停地通过鼓励个人研究人员申请联邦支持来进行科研,并且不断寻求外部的其他支持。在19世纪50年代,美国政府共支持了大约100个科学技术研究所的成立。在美国宪法签署100年后,对科学技术的支持已经越来越倾向于直接支持。

2. 国家推动的科研设施

在1850年以前,美国科学家需要到欧洲寻求科技资源和学习,而在那之后他们终于有了自己的学院和设施了,从这一年起哈佛大学开始授予科学硕士学位。19世纪50年代,学院科研的进步和因此而产生的技术工业的发展,使美国成为技术领先的开创者。到1863年,美国国会建立了国家科学院(National Academy of Sciences),联邦政府对学院进行支持,而不是对单个研究人员进行资助,其职责为对任何领域的科学和艺术进行研究、检验、实验和报告,也对政府的任何一个部门的需求进行回应。跟目前的状况一样,学院不受政府的管制。

1862年通过的《莫雷尔法案》(《The Morrill Act》)建立了一个全国范围内的农业学术体系,使得人们认识到在农业科学领域培养人才的重要性。这个法案督促每个州建立至少一个农业和力学科学研究机构。这些行为促使美国开始探索通过财政支持学院研究的机制和科研设施。虽然政府鼓励科学技术研究设施,但是政府内部没有一个部门来专门管理这个工作,直到1884年,国会成立了阿里森委员会（Allison Commission）来专门讨论这个问题。委员会的专家们提出了各种解决方案，其中就包括设立一个科学部（Department of Science），而且这一点经常被提及。然而，这个委员会却在没有做出任何决策之前就解散了，也可能是委员会认为科技政策应该分散管理，而不是集中在特定的部门内部。这也是至今美国没有科技管理部门的历史原因所在。

3. 工业化的科技研究设施

在19世纪70至80年代，美国的绝大多数科学家都是在欧洲完成学术训练的，他们跟欧洲的学术机构和工业有着直接的联系，尤其是曾在德国开展研究。美国的公司资助教授或者学者去欧洲学习，并提供昂贵的科研资料和科学仪器，作为回报，公司将获得领先的发明技术和获得最优秀毕业生的权利。这种科技资助的形式一直维持到19世纪末，成为当时美国最流行的科研支持方式。

到了20世纪，工业领袖们越来越发现科学知识是保持竞争力和工程发展的基础动力，所以工业企业开始摆脱大学的研究机构，先后设立自己的研究机构——工业实验室，来促进科学知识的进步。这种科技策略逐渐成为了主流。

1900年，通用电气（General Electric，GE）建立了通用电气实验室，来应对煤气灯产业进行的技术改进对其电灯商业产生的威胁，同时其他电器企业对GE的市场也不断产生影响，尤其是在爱迪生的专利权期满之后。同时期美国电话电报公司（AT&T）也面临着射电技术领域的威胁，于是它成立了贝尔实验室来研究不断扩展的有线通信技术领域的新科研。在此之前，柯达公司一直依赖合成染料业务，尤其是依赖德国的化学工业技术，但是很快它们发现化学技术正在扩展到影像化学和电影等产业，因此柯达认识到一定要走在新事物的前头才能保持持续健康的竞争力。

然而,对于小企业来说,虽然它们也认识到技术竞争的威胁,但是它们没有资本去建立自己的工业实验室,于是它们创造出了联合实验室这种新事物,如亚瑟雷特(Arthur Little)就是化学领域的早期研究实验室。

伴随着这些工业实验室的涌现,工业经济在国家和企业的资助下发展迅速,公私部门合作支持科研的环境逐渐扩展到美国的许多纯私营部门和大学,它们通过设立奖学金来支持大学内的科研活动。例如,1902 年设立的华盛顿卡耐基研究所(Carnegie Institution of Washington),1907 年设立的罗素·塞奇基金会(Russell Sage Foundation),以及 1913 年设立的洛克菲勒基金(Rockefeller Foundation)。

在 20 世纪初期,科学和技术不仅在知识领域发展迅速,而且在工业实践中也有了突飞猛进的进展,尤其是获得了私营经济部门的大力欢迎,它们通过基金的形式推动科研的进步,间接推动了经济的增长。

4. 第一次世界大战及其后的科技政策

随着第一次世界大战的进行,美国和德国成了敌对国,这对美国本土的科学研究是一次绝好的施压,美国切断了之前和欧洲的科研协作,科学技术得到了国家的大力支持。同时,1916 年美国成立了国家防御委员会(Council of National Defense),来推动本土的科研发展。

作为对 1884 年阿里森委员会没有解决的设立科技部的问题的回应,美国国家科学院建议威尔森总统设立国家研发委员会(National Research Council,NRC),其目的是协调政府、工业和演技乱之间的协作,以推动国家公共科技发展目标的实现。

第一次世界大战后,虽然经济情况每况愈下,但是美国对于科学技术研究的支持却没有放松过。1920年,美国有大约300个工业实验室,到1930年,增加到了1600个,有46000名科学家同时在这些实验室里进行科研活动,纯粹和应用科学研究也为经济的增长和有效性提供了基础和工具。[1]

1933年,美国为了应对大萧条和随后的全国性的经济危机,发生了两个重要的事件:一是科学建议董事会(Science Advisory Board,SAB)的发起,二是国家计划董事会(National Planning Board,NPB)的成立。SAB的任务是管理多领域的国家迫切的科技需求,NPB的任务是计划国家的经济发展的科技需求。

到1934年,NPB被美国国家资源委员会(National Resources Committee,NRC)代替,随后SAB也被NRC收入其中,NRC的任务是协调管理科研的领域来满足国家的需要。这些机构有着共同的任务,就是将科学技术研究纳入经济发展的总目标之下,探索通过鼓励科学技术的政策来达到国家经济良好运行的目标。

到这个时期,美国对科技的影响,逐渐转变为以构建科技研发环境为主的间接影响。1938年,NRC的科学委员会(Science Committee)发布了一份多卷本的政策报告——《科研:国家的资源》(《Research:A National Resource》),为美国今后的经济学家和政策制定者们奠定了科学技术在经济发展中的作用和理论依据。

其中,明确提出的原则包括:对于一些特定的科学技术领域,政府有责任对其进行制度支持。这些领域包括防御、标准决定和特殊的普遍化功能。在一些特定的科研领域,政府的支持比私营部门支持有更大的优势。这些领域包括那

---

[1] Feldman M P, Link A N, Siegel D S. The economics of science and technology: an overview of initiatives to foster innovation, entrepreneurship and economic growth[M]. New York: Springer Science & Business Media,2002:13.

些耗费资金且回报比较低,但是却有着重要的实用价值和社会价值,如航空技术和生态技术研发。政府的研发应该为非政府主体的科技活动服务。在许多研发投入非常昂贵且回报低或者周期长的领域,除非有着明确的预期收益,并且在政府引导下开展研发,否则不能支持工业进入这些领域,如海军部门和钢铁工业的联系。

5. 第二次世界大战后的科技政策

自19世纪初到20世纪初工业化基本完成后,美国逐渐从一个以农业为主的国家发展成为世界第一大工业国。到1930年,世界科技中心从欧洲转移到了美国,美国从而一跃成为世界头号科技大国。第二次世界大战结束后到20世纪60年代末,美国实行了对外开放政策,并使美国实现了从轻工业到重工业的转型。自此,美国奠定了世界头号超级大国的地位。20世纪70年代以来,从里根政府开始,到克林顿执政,美国政府审时度势敏锐地察觉到在应用技术上的落后,并持续推动了一系列以产业技术为核心的政策,开始了向以信息技术为代表的"新经济"的重大产业转型的过程。在一系列有效的政策措施的帮助下,美国迅速占领了在汽车、计算机、半导体、电子和航空等领域的领军地位。到了20世纪90年代,美国又引领了以信息技术为代表的"新经济"发展,实现了高新技术产业发展、传统产业高技术改造和服务业高质量扩张等转型。①

美国坚持大量科技基础设施的建设和利用。长期对科技的支持使美国积

---

① 徐峰.创新驱动产业转型:美国政府20世纪八九十年代的经验与启示[J].世界科技研究与发展,2014,36(2):205.

累了充足的创新成果,并建立了系统的科研体系,还投资建设了许多重要的研究基础设施。例如,1945年以来,美国建立了世界上最大的实验室洛斯阿拉莫斯核武器实验室、最大的航天技术研发组织美国航空航天局(NASA)、最大的医学和生物技术中心国家卫生研究院(NIH)、最有权势的研发管理机构国家自然基金会(NSF)。这些机构的设立使美国的科研体系日益完善,并在科学的组织和管理、在充分的投入保障下,为许多重大技术成果的获取打下了良好的制度基础。

在美国,大学是政府研发活动的主要执行者,为了使政府支持的研发活动能够与产业界建立有机的联系,美国十分注重依托大学来推动产学研合作,从而使大学的高技术创新成果能够更加迅速地进行商业化。美国依托大学有效地促进了产学研合作,而且还在此基础上,形成"硅谷"等许多著名的产业集群,有力地推动了美国20世纪80至90年代的产业转型和新经济的发展。例如,斯坦福大学对硅谷的产生和发展起到了至关重要的作用,麻省理工学院在波士顿128公路区的兴起与发展也发挥了关键性作用。

在美国东部和西部拥有以128号公路经济带和硅谷经济带为代表的两条著名的高科技产学研聚集地带。128号公路经济带是美国大公司集中的地区,主要依托的是麻省理工学院、哈佛大学、耶鲁大学等学校,这些学校的教授和毕业生们在政府里的显赫地位对128号公路地区技术产业的兴起起到了重要作用。硅谷的兴起主要依赖于斯坦福大学、加州大学等。那里聚集了一批富有创造性、机动灵活的电子企业,20世纪90年代以来新兴的网络技术大部分出自硅谷。这种集产学研一体化运作的体制,采取最开放的政策,如允许教授一半的时间在外兼职,并分享科研成果所带来的利润,允许教授用学校实验室作应用研究等,为人才寻求与经济的结合科研成果转化为现实生产力,营造了良好环境。

美国坚持国家科技计划的实施。美国政府在 20 世纪 80 至 90 年代组织实施了许多国家级科技计划,其中既有大型综合性高科技发展计划,也有许多产业技术专项计划。里根政府时期的"星球大战计划"(见表 4.1),以及克林顿政府的"信息高速公路计划"(见表 4.2),都体现了美国重要的综合性高科技发展计划。同时,还相继推出了《先进技术计划》(1990)、《先进制造技术计划》(1993)、《新一代车辆合作研究计划》(1993)、《下一代制造——行动框架》(1997)和《集成制造技术路线图计划》(1998)。[①] 这些"专项计划"的实施不仅获得到了许多重要的产业技术突破,而且有效地促进了产学研的结合,加快了技术创新成果的商业化,为 20 世纪 90 年代的"新经济"打好基础。

表 4.1　里根总统鼓励创新的主要立法[②]

年份	名称	主要内容
1980	《小企业经济政策法》	强化技术创新,以及鼓励军用研究成果转移到民用企业
1980	《大学和小企业专利程序法》	
1980	《技术创新法》	
1981	《经济复苏税务法》	通过减税为企业技术改造提供可靠的资金来源
1982	《小企业技术创新法》	支持小企业创新,不得拖欠小企业货款,鼓励小企业扩大出口等
1982	《准时付款法》	
1983	《小企业出口扩大法》	
1984	《合作研究法》	鼓励企业间的合作研发与联合竞争

---

① 徐峰.创新驱动产业转型:美国政府 20 世纪八九十年代的经验与启示[J].世界科技研究与发展,2014,36(2):206.

② 徐峰.创新驱动产业转型:美国政府 20 世纪八九十年代的经验与启示[J].世界科技研究与发展,2014,36(2):207.

续表

年份	名称	主要内容
1986	《联邦技术转移法》	建立各方合作研究发展机制
1987	《1987年贸易、就业、生产率法案》	强调提高劳动生产力素质、科研能力和加强知识产权
1988	《综合贸易和竞争法》	提出先进技术计划和制造业发展合作伙伴计划等

美国坚持推动工业革命的产业政策。各届政府均十分注重以产业技术创新为主导的产业政策，激励并保障了产业界创新热情，从而在世界范围内率先实现了以高技术产业为代表的"新经济"的革命性转变。

表4.2 克林顿总统的创新政策[①]

年份	名称	主要内容
1993	《技术促进经济增长》	发表国家技术政策声明
1994	《面向可持续发展的未来技术》	提出国家环境技术的立场
1994	《为了国家利益发展科学》	发表国家科学政策声明
1995	《通向可持续发展未来的桥梁：国家环境技术战略》	提出国家的环境技术战略
1995	《国家安全科学技术战略》	提出安全科技的优先领域
1995	《支持研究与开发以促进经济增长》	反对削减研究与开发的投资
1996	《为了国家利益发展技术》	明确国家技术政策
1997	《塑造21世纪的科学与技术》	制定美国政府面向21世纪的科技战略

---

① 徐峰.创新驱动产业转型：美国政府20世纪八九十年代的经验与启示[J].世界科技研究与发展，2014，36(2)：207.

续表

年份	名称	主要内容
1997	《计算、信息和通信：21世纪的技术》	确定信息技术的政策
1997	《投资我们的未来：21世纪美国儿童的国家研究计划》	推进儿童和青年的研究机遇
1999	《信息技术研究：投资我们的未来》	提出扩大政府对信息技术的研发投资
1999	《国家运输科技战略》	提出美国运输目标的研发战略
2000	《确保21世纪美国科学、技术和工程劳动力》	讨论科技人力开发战略

美国坚持新世纪 ICT 等共性技术的大力推广。美国积极推动新经济转型，1993 年，克林顿政府正式宣布实施国家信息基础设施计划（也称"信息高速公路计划"），计划投资 300 亿美元建设国家信息基础设施。1994 年，美国提出《全球信息基础设施行动计划》，鼓励民营部门投资，为所有信息提供者和使用者提供开放的网络通道等。1996 年，美国提出《新一代互联网计划》，积极扶持新一代互联网及应用技术的开发，以保持美国在互联网方面的优势。"信息高速公路计划"在美国一经推出，即得到了美国产业界的积极响应，许多著名的高技术企业纷纷参与，有效地推进了美国信息技术产业的发展。以"信息高速公路计划"为代表的高新技术基础设施建设，不仅为美国高技术产业的发展提供了重要的基础设施，还为美国高新技术应用创造了一个良好的平台，为美国成功实现产业转型，以及"新经济"时代近十年的繁荣作出了重要的贡献。

第二节 英国的国家创新体系

英国的经济史上有两大谜题：其一是为什么这个位于欧洲大陆西北边缘相对较小的国家能够成为 18 世纪和 19 世纪工业革命的枢纽，并在很长一段时间内统治着国际经济？其二是为什么英国的工业领导者地位在 19 世纪的最后几十年开始退缩，为什么随之而来的衰落如此之长，且看似不可逆转？在 19 世纪末和 20 世纪初开始长期衰退之时，这种明显的不连续引起了历史学家的特别注意。

1. 国家与创新体系

英国的政治结构复杂，是一个多民族国家，也是一个由三个王国和一个省组成的联盟。在三个王国中，南北之间都有很强的鸿沟：苏格兰的高地和低地、威尔士以南的农业和工业，以及英格兰的工业。在服务经济的南部，尽管有巨大的经济和文化差异，英国也与法国一起在西欧拥有最多样的政治管理。然而，英国政府的执行力在近期逐渐变弱，并没有像法国、日本及其他几个国家那样充当工业和技术发展的催化剂。

在 18 世纪中叶至 19 世纪末之间，英国政府的经济作用仅限于某些监管职能以及对外贸易的发展和军事保护。接下来的一百年，英国对经济的干预逐渐增强。然而，它常常像其他国家那样犹豫不决，又常被抵制，很少像某些国家那样坚定和连贯。而且，英国逐渐趋向于被动下降，面对来自其他国家的威胁，对保护主义以及对纠正过去的社会错误的政治压力的反应,都能看出其没有将自己视为新生产方式的创造者。

两次世界大战和冷战期间采取更积极的技术变革立场对英国来说尤为重要,它们发起并随后赋予政府资助的合法性,带来了研发的第一笔直接资金,政府研发实验室的建立和扩展,将采购用作创造新生产能力的工具,并在国家的领导下创建了其核心工业,如核能和航空航天工业,以及在能源和其他领域的工业规划。总体而言,战时活动产生的新技术使得大家认识到:国家除了具有更广泛的经济功能外,还应该在加速新技术的发展和传播中发挥作用。

在两次大战之间,英国政府还倡导增加研发方面的工业支出。它试图通过组建行业协会来实现这一目标,该协会将允许企业在分享经验的同时集中技术资源,政府提供匹配资金。这些研究协会在20世纪30年代至20世纪50年代的发展最为显著,但后来却有所下降。

在20世纪60年代,特别是1964—1970年英国工党执政期间,是国家干预经济的最高峰。英国把重点放在进口替代,通过产业集中实现更大规模的经济,扩大教育体系,并通过研发和其他措施的支持重新获得技术领导地位。所有这些都是通过在政府、工会和工业管理部门之间加强伙伴关系来实现的,这些伙伴关系是在国家经济发展委员会(NEDC)中形成的。

在70年代,保守党和政府之间发生了拉锯战,让人们对政府的经济哲学,尤其是凯恩斯主义和管理能力感到失望。尽管为恢复经济命运做出了努力,但国内经济并未繁荣,国际贸易份额持续下降,许多干预主义政策被视为失败。在工业部门,技术资源过多地集中在高科技项目上,从而损害了其他部门的业绩;英国许多大公司的倒闭抹黑了支持产业集中和国家资助的政策。

在80年代,政府政策表现为三个主要方面:基于竞争、金融激励和私有制的市场经济的恢复,使用货币工具作为宏观经济政策的基础与限制公共支出相关联并控制工会权力,结束了通过劳动、管理和国家之间的伙伴关系来管理经济的尝试。

2. 创新体系中的研发

迄今为止,英国制造业仍在持续收缩。但是,英国的科技创新领域也表现出了一些令人满意的增长。

对于20世纪80年代的英国来说,研发和专利统计数据表明英国的技术地位持续降低。然而,在过去十年的大部分时间内,英国生产力的增长是经合组织国家中最快的。从1980年到1987年,英国的人均就业产出实际增长了24%,而日本为22%,法国、意大利和德国为12至14%,美国为7%。从表面上看,这表明英国的应用取得了显著进步,但技术发展却没有进展。[1]

生产率的提高已成为经济学家争论的焦点。这在两点上似乎达成了共识。首先是20世纪80年代的生产力增长总体上没有由投资或产出主导。直到80年代末,制造业投资和产出才恢复到足以超过70年代末的水平。这尤其与人员减少和报废效率低下的工厂有关。

那么,为什么制造业生产率有提高而英国创新能力却没有同等提高呢?一种解释是,英国开始形成低工资、低生产率的经济体。英国与其他主要欧洲经济体之间的生产力差距已经拉开,更不用说与美国和日本了。因此,通过提高生产效率,提高产品质量和设计而不是通过创新来追求垄断来寻求利润和增强竞争力在经济上是合理的。根据这种观点,除了持续重视高科技产业外,英国

---

[1] William W. National innovation systems: Britain[M]//Nelson R R. National innovation systems: a comparative analysis. Oxford: Oxford University Press, 1993: 170.

可以暂时降低对其他新技术开发的重视。

另一种解释是,20世纪80年代以来社会关系和激励机制的变化有力地支持了英国生产率的提高,但没有支持创新绩效的提高。灵活的劳动力和降低成本与实现利润最大化的强有力激励措施相结合,使生产效率大为提高,但这些激励措施却阻碍了对研发和新生产能力的投资。利润的增长实际上已经超过了研发和资本投资的增长。一般而言,较高生产率所产生的增加的盈余往往会被较高的股息和利息支付以及较高的税收所吸收,或者被拨作提高货币收入或参与公司购买的资金。

自80年代以来,对创新战略所持观点是,与生产相关的,优先考虑的是从中榨取更多利润,这适用于政府以及生产者采用的方法。政府限制了研发的支出,并在定义其科学、研发、教育和培训政策时,与公共支出的其他各个方面一样,将实现价值作为指导原则。当然,也可以更多地将重点放在了渐进式创新和设计改进上,而不是在仍然有能力挑战技术领先者时盲目追求激进创新。

尽管英国以追随者而不是领导者的身份仍拥有其经济优势,却存在着技术落后的风险。英国制造业经济处于自相矛盾的境地,低工资和高生产率水平鼓励在技术水平相对较低的领域进行专业化,由此导致重点放在赶上设计和生产方面的国际实践,虽然英国依然是经合组织国家中最现代和研发密集型产业结构之一。尽管可以通过在高科技领域的低端操作来部分解决这一悖论,但英国制造业仍然容易受到研发投入不足和创新体系普遍效率低下的影响。

3. 英国创新遇到的问题

对英国经济变化的解释主要有三种。第一种解释是,在扩张时期维持工业发展的文化和制度被证明不适用于19世纪80年代和90年代出现的新兴产业,而这些新兴产业在20世纪的大部分时间里都是经济发展的基础。正如纳尔逊(Nelson)和罗森伯格(Rosenberg)所描述的那样,"与迄今所实践的相比,化学和电气工业对科学和教育的要求更高,更加系统化,汽车工业对工业管理的要求更加科学。对旧技术的依附也抑制了新技术的传播,这被历史学家称为经历工业革命的先行劣势"[①]。

第二种解释是,在统治国家的兴衰之中,成功会孕育新的成功,但几代人之后,成功就成为失败的根源。在英国发展的实际情况下,随着帝国的发展,资源变得过分扩张,中产阶级文化转向工业企业。工业变得迷恋于防御而不是扩大区域,随着管理权和能力的削弱,有组织的劳动力的力量增加了,工业的衰弱也缩小了国际机会。在20世纪,英国还摆脱了战争中的入侵或失败的创伤,因此其社会结构比其他欧洲国家或日本受到的干扰更少,从而使制度具有更大的连续性,因此也具有惯性。

第三种解释是,工业化的蔓延,尤其是在欧洲和北美,势必会破坏英国的经济霸权,而在18世纪和19世纪对英国异常有利的条件在20世纪却不再适用。例如,北大西洋贸易体系失去了以前的重要性,英国开创的铁路带来了运输方面的巨大进步,使欧洲和美国的内陆地区在政治上实现了工业化和统一。因此,作为一个海上国家其拥有的好处就减少了。此外,与20世纪的美国一样,英国通过出口其资本和技术维持开放的国际贸易体系,这也帮助其他国家得以挑战其霸权地位。

长期以来,人们普遍不认为英国遭受了严重的经济活力损失。在20世纪上半叶,这种衰退在一定程度上被英国的主要欧洲竞争对手德国的军事失败,

---

① William W. National innovation systems: Britain[M]//Nelson R R. National innovation systems: a comparative analysis. Oxford: Oxford University Press, 1993: 158.

以及大萧条期间美国和其他工业化国家所经历的经济苦难掩盖。在两次大战之间，英国市场还提供了外国收入和相对安全的避风港。英国国际地位的弱点在20世纪50年代和60年代的确很明显，因为在政治上其无法将英国各部分团结在一起，在经济上则是由于持续未能满足其他工业化国家的增长率或阻止贸易中的贸易份额损失国内外市场。

在20世纪60年代，无论是在英国左派政府还是右派政府的领导下，指导性假设都是市场经济，不再由其自己决定。国家通过财政和其他方式进行干预，以增加投资和改善工业管理，确保实现规模经济，将发明转化为成功的创新，并纠正资本主义固有的收入和机会不平等现象。

与之形成鲜明对比的是，在20世纪80年代和90年代，市场经济必须交由其自己的机构负责，而英国的经济缺陷在很大程度上源于该国对个人、公司和企业的部门利益不断保护，以及对其管理权的改善。

因此，英国的目的是恢复"自由企业"和"个人责任"，在可能的情况下让市场自由地决定资源的分配。在20世纪60年代和80年代，英国的"创新体系"的构想方式及其在经济发展中的作用非常不同。从广义上讲，上述三个关于经济衰退的解释中的第一个，即隐含的熊彼特主义，在60年代风起云涌。工业经济的有序重组，向研发和教育分配更多资源以及对工业和技术活动进行更系统管理的方法成为恢复经济的途径。

在80年代，第二种解释更为重要。政府最深层的信念是自由主义和行动主义，而不是管理主义，是通过解放运动从过去的束缚中释放出来的个人能量得以单独推动经济现代化。技术进步和其他形式的进步将紧随社会态度和行动的革命而来，但不可能发生在此之前。恢复对自由市场资本主义的信念，根除失败的文化，被视为经济以及技术复苏的先决条件。

在某些方面，英国在20世纪80年代相对于其他经合组织国家的经济表现比60年代和70年代有所改善。尽管十年来出现了宏观经济问题,但在此期间的大部分时间里,生产力仍大大提高,在某些地区,特别是服务业,旧的活力似乎正在恢复。但是,几乎没有迹象表明英国建立新技术能力在历史性下降后有所逆转。其他国家在研发方面的支出有所增加,而英国则停滞不前。其按专利衡量的世界技术产出份额继续下降,科教体系也充满了问题。英国确实发生了高科技活动的增长,很大程度上是国防开支扩大以及美国和日本对电子和其他领域的内向投资的结果。只有在化学和制药领域以及少数几个工程技术领域,如在航空发动机技术领域,才能宣称英国在民用技术发展中保持了领导者的地位。

需要强调的是英国的现代创新体系,无论是产业还是国家,其发展都已成为相对不受关注的事项。这可能是一个国家的自然经济行为,该国家现在的收入水平相对较低,仍需要赶上国际最佳实践,其制造企业已无法与主要国外竞争对手的规模或成熟度相提并论。

4. 英国的启示

英国拥有最古老的工业经济,在18世纪和19世纪的大部分时间里,其创新体系无与伦比,在能源和材料转化技术,包括煤、铁和蒸汽,以及生产组织中,并且在铁路和蒸汽船运输中,都产生了革命性的创新。可以说,现代对技术进步的系统追求起源于英国。

20世纪以来,英国的工业地位逐渐受到侵蚀,以至于如今,该国的工业地位已越来越局限于少数几个市场。在每个阶段,英国经济已经适应了不断变化的消费模式和生产可能性。目前,英国经济虽然已成为现代工业结构之一,但这种新兴产业模式在国际市场上总体上还没有被证明是最成功的。通常,它们在早期阶段具有创造力,但是随着技术和市场的发展,它们未能持续巩固自己的地位。如何成为有效的追随者并避免成为落后者已经成为主要的工业任务。

英国在 20 世纪衰退的各种因素中,有四个因素似乎很突出:① 英国资本市场的性质和影响力,其对短期收益的关注而不是发展生产性企业;② 教育和培训的长期资源不足和价值低估;③ 协调薄弱,这要归因于个人主义在机构和个人层面的悠久传统,以及由于衰落而加剧的社会冲突;④ 丧失强大的技术文化,这一点体现为当代英国工程师的地位低下。

迄今为止,在英国实行的改革具有很大自主性,甚至是在孤立的环境下进行的。在 20 世纪,主要的经济典范是美国,因为它主导着新兴产业,并在英国的外国投资者中占主导地位,最近它又倡导了新自由主义经济政策。彼时,英国对新方法的寻求已基本内在化,做出的选择更多地参考了英国的特定历史经验和行政传统,而不是新做法,而且常常受到制度惯性的严格限制。

如果这种情况继续下去,则没有理由相信上述结构性障碍将比过去更加容易克服。然而,在 20 世纪 90 年代,英国在谋求经济发展的情况下,出了现三个明显的不连续性。第一个变化是实施《欧洲共同体法》和欧洲货币一体化,这使英国与欧洲的经济交流和监管体系更加紧密地联系在一起。这极大地限制英国政府实施其工业和宏观经济政策的能力,同时更残酷地暴露出英国生产基础设施的任何不足。第二个变化来自日本对英国的外国投资的增长,特别是在电子和汽车行业。在某些地区,英国的命运取决于日本等新兴经济体针对扩大的欧洲市场的公司战略,以及日本对英国作为先进工业生产基地的满意程度。这将迫使英国对日本的工业组织模式开放,而不是对过去更具影响力的美国模式开放,而这同时又暴露出基础设施的不足。第三个断续是东西方冲突的结束,以及随之而来的对大规模军备的需求。这剥夺了英国在捍卫西北欧洲以及在北约内部、在美国和西欧之间架起桥梁的重要政治战略地位。与日本的关系可能与美国的重要性一样,将英国更紧密地约束到欧洲框架中。

在英国,随着武器需求的减少,政府将需要对高科技工程资源进行大量的重新配置。这些变化中的每一个都对英国的国际地位构成了威胁。但是,从经济发展的角度来看,它们也带来了巨大的机遇。特别是,它们将要求英国在生产资源管理方面对日本和欧洲大陆的影响更加开放。最重要的是,如果英国学会在各个层面上更加注重能力的培养,而不是快速获得经济回报,它将从中受益。英国当前对欧洲的做法的讽刺之一是,市场一体化被视为一大福音,而社会一体化则被视为巨大威胁。然而,英国社会制度的陈旧和低效似乎是其众多工业弱点的根源。在这种情况下,最重要的问题是,欧洲一体化是否会通过不进一步扩大市场机制,而是通过在教育和其他领域传播更有效的做法,来推动英国的持续发展的。

第三节 法国的国家创新体系

法国国家创新体系(NSI)的空间特征非常明显,体现了全球化和本地化是创新过程及其地理范围的演变或转变的主要因素之一。本节分析法国国家创新体系的发展,首先强调了法国传统的重要性,除了质疑法国模式的生存或消亡之外很难通过其他方式解释正在进行中的创新变化,以当前正在发生的复杂转变过程为中心,对其创新发展过程进行解释。

1. 科技创新简况

法国的科技政策模型是高度集中的自治模型。为了强调法国体系的性质，应该特别关注"国家的僵化和集中制、大公司或大研究机构的不渗透性、研究与公司之间的差距、重要研究之间的分歧、机构和大学"[1]。尽管有时具有讽刺意味，但它们仍体现了法国系统的一些主要结构特征。

其中，大计划技术的重要性构成了公司和公共工业研究合作的基础，国家会给予公共研究机构支持，如国家科学研究中心（CNRS）和国家医学研究所（INSERM），这些公共机构与大学一样都属于基础研究。

此外，传统的产业将与特定形式的地区化有关，其特征是巴黎周边科学和技术活动的空间极化。很大一部分研究和研发活动都集中在法兰西岛。1950年，该地区在公共机构工作的研究人员占80%，教师兼研究人员占50%，行业研究人员占75%，体现了大型发达国家中独特的空间格局。[2]

因此，自20世纪50年代以来一直存在的国家政策似乎加强了对大公司、大学校区和生产系统总部的决策集中度，主要在巴黎地区以及程度较小的其他工业地区。

国家创新体系还以科学技术层面和生产层面之间的相对分离为特征。因此，法国体系在欧洲方面的强大相互依存关系十分显著。尽管自1957年以来，与行业相关的经济共同体参与了进来，但国家创新体系的区域框架确实是国家

---

[1] Francois C. The French national system of innovation[M]// Nelson R R. National innovation systems: a comparative analysis. Oxford: Oxford University Press, 1993:192.

[2] Francois C. The French national system of innovation[M]// Nelson R R. National innovation systems: a comparative analysis. Oxford: Oxford University Press, 1993:193.

框架。直到1984年提出了《第一框架计划》,有关科学和技术的第一批共同体计划才得以实施。长期以来,大多数欧盟计划与部分国家协议保持紧密联系,尤其是太空计划。

但是,这一点掩盖了为进行更加动态的分析而必须注意的复杂性,导致了有关法国国家创新体系内科学技术领域的许多问题。例如,自19世纪末以来,电气工业一直到今天体现出一种本地通信方法的发展,这种方法涉及工业、科学和教育之间的互动,几乎没有与法国国家创新体系一样的国家。同样,由于权力下放更加彻底,法国机构地域化的特点比较明显。但总的来说,与法国经常出现的情况相比,其地域更具差异性和问题性。如果认可巴黎地区的统治地位,并不意味着根据该地区的工作因素,不会有其他类型的两极分化或发展不平衡的情况。因此,法国国家创新体系的结构过于简单。只有尝试对该系统的最新发展进行解释时,对其创新体系的理解才会变得更加清晰。

特别是在20世纪80到90年代,法国的国家创新体系面临着新的紧张局势。在科学和技术领域,如在过于分散、权力下放、创新和转让政策方面的公共干预中,这些紧张关系是显而易见的。

这些动荡显示出趋势的多样性,从而说明法国国家创新体系中心的转型。粗略地说,这些动荡以两种相互联系的方式影响着国家创新体系的地域化:全球链接越来越明确地包含了科学技术过程的国家性质,这造成了国家创新体系趋同的问题;法国的国家创新体系与地方创新体系之间的关系正在迅速变化。空间层次结构也在发生变化,从而产生了新问题。

2. 融入欧洲一体化

科学技术的全球化通常被认为是国家体系融合的决定性因素。国际研发实验室的发展、国际技术联盟、技术的国际转让、高科技产品的国际贸易的指数增长，以及国际作者撰写的科学论文的出版量增加，都证明了这一趋势。

现在，全球化对法国国家创新体系的影响的分析体现了结构性解释。总体上，问题在于面对全球化的外在表现时改变现有结构一致性的能力。例如，使用企业研究活动国际化的策略对其进行研究，或参与大型、国际或欧洲研究计划的作用。在法国，存在抵抗或保护既定结构的要素。法国国家创新体系的结构特征为国际投资提供了框架，而英国和意大利则明显不同。同样，在研究的高度上，欧洲计划似乎不太可能引起统计一致性的质疑，因为它们经常取决于法国特有的集中化和研究集中度。

还有一些因素可能会从根本上改变现有的结构，从而使法国模式的存在受到质疑。例如，跨越国界的强大的公司间关系网络可能会破坏国家内部的技术专业化和互补性模型，从而影响国家创新体系的结构和组织，如专利策略中的某些非本地化。在法国发明并申请的每100项欧洲专利中，有20.5项来自法国的跨国公司。同样，当从基础研究转向技术计划时，国家创新体系更直接地受到欧洲范围的影响，而后者在欧洲民用领域中扮演着特定的角色，特别是在战略性民用计划中，如电信、飞机工业、民用核技术等领域。因此，研发活动国际化的当前特征给国家创新体系带来了压力，这需要对国家、科学基础与外国公司之间的关系进行重组。

在导致欧洲创新体系的制度融合与保持由某种历史遗产所产生的国家特殊性之间找到平衡是不容易的。伴随着这些结构性方法，对全球化及其影响的分析的新形式引起了人们的极大兴趣，并且更多地基于国家创新体系的互动和动态概念。因此，这是一个问题，即抛开知识流和创新生产的真实动态，去研究空间特征。以创新系统植根于生产系统的方式，研究工业领域专业化的演变，并与区域特征的演变保持一致，可能会为出现新的局部交互影响提供基础。在欧洲的实际情况下,特别是对制度一致性的研究并没有明确的结论。因此,对知识流动和创新地理学的实证研究是一种以更明显地识别当前动态变化的方法。实际上,正向的驱动力经常会背离这个框架,国家层面似乎仍保持着强大的制度一致性,特别是在法国。与此同时,从制度的角度来看,法国所体现出的局部创新动力仍然较弱。

3. 法国国家创新体系的特色

如今,国家创新体系出现的新趋势是三种主要的演变类型。

第一,是学术体系的演变。自20世纪60年代以来,大学的发展主要在于承受进一步教育的压力,也一直致力于改变公共研究的地区地位。这种趋势遵循具体的社会和区域变化。人口规模及年龄是决定因素,导致前所未有的发展和大学的创建。由于对公共部门的教师兼研究人员的监督,这种动态间接地导致了公共研究的地域结构的改变。因此,自20世纪60年代以来,法国的学生人数增加了6倍,南部和东南部地区的人数与北部、中部和西部的人数则紧随其后。教师兼研究人员的数量增加了4.5倍。从1992年到1998年,学生人数的增长率为11%。最后,虽然在20世纪50年代,仅法兰西地区吸引了50%以上的大学研究人员,但在1994年仅吸引了27.3%,其后在1996年增加到32.7%。①

第二,是公共研究机构的分散。自50年代以来,就公共研究人员数量而言,法兰西岛地区的重要性已升至约50%。法国国家科学研究中心(CNRS)经

---

① Francois C. The French national system of innovation[M]// Nelson R R. National innovation systems: a comparative analysis. Oxford University Press, 1993:204.

历了缓慢的发展,该地区的两极分化在 1996 年从 60% 下降到不足 44%。在这种情况下,变化的原因在于与生产中心的连接。此外,鉴于生产系统在区域分布方面存在明显的两极分化,公共研究机构的相对下放导致了中比利牛斯地区(18.4%)高于法兰西岛地区(10.4%)。①

第三,是工业研究的分散。例如,法兰西岛地区的研究正缓慢分散,其工业研究人员的比例从 1950 年的 75% 下降到 1981 年的 69.5%,然后在 2002 年降至 51.1%。尽管相对而言没有出现与巴黎竞争的极点,但该地区的相对增长缓慢。与经济潜力的关系是这种重组的原因,这似乎比迄今为止的公共研究更加清晰。此外,这种与经济活动的联系使这些变化在产业组织中的作用受到关注,就企业而言,甚至与中小型企业有关。从这个角度来看,20 世纪 80 年代和 90 年代法国体系转型的演变涉及从事研究活动的公司数量。根据调查,1991 年法国有 3192 家公司和专业机构宣布具有有组织的研发活动,而在 1981 年仅有 1324 家。法国国家创新体系的重要特征之一是将工业研究集中在少数大公司中,这是主要技术计划垄断的结果,但在区域分布上也正在发生变化。在法国,雇用少于 10 名研究人员的小公司的数量从 1983 年的 911 个显著增加到 1991 年的 2407 个。② 因此,应考虑到创新的产业和地区正在扩大。然而,仍然存在研究高度集中的问题,使得法国的中型公司存在研究动力不足。此外,地域集中程度似乎随着公司规模的增加而增加。

因此,从这种演变可以预见到其朝着降低科学技术生产集中度的方向发展,而巴黎地区在这个意义上就变得不那么重要了。专利生产和科学出版物在地理上集中的迹象显然趋于分散。因此,巴黎地区在专利方面的重要性已从

---

①② Francois C. The French national system of innovation[M]// Nelson R R. National innovation systems: a comparative analysis. Oxford University Press, 1993:205.

1990年的44.3%降至1997年的40.4%，在出版物方面也从1985年的46.6%降至1997年的39.8%。①

使用制度和结构方法来解释这种演变仍然很困难。这是否是一个基于集中化和进入新的运作方式的体系消亡的问题？法国体系中传统科学仪器效率的下降，或者最近观察到的更加分散和决策分散的趋势，都体现了这一观点。科学技术活动在地理上的集中度仍然很高，权力下放的过程含糊不清，甚至事实上，分散的倡议更多的是来自国家而不是来自地方。国家创新体系的形成是不可逆转的，总是能够在其生长或消亡的框架内吸收区域和欧洲变化的建议，并没有考虑到基于国家创新体系的历史和地区的复杂性。

实际上，仅查看有关科学技术活动地域分布的统计数据具有误导性的。它忽略了依赖于创新系统各组成部分之间实际联系的动力效应。应该寻求能更好地说明某些可观察的区域分布动态的方法，以促使人们对法国创新体系的区域结构的演变进行更为细微的解释。法国国家创新体系允许对其复杂性发展作出解释，这在很大程度上仍有待研究。

第四节　德国的国家创新体系

德国是一个特例，原因有以下几点。第一个原因在于其近代的政治历史。第二次世界大战后，该国被分为两个具有相反政治经济体制的区域，即西部的

---

① Francois C. The French national system of innovation[M]// Nelson R R. National innovation systems: a comparative analysis. Oxford: Oxford University Press, 1993:205.

德意志联邦共和国和东部的德意志民主共和国。西方的经济与东方的危机之间形成鲜明的对比。使德国成为特例的第二个原因是其经济的出口表现。西部的德意志联邦共和国人口为 6100 万,1988 年出口商品总值为 3230 亿美元,与美国(3200 亿美元)大致相同,超过了日本(2650 亿美元)。按人均计算,是美国的 4.0 倍,是日本的 2.4 倍。[1] 在当今大多数国家的技术创新体系中,结合了教育功能的研究型大学,这种制度形式随着科学知识而发展,以科学为基础的公司以及独立于生产的内部研发实验室,使 19 世纪的德国成为社会创新的先驱。不久,它们被其他国家采用。同样在技术教育中,德国为其他一些国家的模仿提供了范本。因此,对德国技术创新体系起源的描述不仅可以帮助理解德国的现行体系,而且还可以通过模拟跨国家的体制形式,来了解不同国家技术创新体系之间的相互促进,同时使它们适应特定的国家环境,有时还会加以改善。这是德国被视为特例的第三个原因。

德国经济的表现有时是通过参考所谓的民族特征来解释的,尤其是德国人以勤劳著称。该国西部和东部之间的绩效差距与这种解释并不矛盾,因为相对于其他社会主义国家而言,德意志民主共和国的经济也享有很高的声誉。本节着眼于制度结构而不是民族特征来解释经济绩效。在为经济绩效作出贡献的众多机构中,着重于与工业技术能力有关的机构。

1. 19 世纪的历史渊源

在欧洲国家中,从政治和经济角度来看,德国都是后来者。在 17 世纪,由

---

[1] Otto K. The national system for technical innovation in Germany[M]//Nelson R R. National innovation systems: a comparative analysis. Oxford: Oxford University Press, 1993:116.

于三十年战争的灾难,其发展遭受了挫折,这场战争使人口减少了大约三分之一。发展的缓慢反映在德国的分裂中:到1789年,这里已有314个独立区域和1400多个帝国骑士团。许多地区都有自己的法律、货币、重量和通行费,想实现统一很麻烦。拿破仑战争和维也纳国会在1815年之前将区域数量减少到39个。1834年,普鲁士与其他一些德国州组成了一个关税同盟,大多数其他德国州都加入了关税同盟,直到1867年才实现政治联盟。德意志帝国是联邦制国家,中央政府仅对某些国家职能负责,主要是外交政策和军事,教育制度则由联邦各州管辖。

在整个19世纪,政治改革和工业化的拥护者与那些努力维护传统政治秩序的拥护者之间发生了冲突。工业发展的主要人物之一是弗里德里希·李斯特(Friedrich List)。与亚当·斯密和大卫·里卡多的古典政治经济学相反,他主张以进化论为重点,着眼于生产力的发展。他提出了一个由中欧国家组成的关税同盟,该关税同盟将通过保护性策略,使本国工业能够使用进口机器赶上进口替代。

在19世纪上半叶,德国转从国外引进新机械和技术工人,将先进技术带入德国工业。棉花、羊毛和亚麻行业的新型机械,以及第一批蒸汽机和第一批机车均从英国进口。英国和比利时的工匠在机械制造和钢铁行业向德国转让技术知识方面发挥了重要作用。为了保护其行业的技术领先地位,英国法律禁止技术工人移民,而对于许多先进工业来说,直到1843年,机械设备的出口仍然包括模型、图纸、工具和器皿。德国政府经常为购买外国机器提供财务支持,这些机器有时被用作示范学习对象。

德国还通过来访者获得技术知识,通常是在政府的鼓励和财政支持下,有时是在工业的支持下。由于政治和经济的落后状态,政府在德国的发展中起着关键作用。关税同盟、政治统一、废除对自由经营的传统限制、道路和运河的建设、鼓励铁路建设,以及建立有能力的公务员制度都是重要因素。由政府资助的技术、科学和商业教育和研究系统也是如此。

2. 科技教育制度

在19世纪初期,法国是世界科学中心。许多德国科学家,去巴黎学习最新技术。法国的高等教育机构,尤其是巴黎高等理工学院,被作为榜样。

但是与法国不同,大学并未成为德国科学研究的机构重点。18世纪,德国的几个州建立了科学院,科学研究主要是科学院的任务。许多大学处于贫困状态,有些人甚至有了完全废除大学的想法。

但是,有些州设法通过改革大学或建立新的课程来摆脱这种状况,其中最著名的是哈勒大学和哥廷根大学。为了吸引来自外地的学生,哥廷根大学设计了一种新课程,并根据出版物的声誉甄选教授。哥廷根很快成为了学术中心。尽管哥廷根大学和其他大学进行的改革对德国大学体系的进一步发展很重要,但各地开展的研究实验室项目更为重要。

尽管这些研究实验室规模较小,并且装备不足,但它们证明了经验科学研究在大学中占有一席之地。在18世纪后期,一些药剂师将其药房扩大到了私人机构,这些机构可培训药剂师、制造药物和化学品。

到19世纪中叶,德国大学牢固地确立了研究方向,也得到了官方机构的支持,此类机构包括设有自然科学实验室的研究所和人文科学专业图书馆。例如,在柏林,此类机构的资金在1830—1870年每十年翻一番。德国的大学在某些领域,如医学、化学和物理学很快上升到世界领先地位。

到19世纪末,德国各州建立了新的技术学校,开设有长达2年的课程。在20世纪80年代,电气和光学行业的公司也做了同样的事情。到19世纪末,学徒制得到了重组,并由商会负责检查。德国于1897年成立了非全日制学校,对所有完成了正规学校教育的人进行进一步的教育,补充公司和手工艺品店的实践培训。今天,虽然通识教育已经普及,但是德国在工业化之前的18世纪就已建立通识教育,而英国是在19世纪末工业化很久以后才实现的。

3. 专业研究机构

除了大学、研究机构、科学院和联邦政府之外,德国在20世纪初还资助了40至50个研究机构,专门研究天气、地理和地质学等应用领域,包括卫生、造船、水利工程、生物学、农业、渔业和林业。其中一些具有军事目的,其他大多数是针对公共任务的,如公共卫生或安全法规,还有一些则是为了支持工商界的技术创新。[1]

在后者中,一个重大的新变化是帝国物理技术研究所于1887年成立,它主要由中央政府提供资金,以发展精密仪器,以及用于该领域的基础研究。该倡议来自科学家和企业家,其中包括西门子,他们为研究所捐款。帝国物理技术研究所的任务被定义为物理研究和测量,主要目的是解决在理论或技术方面产生重大影响的科学问题,并且成为在观测和计算仪器、材料和工作时间方面需要比私人提供更多手段的教育机构。该研究所为其他国家的类似机构树立了榜样,如英国的国家物理实验室(1900年),美国国家标准局(1901)和日本理化研究所(1917)。到1914年,德国共在五个行业中建立了研究所:化学、物理化学、煤炭研究、生物学和实验治疗。前三个进行了研究的应用,几乎全部由行业资助。

---

[1] Otto K. The national system for technical innovation in Germany[M]//Nelson R R. National innovation systems: a comparative analysis. Oxford: Oxford University Press, 1993:123.

4. 科技行业的发展

尽管到 19 世纪末,德国的钢铁产量已超过英国,但英国却进行了工艺上的许多重要创新,保持了技术领先地位。到 20 世纪中叶,德国的机械制造工业得以在某些机械制造领域中摆脱对英国技术的依赖,包括蒸汽机车。直到 19 世纪末及其后,在许多领域,英国和后来的美国公司都在技术上处于领先地位,尽管德国依靠新发明建立了一些新公司,如印刷机厂。到 19 世纪末,电动力开辟了新的机器制造生产线,并改变了许多传统机器的设计和制造,德国公司也从其他领域逐渐转移到技术前沿。

到 1913 年,德国约占世界机械设备产量的 27%。国内生产的约 26% 出口。根据行业估计,德国在世界出口中所占份额为 29%,而英国为 28%,美国为 27%。电气行业始于建造电报线,德国的领先者是西门子,其开启了用电发电的局面,并改变了该行业与科学的关系。从 1903 年起,西门子和 AEG 便占据了大约一半的电工产品国内市场。到 1913 年,德国占世界电气工业产量的 34.9%,而美国占 28.9%,英国占 16.0%。约 25% 的德国产品出口到世界各地。德国占世界出口份额的 46.4%,其次是英国(占 22.0%),美国(占 15.7%)。[1]

内燃机和机动车辆为机械制造行业提供了另一条新的业务线。随着奥托的柴油机、戴姆勒的奔驰和博世的发明,德国公司成为了早期的技术领导者。但是,它们未能将其转化为商业优势。直到世纪之交,这些公司才大量生产带内燃

---

[1] Otto K. The national system for technical innovation in Germany[M]//Nelson R R. National innovation systems: a comparative analysis. Oxford University Press, 1993:131.

机的汽车,而当时的领导者是法国和美国。1913年,法国占世界出口的33.4%,其次是美国(占23.7%)和德国(占17.2%)。约40%的德国产品用于出口。①

到20世纪初,快速工业化的结果在国内外市场上都开始出现。尽管在1870年德国的国内生产总值(按相对价格计算为210亿美元)比英国(300亿美元)、美国(300亿美元)和法国(240亿美元)要少,但到1913年其比英国(680亿美元)和法国(470亿美元)要高,尽管美国已经大幅增长(1760亿美元)。1913年,德国人均国民生产总值仍比英国(欧洲首富)低约23%。瑞士、比利时、丹麦、荷兰和挪威的人均国民生产总值也较高。到1913年,在所有制造业中,德国都有出口顺差。但是,大多数出口仍归于较老的行业,如农业、纤维和纺织品,或金属和金属产品。电工或汽车等新兴产业所占份额较小(分别为6.7%和0.1%)②,但由于具有较高的比较优势和快速的出口增长,它们具有很高的增速。机械、煤炭、皮革和皮革制品、橡胶和橡胶制品、木材和软木制品、金属及其制品等也具有较高的活力。

尽管合成染料是科学化产业的代表,但在1913年,染料和染料产品仅占化学产品出口的三分之一。染料和染料产品的进出口比率低于大多数行业,从1907年开始,该产品类别的出口增长低于总出口。

专利活动也可以作为德国工业技术能力的总体指标。在1883年,德国公司获得的美国专利是英国公司的一半,而到1913年,它们在美国所有外国专利中所占的比例为34%,而英国却落后了23%。到20世纪初,许多德国公司在全球范围内开展业务。1914年,它们累计的外国直接投资约为15亿美元。这

---

① Otto K. The national system for technical innovation in Germany[M]//Nelson R R. National innovation systems: a comparative analysis. Oxford: Oxford University Press, 1993:131.

② Otto K. The national system for technical innovation in Germany[M]//Nelson R R. National innovation systems: a comparative analysis. Oxford: Oxford University Press, 1993:132.

仍然大大低于当时英国或美国的外国直接投资。[①]

在几代人的时间里,德国的人均社会产品经济几乎赶上了英国,而且在几个行业中,它已成为世界技术领先者。德国案例经常被描述为"落后优势"的一个实例,这意味着采用国外新技术的追随者国家可以比领先国家行动得更快,因为后者面临一定的阻碍。当然,如果不从英国、比利时和后来的美国等国家转移技术,德国就不可能那样快地进行工业化。但是,这里给出的历史记录表明,它可以在某些行业中处于领先地位,并不是因为"落后优势",而是因为它建立了新的制度形式,使德国公司能够随着新产品领域或新流程的开放而迅速采取行动。

5. 20世纪的连续性与变化

20世纪初,德国开始步入最富裕的国家行列,其产业充满活力,正迅速进入世界市场。然而,其政治发展没有跟上经济发展的步伐。专制政治秩序阻碍了民主制度发展的进程,政治精英无法应对该国崛起为工业强国带来的外交政策挑战。第一次世界大战引发了一系列政治和经济危机,直到20世纪40年代后期才结束。

第一次世界大战削减了德国工业的主要出口市场,刺激了美国、法国和英国在国内生产上替代德国进口的努力,并使中立国家的公司得以占领市场份额。《凡尔赛和约》使一些地区丧失了大部分的德国矿产资源,巨额赔偿没收了德国专利以及在美国、法国和英国的直接投资。1923年的恶性通货膨胀摧毁

[①] Otto K. The national system for technical innovation in Germany[M]//Nelson R R. National innovation systems: a comparative analysis. Oxford: Oxford University Press, 1993:132.

了货币资产,随后短暂的经济增长被1929年的低迷结束。其后的衰退是1933年国家社会主义上台的因素之一。

凭借其技术基础,第一次世界大战后,德国的某些行业得以迅速重返世界市场。到1929年,德国在化工领域重新夺回了其战前出口地位;到1931年,在机械方面,德国已占世界出口的35.0%,甚至超过1913年的29.2%。然而,到1932年,电工行业的份额仅恢复了34.9%,而1913年为46.4%。战前份额为17.2%的汽车工业几乎从世界市场上消失了。在20世纪20年代,其份额从未超过3%,到1928年,德国成为净进口国。汽车业的情况反映了德国公司在获得大规模生产所需资本的困难。在此期间,最大的德国汽车制造商欧宝被通用汽车收购。福特在1931年在德国建立工厂时,这两家公司占乘用车生产能力的71%。经济形势也影响了科学研究。在战争期间以及直到1922年,国家的学会建立了许多新的研究所。凯撒威廉社会学会的一些研究所将他们的活动用于战争。从1918年到1923年,研究所的数量从9家增加到16家。[1]

在1929年的萧条和随后的几年中,德国的工业与其他国家一样,裁掉了研究人员,减少了研究与开发的投入,并集中于传统的而非创新的投入。高等教育的学生人数大大减少,同时许多科学家和工程师被撤职。所有学术领域的研究人员大都被迫移民,其中包括物理学家阿尔伯特·爱因斯坦和数学家约翰·冯·诺依曼等领域的领导者。尽管如此,某些秘密的军事研发仍在20世纪20年代继续进行。《凡尔赛和约》的强制令于1935年正式撤销,不久之后又实施了一项计划,以使经济独立于战争。由于国家社会主义者的计划机制被置于现有的产业结构之上,因此并没有从根本上改变其创新体系。

---

[1] Otto K. The national system for technical innovation in Germany[M]//Nelson R R. National innovation systems: a comparative analysis. Oxford: Oxford University Press, 1993:132.

第二次世界大战期间，大部分工厂被毁。战后，盟国将剩下的部分作为赔偿。德国公司在海外的子公司以及所有专利和商标均被放弃。一些科学家和工程师被转移到盟国从事军事、航空航天和核技术的工作。之后，分裂的两个德国部分实现了惊人的经济复苏，仍然存在的技术知识和技能是其中的关键因素。盟国废除了民族社会主义经济的计划结构，并有效地分散了一些行业，特别是化学和钢铁行业。但是，在其他行业，如银行业，其分散政策仅具有暂时性影响。

此外，德国还引入了一种工会结构，几乎避免了公司内部与专业工会之间的冲突。在所有这些变化中，创新体系的基本组成部分得到了重构：企业及其实验室、大学和理工学院、马克斯-普朗克研究所等政府研究机构，以及商业和技术协会。大多数组织正获得重建。这些都是德国创新经济迅速恢复的关键要素。

第五节 日本的主要经验

第二次世界大战后，日本在鼓励创新和企业家精神方面面临重大挑战。有证据表明，大多数资源流向了具有政治影响力的大型传统行业，这表明政治经济因素可能是日本产业政策明显无效的关键。因此，金融和劳动力市场改革比传统的工业或科学技术政策更有希望。作为一个整体，日本的工业公司相对于外国同行具有很强的竞争力。日本落后的产业是受到严格管制的服务业。问题似乎不在于缺乏产业政策，而在于过度的监管。通过重组落后的服务业，日本才获得更多的收益，而不是为了追求工业部门的边际收益而耗费资源。

1. 积极发挥公共政策的作用

对战后初期日本的成功的解释可以分为侧重于日本私营部门组织独特和侧重于公共政策。就前者而言,企业、经济劳动力、产品和资本市场组织已被确定为赋予竞争优势的特定制度创新。在公共政策领域,基于安全产权和宏观经济稳定的传统,日本有时被视为发展中国家的典范。日本在快速增长时期采取了各种有效的政策干预措施。

技术发展得到了直接和间接的研发补贴,不仅鼓励公司开展创新研究,还鼓励外国直接投资。通过直接补贴,或者通过国有或银行的间接补贴以及优惠税收减免来实现向优先部门的资本转移。20 世纪 50 年代初至 80 年代初,日本的预算内补贴,大部分用于农业、林业和渔业。在此期间,农业和采矿业占预算内补贴的近 90%,用于高科技发展的预算内补贴份额很小。尽管与预算内补贴相比,预算外支出的模式随时间变化更大,但工业和技术类别并不是主要受益者,1958 年达到峰值约 20%,此后稳步下降,至 1972 年降至 5%,再也没有恢复。[1]

间接补贴的第一个来源是提供低于现行市场利率贷款的公共金融机构。隐性资本补贴的第二个来源是税收制度允许的加速折旧。一般而言,低利率贷款比特殊折旧具有更大的数量意义。除了采矿业以外,隐性资本补贴与投资的比率很低,通常低于 5%。这种支出方式很重要,因为补贴是由税收资助的。在大多数情况下,对日本制造业征税是为了向其他行业提供补贴。制造业中净受益的部门中包括纺织业,这是一个定型的、规模较大的、已确定的部门。暗含

---

[1] Marcus N. From industrial policy to innovation policy: Japan's pursuit of competitive advantage[J]. Asian Economic Policy Review, 2007(2):256.

的信息是,这种资源转移方式是由政治因素决定的。政府还通过对研发活动的直接补贴,对研发费用的特殊扣除,通过公共金融机构提供低息贷款减轻了利息负担,来促进高科技行业的发展。税收优惠已通过多种计划提供,并在2003财政年度得到了扩展。其中包括免除10%至12%的费用,以及50%的研发设施折旧。[1] 此外,还对研发活动提供了直接补贴,自2003年以来赠款支出急剧上升。最后,通过公共金融机构提供的低息贷款为"新技术的开发融资"的私人研发提供了补贴。私人研发活动是由许多政府支持的机构间接提供的。这些机构包括国家和公共研究机构、私人非营利性研究组织、特殊的公共公司,以及采矿和制造技术研究协会。

除了直接和间接补贴及优惠的资本使用权外,受促进的部门在公共采购方面也享有优惠,有时由于宽松的竞争政策而受到内部竞争的限制,而由于受到国际贸易和投资的限制而免受外部竞争的影响,实际上形成了堡垒,受保护的现有生产者从国内消费者那里获取租金。这些正式政策通过非正式的行政指导得到了加强。

综上所述,人们可以将这些政策解释为针对性产业升级的一揽子方案。相比于更传统的政策组合,该策略在现实中带来了更快的增长且改善了福利。

2. 产业政策的实效

如果没有其他原因,要评估非正式政策的影响很困难。一项试图模拟行政指导影响的研究发现,1957—1988年期间,行政鼓励对价格、利润和部门资源

---

[1] Marcus N. From industrial policy to innovation policy: Japan's pursuit of competitive advantage[J]. Asian Economic Policy Review, 2007(2): 257.

分配的影响很小。如果在1990年,日本对美国公司生产的超级计算机表现出与欧洲采购商相同的采购模式。美国生产商的年销售额将增加3000万美元,支持近500万美元的额外研发投入。非公共计算机的公共采购获得了类似的额度。[1]

虽然记录工业政策干预对产出和贸易构成的影响相对容易,但试图对工业政策干预的影响进行正式建模的尝试却几乎没有发现任何积极的影响,如对生产力、增长或福利的影响。

产业政策从本质上支持某些部门,而忽视了其他部门。在部门之间及其官僚机构之间的竞争中能体现这一点。在各部委内部,官僚阶层可以确保计划的一致性,并通过传统方式解决冲突。确保日本各部委计划之间一致性的问题要严重得多。产业促进政策可适用于经济的任何部门,包括农业或服务业,通常人们会考虑制造业方面的产业政策,特别是制造业内最先进的技术部门。显然,日本奉行选择性干预政策,以促进优先发展的高科技部门。

日本的基本模式是对制造业征税,将资源转移到农业、采矿业,甚至可能是缺乏竞争力的服务业,并将这些收入中的一小部分用于工业促进。在制造业按净额征税的制度下,我们通常关注的工业政策相当于部分补偿性政策。

因此,这里回顾的经验证据没有发现日本的工业政策在促进福利或增长方面的确凿证据。这可能是由于决策者无法识别市场失灵和设计适当的干预措施。但是,产业政策本质上涉及租金的分配,这是一种固有的政治活动。大多数资源流向具有政治影响力的大型传统部门表明,政治经济因素可能是日本产业政策失效的关键。

---

[1] Marcus N. From industrial policy to innovation policy:Japan's pursuit of competitive advantage[J]. Asian Economic Policy Review,2007(2):259.

3. 从产业政策到创新政策

在 1990 年左右,日本经济似乎已经达到了经济表现的转折点,共反映出了两种力量。其中之一是随着该国接近国际技术前沿,容易进行技术追赶的机会的消失所带来的长期挑战。日本的追赶基于强调公司内部终身就业和技能发展的模型,再加上通过银行体系稳定注入资金,以及通过基于流程创新的成本降低来提高竞争力的边际方法增加产品差异化。在整个创新活动中,日本的比较优势显然是流程创新,相对容易管理,随后再进行应用研究。落后的是基础研究,需要更多的固定投资和更细微的管理。基于模仿更先进经济体的先前轨迹的产业升级途径的消失,极大地提高了公司管理层及其金融家识别新兴利润机会的能力。在这些长期趋势之上,是 20 世纪 80 年代末和 90 年代后期一系列阻碍增长的宏观经济政策错误。

不仅旧的发展战略变得越来越过时,环境变化也使日本决策者逐渐丧失了使用传统政策工具实施该战略的能力。从 80 年代中期开始,随着日本国内金融部门的自由化和国际资本管制的逐步取消,资本渠道变得更加困难。日本通过严格的世界贸易组织(WTO)规则,受到美国在双边和多边越来越大的压力,要求放弃一些据称促成和维持堡垒市场的做法。增长缓慢迫使私营部门进行调整,如终生就业以及让子公司维持交叉持股的做法,都没有得到解决。简而言之,在这二十年中,日本制造一直是承受多重压力的系统,并逐渐演变为在体制上与其他大型工业经济体截然不同。

随着迈向全球技术前沿,日本必须制定政策和实践来应对这些新挑战,但是,一个系统本身的弱化并不能构成可行的替代方案。过去对公司特定知识的强调以及对国家教育和研究机构的相对忽视,导致了与国际创新活动的联系明显薄弱的局面。有证据表明,在90年代,全要素生产率和研发支出的效率都下降了。在相对落后的服务业中尤其如此,在美国和欧洲地区,创新活动所占份额越来越大。

通过经合组织的经验来解释,成功的创新体系具有五个特征:牢固的行业与科学联系,以促进科学进步的商业化;鉴于大多数创新起源于国外并且可能体现在国外产品或流程中,因此跨界的实质性经济联系十分重要;高等教育和研究机构的坚实科学基础;具有鼓励冒险精神的体制环境支持的企业家精神;适当的框架条件,以鼓励创新和传播。几乎在所有这些标准中,日本都落后于其他工业国家,有时甚至严重落后。[1]

在经合组织成员国中,日本在其高技能外国工人中所占的份额仅超过韩国,并且在跨境研发联系的若干指标中排在最后。可以说,鉴于欧洲国家的经济规模较小和地理位置较近,它们在这些指数上的得分自然会更高,而且文化在这些指数上与英语国家传达了自然的优势。因此,出现了一个相对孤立的日本国家创新中心。

除了创业的这些障碍外,缺乏支持性的资本市场条件也可能会产生影响,而日本的风险资本中用于高科技的份额仅为经合组织平均水平的一半。这强调了解决日本长期以来在其金融部门中存在的问题可能具有相当大的外部性,而这些外部性可能不会得到充分理解。监管壁垒进一步阻碍了创新,特别是在医疗保健等服务领域,其特征可能在于创新和提高生产率的空间很大。

当时日本政府已经意识到了国家创新体系的不足,并提出了一系列应对这些挑战的举措。1995年,《科学技术基本法》改革了科学技术政策的实施方式,

---

[1] Marcus N. From industrial policy to innovation policy:Japan's pursuit of competitive advantage[J]. Asian Economic Policy Review,2007(2):262.

强调了日本国立大学与公共研究机构以及私营部门之间的合作,并重新调整了基础研究、应用研发和培训方面的支持。随后制定了一系列的五年计划。1999年,经济产业省开始重新制定法律和政策,以支持中小企业的创新活动。它的目标是将等待专利审查的时间从2年缩短到1年以内。

其他许多方面也为鼓励创新活动的商业化提供了前景。从某种意义上说,日本已经从通过政策意图进行的资本渠道转变为通过私人贷方规避风险的资本渠道。金融部门改革的进展增加了风险资本用于投资的可能性,扩大对风险资本的税收优惠待遇也应增加。日本的国立大学和公共研究机构的法律地位也发生了变化,包括建立技术许可组织和澄清国立大学教师所产生的专利创新的法律地位,以及鼓励大学创业等。

进入21世纪,日本的工业公司相对于外国同行具有很大的竞争力,通过重组落后的服务业,日本正获得更多收益,而不是为了追求工业部门的边际收益而花费资源。21世纪以来,日本的科研活动和创新能力有了飞速的提升,成为重要的创新中心。

第六节 国外科技工具利用的典型经验

1. 国外主要科技基础设施

(1) 欧洲核子研究中心(CERN)

欧洲核子研究中心(Conseil Européenn pour la Recherche Nucléaire,

CERN;英文为 European Organization for Nuclear Research)成立于1954年,位于瑞士日内瓦市西部的法瑞边界附近。它是欧洲最早的合资企业之一,目前拥有23个成员国。1953年6月,CERN公约的最终草案得到12个新成员国的同意并签署。它列出了会员国将为CERN的预算做出支持的方式,以及对CERN的精神和组织的早期探索,从采取开放访问的政策,到CERN的内部结构被划分为董事会。之后,CERN的规模意味着这些董事会签署公约引发了巨大的发展势头,很快就招募了员工,聘请了建筑师并制定了计划。自那之后,CERN实现了科学家的早期计划,跨越了国界的限制,创建了一个国际化的实验室,并在基础研究方面取得了长足的进步,扩大了科学家的技术和想象力的极限。

欧洲核子研究组织的物理学家和工程师使用世界上最大、最复杂的科学仪器来研究物质的基本成分——基本粒子,使亚原子粒子以接近光速的方式碰撞在一起。该过程为科学家提供了有关粒子如何相互作用的线索,并提供了对自然基本定律的见解。通过深入研究宇宙的最小组成部分来扩大人类知识的界限。

CERN使用的仪器是专用的粒子加速器和检测器。在使粒子束彼此碰撞或与固定目标碰撞之前,加速器将粒子束提升至极高能量。检测人员观察并记录这些碰撞的结果。欧洲大型强子对撞机(LHC)是世界上最大、功能最强的粒子加速器。它于2008年9月10日首次启动,至今仍是CERN加速器综合体的最新成员。大型强子对撞机由周长27千米的超导磁环组成,具有多个加速结构以沿途增强粒子的能量,使大型强子对撞机内部的光束在加速器环周围的四个位置进行碰撞,即四个粒子探测器:ATLAS、CMS、ALICE和LHCb。

(2) 欧洲同步辐射光源(ESRF)

欧洲同步辐射光源(European Synchrotron Radiation Facility,ESRF)位于

法国东南部的格勒诺布尔市,是世界上首个第三代同步辐射光源,被认为是欧洲的科学"神灯"。ESRF 是欧洲真正的 X 射线科学合作组织。1988 年,由 11 个欧洲国家联合起来建造了当时世界上性能最强、最明亮的第三代光源。这个富有远见的项目为欧洲科学的卓越发展作出了贡献。差不多三十年后,ESRF 成为世界参考学习的对象,其开发的创新技术也使其他国家同步加速器受益。如今,ESRF 通过实现新一代的同步加速器中的诸多第一,继续引领着对物质科学探索的突破。

作为行业的国际领导者,ESRF 构建了许多本地和国际合作伙伴关系。该设施与中子源研究所(ILL)和欧洲分子生物学实验室(EMBL)共享一个称为"欧洲光子和中子科学园区"的物理场所。他们共同创造了一个卓越的枢纽,促进了诸如结构生物学研究和结构生物学的伙伴关系、软凝聚态伙伴关系和工业研究合作等专业实验室的共同部署。在格勒诺布尔,ESRF 还是 GIANT 校园的成员,也是格勒诺布尔阿尔卑斯大区的合作伙伴。在国际上,作为 EIRO 论坛的成员,ESRF 与欧洲各地的研究机构合作,以支持欧洲研究区的发展并促进科学教育。ESRF-EBS 项目已在 2016 年的 ESFRI 路线图中被突出显示为 ESRF 里程碑。

自 1977 年首次使用"欧洲同步加速器辐射设施"至 1998 年,ESRF 已拥有 40 条射束线。1994—2012 年,其用户和员工在同行评审期刊上发表的出版物总数达到 20000 种。至 2017 年,ESRF 已拥有了 44 条光束线。

多位诺贝尔奖获奖者在整个职业生涯中都在使用 ESRF 进行实验,ESRF 为他们的成功作出了贡献。同步加速器在大分子晶体学研究中产生了巨大的变化,因此多数获奖者曾在生物学领域工作,包括获 2012 年诺贝尔化学奖的布莱恩·K. 科比卡(Brian K. Kobilka)和罗伯特·J. 莱夫科维茨(Robert J. Lefkowitz),他们在此进行了"G 蛋白偶联受体"方面的工作。2009 年,诺贝尔化学奖获得者万卡特拉曼·莱马克里斯南(Venki Ramakrishnan)、阿达·尤纳斯(Ada Yonath)和托马斯·施泰茨(Thomas A. Steitz)进行了"对核糖体的结构和功能的研究"。他们也都是ESRF大分子晶体学的长期用户。2003年,诺贝尔化学奖获得者罗德里克·麦金农(Roderick Mackinnon)在此进行了细胞膜离子通道的结构和机理的研究。

(3) 欧洲分子生物学实验室(EMBL)

总部位于德国的欧洲分子生物学实验室(European Molecular Biology Laboratory,EMBL)成立于1974年,是欧洲最先进的生命科学实验室。EMBL为世界各地的学生提供培训服务,主要为科学家进行世界一流的生物学研究提供服务,并为各种其他领域的科学和实验服务提供最先进的技术。其目标是创建一个类似CERN的超国家研究中心,以对抗以美国为主导的分子生物学领域。之后其会员国的数量逐渐增加,立陶宛在2019年成为第27个会员国。

EMBL取得了许多科学突破,其中有两项获得了诺贝尔奖。雅克·杜伯谢特(Jacques Dubochet)因使用玻璃化水制备电子显微镜生物样品而荣获2017年诺贝尔化学奖,这项技术仍然是冷冻电子显微镜的核心。克里斯蒂安·尼斯莱因-福尔哈德(Christiane Nüsslein-Volhard)和埃里克·维绍斯(Erich Wieschaus)因果蝇中胚胎发育的第一个系统遗传分析而获得1995年诺贝尔医学奖,他们从中鉴定出了负责昆虫身体计划的基因。

今天,EMBL的6个欧洲站点吸引了来自世界各地的年轻研究人员和知名科学家。每年在这些地方工作的大约1800人完成了超过800种出版物成果,并举办生物学研究的最前沿的活动和会议。EMBL试图更好地了解生命的分子基础,它的研究目的是对生物学过程有一个基本的了解,并研究和理解生物现象和系统的全部复杂性。EMBL已经开发出一种综合的跨学科的结构,非常适合应对这一研究。

EMBL 提供的最广泛使用的服务是在英国 EMBL 的欧洲生物信息学研究所建立和托管的生物学数据库。每年，全球有数百万用户在使用这些数据库。EMBL 在其汉堡和格勒诺布尔两个站点上，每年为数百个用户提供世界领先的 X 射线和中子辐射源，使他们能够进行结构生物学研究。海德堡 EMBL 的核心设施为科学家提供了在光学显微镜、电子显微镜、化学生物学、流式细胞仪、基因组学、代谢学、蛋白质表达和纯化，以及蛋白质组学方面的先进技术。罗马 EMBL 在流式细胞仪、基因编辑和胚胎学、基因和病毒工程，以及显微镜检查方面拥有先进设施。巴塞罗那 EMBL 的介观成像设施可对样品进行 3D 成像，使科学家能够研究组织和器官规模的生物系统。EMBL 经常与其姊妹组织 EMBO 合作，每年组织多次培训课程，讲习班和专题讨论会。除了为科学家提供培训之外，EMBL 的教育机构 ELLS 还为教师和在校学生提供课程，EMBL 的"科学与社会"计划促进了公众对生命科学的参与。

新仪器和技术的开发在 EMBL 有着悠久的历史。此处进行的一些首批实验涉及使用同步加速器源的辐射来研究生物材料——现在是 X 射线晶体学的重要组成部分。仪器开发的其他领域包括 DNA 测序、细胞分级分离、光电子显微镜方法、蛋白质质谱、X 射线成像板、同步辐射束线和自动细胞显微注射器。这是一个多产的领域，是为生命科学开发软件和数据库。EMBL 还积极致力于利用其发现以造福社会。EMBL 的技术转让合作伙伴 EMBLEM 可以识别、保护和商业化 EMBL，以及 EMBL 用户和第三方开发的知识产权。

国际性合作是 EMBL 研究的重要方面。EMBL 致力于建立联系并发起欧洲乃至全世界科学家之间的合作项目。EMBL 的国际关系团队积极参与有关欧洲科学政策的讨论，并促进 EMBL 与 EMBL 成员机构之间的关系，包括 EMBL 成功的合作伙伴网络。EMBL 的另一项成功是建立了欧洲范围内的研究基础设施 Euro-BioImaging，使生命科学家能够访问生物和生物医学成像的最新技术和资源。

(4) 美国布鲁克海文国家实验室(BNL)

布鲁克海文国家实验室(Brookhaven National Laboratory, BNL)成立于1947年,位于美国纽约市长岛东端,在美国陆军阿普顿营地的旧址。该实验室最初是根据第二次世界大战后探索和平利用原子能的愿望而建立的,如今它承担了更广泛的任务:在包括核能和高能物理在内的科学前沿进行基础研究和应用研究,以及材料的物理和化学、纳米科学能源与环境研究、国家安全与防辐射、神经科学结构生物学和计算科学等研究。在其历史上,BNL已经建设了三个研究反应堆,许多种独一无二的粒子加速器以及其他负责发现的前沿研究设施,这些发现为科学和社会取得了许多进步,其研究还获得了7项诺贝尔奖。

BNL设立的目的是探索第二次世界大战后对原子能的和平应用。有远见的科学家开始在其具有开创性的科学设施中开展工作,这些设施包括世界上第一个用于和平时期研究的核反应堆和新型粒子加速器。BNL的科学家发现了亚原子粒子,新的物质形式和开创性技术,为世界领先的实验计划提供了动力。这些研究还开发了挽救生命的医学成像技术,彻底改变了疾病的诊断和治疗方法。BNL拥有各个国家科学奖、Enrico Fermi奖、Wolf Foundation奖、36项"R&D 100奖"(即"创新奥斯卡奖"),以及许多其他奖项。它提供发现性科学和变革性技术,以推动和保障国家的未来。BNL主要由美国能源部(DOE)科学办公室提供支持,是一个多学科实验室。

实验室的2500多名工作人员领导并支持各项研究团队,这些团队致力于解决DOE的使命,即通过变革性的科学和技术解决方案来应对能源、环境和核挑战,从而确保安全与繁荣。BNL目前的计划包括核科学、能源科学、数据科学、粒子物理学、加速器科学与技术、定量植物科学和量子信息科学。在2018年,实验室吸引了来自全球50个国家和地区的5374位用户和客座研究人员。此外,实验室还提供强大的 STEM 教育和劳动力发展计划,每年吸引 30000 多名参与者。

(5) 德国电子同步加速器研究所(DESY)

德国电子同步加速器研究所(Deutsches Elektronen Synchrotron,DESY)是世界领先的加速器中心之一,致力于对物质的解码。研究人员使用 DESY 的大型设施探索各种微观世界,从微小的基本粒子的相互作用和新型纳米材料的行为到生命必不可少的生物分子过程。DESY 开发和制造的加速器和检测器是独特的研究工具。这些设施产生世界上最强的 X 射线光,加速粒子能量,并向宇宙打开全新的窗户。

这使 DESY 不仅吸引了来自 40 多个国家和地区的 3000 多名客座研究人员,而且在其国内和国际合作领域成为令人欢迎的伙伴。年轻研究人员在 DESY 发掘了出色的跨学科环境,研究中心为众多专业人士提供专门培训。DESY 与工商业合作,推广有利于社会并鼓励创新的新技术。这也有利于 DESY 服务德国汉堡和柏林的大都市地区。

DESY 由国家资助的国家研究中心亥姆霍兹协会研究中心于 1959 年 12 月 18 日在汉堡市成立,两个站点分布位于汉堡和勃兰登堡州的祖腾,建造成本为 3.49 亿欧元。目前工作人员大约 2700 名,其中包括 1180 名科学家。每年这里还能吸引来自 40 多个国家的 3000 多名科学家、130 多名从事商业和技术职业培训的年轻人,以及约 500 名博士候选人和博士后。

(6) 英国卢瑟福·阿普尔顿实验室(RAL)

卢瑟福·阿普尔顿实验室(Rutherford Appleton Laboratory,RAL)位于英国牛津郡的哈维尔校园,由科学技术设施委员会(STFC)资助和管理。RAL 是 STFC 在英国运营的六个站点之一,STFC 是英国研究与创新(UKRI)的一部分。UKRI 汇集了七个研究委员会和一个新组织。它旨在最大限度地发挥每个组成部分的作用,使它们单独或集体工作,并与许多合作伙伴一起通过知识和想法使所有人受益。

RAL 自 1957 年建设以来,一直致力于回答一些科学上"最大"的问题。需要多大的计算机系统才能分析天气?如何解决世界上的抗生素危机?或者如何保持未来的能源供应持续下去?RAL 以物理学家厄内斯特·卢瑟福(Ernest Rutherford)和爱德华·阿普尔顿(Edward Appleton)的名字命名。如今,大约有 1200 名员工在现场工作。RAL 在粒子物理、科学计算、激光开发、空间研究和技术等领域的开拓性工作解决了社会面临的一些重要挑战。RAL 还提供了多种多样的培训计划,包括工程学徒和暑期学生实习。这些计划有助于吸引年轻人进入科学、技术、工程和数学(STEM),对于经济的未来发展至关重要。

当前,RAL 是欧洲最大的跨学科研究机构之一,也是英国政府商业能源与工业战略部(BEIS)的一个独立的非部门公共机构。RAL 与达斯伯里(Daresbury)实验室,奇尔博尔顿(Chilbolton)天文台和英国天文中心是英国四个最重要的科研基础设施。

(7) 法国劳厄-朗之万研究所(ILL)

法国劳厄-朗之万研究所(Institute Laue Langevin,ILL)是位于法国格勒诺布尔的国际资助科学机构。它是世界上使用中子进行研究的中心之一。ILL 成立于 1967 年,旨在纪念物理学家马克斯·冯·劳厄(Max von Laue)和保罗·朗之万(Paul Langevin)。目前,ILL 提供世界上强度最大的中子源和减速区中世界强度最大的连续中子通量,每秒每厘米 1.5×10 个中子,热功率为 58.3 兆瓦。ILL 中子散射设备提供了必不可少的分析工具,可用于分析未来电子设备的新型导电和磁性结构,测量机械材料中的应力以及研究复杂分子组件的行为。ILL 还解决与物质的基本特性有关的问题。该研究所由法国和德国共同创立,英国在1973年成为第三大合作伙伴。研究所当前是中子科学技术前沿的国际研究中心。

作为世界上中子科学的研究中心,ILL可为40多种最先进的仪器提供能量,这些仪器正在不断开发和升级。作为服务机构,ILL向来访的科学家提供其设施和专业知识。每年,来自40多个国家与地区的1400名研究人员访问ILL,并进行由科学审查委员会选择的约640个实验。研究主要集中在各个领域的基础科学:凝聚态物理、化学、生物学、核物理和材料科学等。一些公司正在研究发动机设计、燃料、塑料和家用产品,而其他公司则在细胞和分子水平研究生物过程,还有一些人致力于研究未来电子设备的物理学。ILL可以特别定制其中子束,以探究有助于解释我们的宇宙如何形成以及如何维持生命的基本过程。ILL还与工业企业的研发部门紧密合作,并在不同的保密级别上进行合作。当前ILL由14个国家和地区共同资助和管理。

2. 英国开放数据研究所(ODI)

英国开放数据研究所(Open Data Institute,ODI)是一个非营利性的私人担保有限公司,总部设立在英国。它的成立目的主要体现在两方面:一方面是促进开放数据文化的进步,以便创造经济、环境和社会价值;另一方面是解决供应创造需求,并能衍生和传播知识,从而解决当地及全球性问题。英国开放数据研究中心的建成引起了世界的广泛关注,自从英国开放数据研究所成立以来,该组织一直面临着世界各地要求建立分设组织的强烈请求,由此导致了世界各地的开放数据研究所在其建成、发展中都几乎都采用相同的数据公开技术和发展原则。目前,在全世界范围内,已有13个研究所进行着类似于英国开放数据研究的发展培训。在英国开放数据研究所中,ODI会员程序成为该组织发展进程中的支持系统,该系统的主要目的在于提供机会,使会员能够与组织内其他成员进行更好的接触。该组织成员主要来源于会员,在 ODI 中,拥有会员身份就有可能被邀请去参加组织会员活动。例如,可以接触到公开数据社区中的其他成员的网络会议,以及组织年度峰会上特色讲座和研讨会等活动。目前,英国开放数据研究所的会员主要有三种类型:合作伙伴,如 Deloitte LLP、Quanta Computer 和 Telefonica;赞助商,如 Rackspace;支持者,如皇家伦敦学院和伦敦商学院等。

现如今,英国开放数据研究中心的建设基础已趋于完善:充足的资金、经营的自主性和地点等。从该研究所与英国开放政府之间的伙伴关系、里约集团公开数据宪章的签署和美国总统行政命令这三个事件中,我们可以推断出这样一条消息:数据本就具有开放性和机器可读性。

衡量社会公共业务的一个重要指标是透明度。近年来,英国数据开放研究所已经吸引超过 40 家公司的加入,启动了多个项目并开放了不少数据,除此之外,ODI 也建立起一个特殊的团队,吸引了来自 30 个国家的 3000 多人加入到肖尔迪奇办公室,来自 11 个国家超过 130 个人参加过他们的课程,而且其网络在线参与人数也已突破 10 万人。通过这些数据分析我们了解到,数据开放无论是在提高公共部门的效率,还是在公民经济增长方面,都是一项极具潜力的工作。

自英国开放数据研究成立以来,其规模不断壮大,效益也日趋明显,已帮助十几个创业公司创造了 140 万英镑的收入,并投入了大量资金用于开放式创新:一个 75 万英镑的创新项目,一个 120 万英镑的挑战系列,40 万英镑用于研究,47 万英镑的慈善投资,以及 2.4 万英镑国际化发展基金。英国开放数据研究所目前与几十个国家合作开发,始终都遵循着其建成目标,开发大数据时代,并通过不断发展革新,设计出了一个创新服务模型来促进国际开放数据的文化。其主要数据服务的内容为：免费课程提供、公共研发服务、Open Data Monitor 和基于数据平台的技术开发支持。

3. 英国科研门户网站(GtR)

科研门户网站(Gateway to Research, GtR)由英国研究理事会(RCUK)进行开发，它致力于用户对公共资助信息的搜索与分析。创新型中小型企业对这个网站门户十分感兴趣，在此门户网站的搜索系统下，这些企业可以得到过去的研究数据与资料，不仅如此，某些学术机构与普通大众也对此门户产生了极大兴趣。如果想知道更多与所搜索的信息相关的内容，三个应用程序编程接口(API)提供直接从其他的信息系统访问信息的方式。这使得用户可以将 GtR 里的数据与其他数据相互联系，从而对自己的科研项目进行分析。这个门户是开放的，并且免费提供给所有用户，网站同时具有开放标准和开放的政府许可证(OGL)，以使得代码可以由第三方重复使用。

科研门户发挥的主要作用为：

① 帮助研究机构掌握科研方向。相较于他们曾经考虑过的情况，搜索门户的跨研究理事会的性质使得搜索者(BAE 系统)得以探索更大范围内研究委员会的项目。例如，自从 2012 年 12 月对形成的搜索门户进行公测，BAE 系统利用其找到了 EPSRC 对特异材料的资助，EPSRC 和 NERC 项目与启动和恢复相关，由 EPSRC 支持的人为因素进行研究。BAE 系统依附于由英国七个研究理事会支持的学术研究的产出结果，从而提出其内部研究项目可以建立的想法。系统可以跟踪资金，通过对 GtR 进行逐年或按地区分类的搜索。所有的这一切都可以帮助继续研究，确定研究方向，以及研究的合作伙伴，BAE 系统使用科研门户来告知对于不同工作的各个方面。首先，它为技术预见团队提供

了输入条件,使得团队可以看到在已出版的出版物中哪些研究可以受到资助。其次,每当用户选择自己感兴趣的话题的时候,科研门户帮助BAE系统确定谁是其可能的合作伙伴。例如,附件制造业——3D印刷使用了很多材料,是BAE系统公司感兴趣的伙伴之一。BAE系统跟踪在英国研究附件制造业的队伍和他们所得到的资助,这使得公司获得在该研究项目的早期阶段的成果信息,也可以帮助得到该研究的成果,同时也拓宽了研究的影响。通过GtR,企业有机会在早期阶段就有了项目的部分资料甚至每个人都可以从中获利。

② 推进产学研合作。MARIC与许多创新型企业一起工作,包括SMEs和一些通过建立企业、全面知识、技术、人才和基础设施之间的智能连接加速增长的行业。为了寻找和访问专家以及研究型的组织,采用合作模式进行研发,从而保证其科研水平和竞争力。他们会认识到源于GtR的机会以及感激它为中小企业带来的价值。GtR提供了一个类似免费在线购物的经验,并成为帮助中小型企业寻找到专家的第一端口。

③ 加快教育资源的共用共享。监委会G4HE项目的最初目的是促进信息在英国研究理事会和高等教育机构之间的共享。通过在科研门户上进行数据的搜索,再通过一组工具进行发布,专门满足科研管理者和被管理者的需求。该项目还起草了一份报告,其中包含了若干建议以缓解研究理事会和他们资助的机构之间的信息的流通。

GtR工具的研究管理人员认识到,合作的关键是达成互补的组合,有效的信息可以使他们识别其他机构,并且与之建立合作伙伴关系。在特定的领域内进行合作的伙伴,并寻找在这个领域内尚未进行合作的伙伴。合作伙伴的商业价值和数量,以及他们的知识程度和思想对内部和外部的报告都是很有用的。例如,在高等教育方面商业与社区互动(HE-BCI)的调查。

此外,国外其他的科技环境网络还包括澳大利亚科技门户网站、德国

Vascoda 科技门户、法国政府科技门户网站、韩国科学技术信息研究所、加拿大科学技术信息研究所、美国科技门户、日本科学技术振兴机构与英国 Intute 等。

4. 美国 PARC 技术平台

从 PARC 的案例分析可知,这是一种基于虚拟网络社区的开放式在线创新平台,从理论上来说,可以把开放式创新分为两种形式:创新外包和创新合作。两者的根本区别在于企业本身是否参与创新活动。在创新外包中,企业只负责提出创新任务并给予相应的报酬,所提出的任务完全由其他创新主体完成;而在创新合作中,企业不仅提出创新任务,而且要和其他创新主体合作完成该任务。从上可知,PARC 既包括创新外包的方式,也包括创新合作的方式。

施乐公司的 PARC(Palo Alto Research Center,一般译为帕洛阿尔托研究中心)技术性创新服务平台,是施乐公司的研发中心,也是其子公司。现在,作为一个典型的技术服务平台,PARC 不仅为企业提供开放式创新服务——如市场机会、经验设计、转型服务和培训服务等,还提供诸如印刷和柔性电子、清洁能源和光电元件等特色技术服务,每项服务都是一个独立的技术服务子平台。其实,这样出色的技术平台在十几年前却只是一个仅为施乐公司提供技术支持的封闭式的研发中心。经过十几年的转变和改革,现在,PARC 已经成为一个在全世界范围内有重要影响的集研发服务、技术服务、专家服务和知识产权服务于一身的开放式创新平台的典型,一个著名的以技术服务为主的技术平台(technology platform),服务于众多的全球财富 500 强企业,以及全球 1000 多家公司、政府机构和其他单位。PARC 不是一个简单的技术服务平台,而是众多技术平台的集合体,是许多高科技领域内的研发服务提供者,在物理学、计算机和社会科学领域的产业发展都有着重要的影响。PARC的平台服务主要分两类，一类是创新服务，一类是技术服务。从PARC所包括的服务内容，从其开放模式和建设内容，都可以为中国推进技术创新服务平台的建设所借鉴。

（1）PARC的创新服务内容

① 市场机会发现。凭借对人类行为和知觉的研究，PARC可以帮助企业获得新的市场发现的机会。PARC将研发实验室、普通的研发公司、设计机构和客户行为的研究能力都联系在一起，通过对客户对象的交叉研究，让企业更早发现新的市场。

② 经验的设计和评价。现在企业出售的不仅仅是产品与服务，还有经验，PARC通过对人类内在状况与交往分析，可以帮助企业在市场中被更多的人所接受。经过对人类的构思能力、测验分析和细化产品分析，使得企业能够赢得更多的客户、使用者和投资。

③ 创新实践转型服务。创新潜力最大化的最终路径可能不会是一个新的产品或服务，而是通过新的内部流程和模式。PARC的研究帮助在孤岛中的企业，发现企业组织如何真正创新和选择什么项目上工作。因为在本质上，这些业务流程都是以人为本的过程。通过借鉴人类行为，组织文化和技术的深刻理解，以帮助实现工作的创新做法，有助于加速时间从构思到实施，并将创新成果与对业务的影响结合在一起。

④ 创新培训。企业最需要的就是PARC在创新过程中迸发出的创意和想法，这需要真正的后续辛勤工作的探索，培育，开发和商业化的想法。在PARC创新培训课程的基础上，我们能学到超过40年的成功和可重复的创新。PARC将与企业分享自己成功的经验。PARC创新培训可以定制个人公司的核心目标。课程包括开放式的创新，包括资产配置、风险管理、组合方式等业务模块；创新的测量和度量；民族志方法和见解，意念的方法和流程创新框架和研

发商业化战略。它的目的是释放企业的创造力,激发你的战略思维。培训方式有大组讨论、实地考察、意念会议(有独立的工作组),以及小团体和大组汇报会。培训课程经常被安排在现场,首选场地为被培训的公司。

⑤ 人种学的培训和认证。PARC 的综合性民族志的培训课程,提供给企业的团队或公司,从事或进行人种学研究,这样企业就可以深入洞察客户的需求所需要的技能。PARC 会直接与客户的组织工作,根据目前的技能和培训目标后,以确定正确的认证类型。PARC 人种学的培训和认证是通过课堂工作、实地练习、演示与实践的混合交付。还可自定义多级培训,以适应企业的特定需求。

(2) 具有特色的技术服务内容

① 以内容为中心的网络(CCN)。下一代网络架构以解决内容分发的可扩展性、流动性和安全挑战为主要服务内容。PARC 在 CCN 领域的成就主要包括:由美国国家科学基金会提供的一个对未来互联网体系结构进行研究的重大研究资助项目计划,由 PARC 和 9 个研究所成立了"命名数据网络"(NDN)。此外,全球原始设备制造商都在积极探索 CCN 的发展思路。PARC 发布了开源代码 CCNx(2009 年),开发网络的研究实验,并建立物联网的基础,开放核心协议。PARC 发布的 CCNx Android 代码(2010),并与"财富"全球 500 强企业在设备和网络基础设施开始了多个商业约定,如与三星尖端技术研究所(SAIT)就移动和其他新业务开发了新的解决方案。

② 印刷和柔性电子。包括从材料的特性和设备设计,到应用开发和全系统原型化提供服务。为了帮助客户开发新型电子材料、提高设备和系统的潜力,PARC 在材料表征、器件和电路设计、构建和提供工业强度的电子原型与展示功能和制造方面,提供了专业技术人员和技术服务。客户主要包括企业,政府机构及其他合作伙伴。主要技术服务种类包括:软性电子、印刷电子、传感器

和传感、电子设计及原型、半导体与光电子标准高密度互连和 MEMS 技术等。

③ 光电元件和光学。实现了新的应用程序开发、原型设计,并将这些技术转移到高级的专业知识。PARC 在这个领域拥有超过 30 年的经验,在尖端的光学发射器和传感器的微型化方面,以及大面积的成像和非成像光学系统等领域,发展光学和光电子技术。PARC 开发了应用多学科的方法、设备和系统的独特设计,采用先进的建模能力进行分析,建立了完整的系统原型,并协助将新技术转移到开放制造解读。主要成果包括:35 年的世界级团队、300 多种出版物、300 多个发行或申请专利。主要服务项目包括:光学光电子、LED 和激光二极管、光学和光学系统、传感器应用、电池管理系统和手持流式细胞仪。

④ 清洁技术和能源。包括能源存储、能源效率和可再生能源的研究。PARC 的清洁技术创新计划的重点为提供可扩展的、具有成本效益的解决方案,借鉴多学科的能力和独特经验相结合的成果,能够进行能源效率分析和可再生能源储能分析。主要服务项目包括:储能、能源效率、太阳能和其他可再生能源。

⑤ 其他技术服务。主要包括:大数据研究,从大数据中派生新的机遇;清洁水开发,低能量、结构紧凑、成本效益的分离饮用水和废水,提供宝贵的资源的回收;预见需求,主动为社会及网络提供信息;设计和数字化制造,为制造业提供可预见的未来发展空间;数据驱动的卫生与健康,提供以人为本的解决方案,为病人提供更好的照顾;原型服务,提供专业知识和基础设施,把一个创新思想变为现实。

(3) PARC 服务成效

PARC 持有总数超过 2500 项的专利储备,平均每年备案 150 多个,PARC 的作者发表了超过 4000 篇论文和 100 多本行业内的研究书籍,并成为众多杂志的顾问委员会委员,帕洛阿尔托研究中心的研究人员和高管年均出席 100 —

150次产业交流会议,每年共同主持或组织提供20—30个的主题演讲,此外还有培育企业、行业贡献等诸多服务形式。

第七节 新工业革命视角下政府开放创新的兴起

政府开放创新(GOI),也被称为开放创新,其发展方式因国家和地区而异,并且至少存在四个方面的要素,即目标、策略、参与方和治理模式。本节在历史部分考察了在多个地区的政府从开放数据的增加和向开放创新的过渡,并重点介绍了开放创新计划的初始目标和实际结果。在下面的分析中,我们尝试说明政府如何实施开放数据(OD),以及这些努力的结果如何不能完全满足政府的需求。我们还将研究从这些数据创造价值的动机,以及它如何帮助将政府开放数据推向开放创新。

1. 欧洲的开放创新

作为OD运动的早期采用者,欧盟目前拥有数量最多的OD门户。欧盟国家的人口密度很高,加上官方鼓励共享公共部门信息,为政府OD的发展创造了一个充满活力的领域,供各国之间进行比较。欧盟目前在OD方面所做的努力的特点是国家付出了巨大的努力,而成熟的保护计划则试图在政府之间对数据进行分类。包括爱尔兰、意大利、法国和西班牙在内的几个国家也加入了开放政府伙伴关系(OGP),这是一个全球性的跨国伙伴关系,致力于帮助各国有效创建和发布数据。

此处集中分析英国和丹麦，它们提供了新OD机会的政策变化的出色实例。两国在2009年实施了OD政策，引起了全球对数据的更广泛关注的第一波热潮。尽管它们是在同一时间开始的，但其发布数据的既定目标是针对其国家环境而定的。丹麦力求从开放数据中获取新服务和新见解，而英国则提议把第一线放在第一位，即更聪明的政府。这些目标之间的差异似乎很小，但其愿景的分歧在其OD政策的整个制定过程中都暴露了出来。丹麦重视数字解决方案和数字自助服务浪潮，这将使公民可以自己使用电子政务网站和数据。相比之下，英国将OD视为减少其政府服务前沿与决策之间差异的方式。

丹麦和英国都认为有必要鼓励使用OD进行特殊的创新，他们选择了不同的途径来实现这一目标。在2013年，丹麦启动了开放数字创新战略（ODIS），创建了数字化部门，以加快向以数字形式记录所有政府活动的过渡。丹麦在ODIS成立之初就参加了OD竞赛，并计划举办年度竞赛。在英国的商业、创新和技能部的指导下，成立了一个名为"创新英国"的非部门公共机构，以促进OD并通过创新竞赛推动创新。在这两个国家，除了小型比赛和其他OD竞赛之外，还有一种趋势是通过每年数十万克朗或英镑的大型竞赛来管理OD的使用。这些竞赛开发出的解决方案通常会在竞赛结束后向公众发布。①

英国和丹麦非常重视数据的本地化和区域管理，还认识到需要大量公民参与才能确定当前的问题，但他们很少面向个人公民寻求解决方案。政府还敏锐地意识到，OD可能会对很多行业产生影响。丹麦开放政府合作组织的行动计划肯定了丹麦政府对促进创新的强烈兴趣。在英国，有几项竞赛专门针对特定行业提供帮助，如高级材料。

---

① Brunswicker S, Johnson J. From governmental open data toward governmental open innovation (GOI): a global perspective[M]//Archibugi D, Filippetti A. The handbook of global science, technology, and innovation. New York: John Wiley & Sons, 2015: 513.

最后，英国和丹麦都以大多数欧盟国家普遍采用的广泛分布的方式开展业务。它们提供了能进行 OD 竞赛的强大站点、托管数据的单独站点，以及部门、国家和国际存储库的其他站点。两国都提供了联网工具和活动，以使参与者聚集在一起，并且在这两个国家都举办了关于 OD 的会议，但是并没有统一的虚拟空间或论坛，OD 参与者、行业和学术界可以进行互动，也缺少集中性的资源集合。这些相似之处，特别是在大量站点和缺乏集中式社会基础设施的情况下，与欧洲 OD 所面临的挑战相呼应：多元文化、多种语言以及许多本地化的问题产生。

2. 北美的开放创新

美国前总统奥巴马 2009 年上任的第一天签署的《透明度与开放政府备忘录》，是对开放政府的鼓舞。尽管世界上许多地区和市政当局已经开始着手进行 OD，这份简单的文件和随后的《开放政府指令》引起了国际对 OD 的强烈关注。该备忘录提出了政府应遵循的三个简单原则：透明、参与和协作。随后于 2009 年 12 月发布的《开放政府指令》概述了一种在线发布政府信息、提高政府信息质量、创建开放政府文化并使之制度化，以及为开放政府建立有利政策框架的方法。美国在 2011 年也与墨西哥、巴西、印度尼西亚、挪威、菲律宾、南非、英国一同成为 OGP 的创始成员。

墨西哥迅速采用了 OGP 平台，成为第一个支持 OGP 的拉丁美洲国家，并在 2013 年启动了自己的国家数字战略，其中包括采用 OD 进行政府转型。对透明度的渴望在墨西哥已经不是一个新问题，在革命制度党（PRI）控制该国政治的时间中，墨西哥一直存在历史性问题。2000 年，维森特·福克斯（Vicente Fox）从总统府中罢免了 PRI，赢得了公众的支持，并承诺透明和负责任的态度，这打击了腐败现象。墨西哥于2003年颁布了本国的第一部联邦《透明与自由法》，该法通过一个网站向学者、记者和维权人士发布了政府信息。在许多方面，这是最早的数字公开政府的形式之一，但是由于州与地方政府以及联邦政府之间的冲突，该法的实施很快就步履蹒跚。在最近的开放政府努力中，这种失败已经被特别关注，使开放政府战略采取了更区域化的方法。

在美国，Data.gov的创建开启了公民数据访问的新时代。从2009年的47个数据集开始，针对每个政府机构的指令使得该平台到2013年底积累了30万个数据集。Data.gov已成为国家、州和一些学术数据的集合处。通过迁移到开源平台综合知识档案网(CKAN)，减少了重复和错误，目前托管了来自数百个政府实体的13万的数据集。2011年1月4日，奥巴马签署了扩大后的《美国竞争法案》，该法案允许各机构资助有奖竞赛以刺激创新。

Challenge.gov的创建使代理机构可以将其问题公开给公众，并通过获得创新解决方案的大奖来管理解决方案。迄今为止，已有60多家机构颁发了超过6300万美元的奖金。这些机构共聘用了42000名公民解题员。[1]

2014年，墨西哥还发布了一个新的OD透明度门户——联邦信息和数据保护研究所，向公众提供各种政府数据集。尽管目前的数据集数量很少，墨西哥政府通过本地公民创新和比赛将管理重点放在了本地行动上。墨西哥本地的OD失败以及具有公民意识的黑客涌现推动了当地的关注，这些黑客帮助改变了技术格局。2013年3月，墨西哥政府投票决定斥资1.15亿比索(约930万美元)购买一款移动应用，供约500名立法者跟踪行动。一群黑客迅速创建

---

[1] Brunswicker S, Johnson J. From governmental open data toward governmental open innovation (GOI): a global perspective[M]//Archibugi D, Filippetti A. The handbook of global science, technology, and innovation. New York: John Wiley & Sons, 2015: 516.

了一个竞争应用程序,获得了奖金。① 这些黑客通过继续与政府合作,建立了一系列的联邦公民创新办公室,他们与当地政策专家和公民合作,利用技术和 OD 解决公民问题。

将 OGP 的两个创始成员之间的开放政府战略进行比较,可以发现推动 OD 的采用和使用的国家差异。美国和墨西哥政府都为它们的 OD 采用了中央存储库,但是集中化的级别明显不同。在美国,所有联邦计划都集中在 Data.gov 上,并且许多州和市政当局也将其数据上传。这导致对 Data.gov 成为数据垃圾场的批评激增,那些高价值数据集经常在混乱的地图和 GIS 数据中丢失。在墨西哥,中央存储库包含因其国家重要性而有目的地选择的数据,并且区域数据已并入联邦创新局。

在参与方面,美国和墨西哥都将透明度、效率和创新视为公民参与开放政府的好处。两国还使用竞赛奖和黑客马拉松等方式来鼓励解决方案的开发,并且这些解决方案与公众共享,但是竞赛结果的实施也会对墨西哥最高政府层级有更大的影响。两国政府在政府 OD 领域的行业参与也很普遍,美国列出了数十家使用政府数据的公司,墨西哥也成立了 Open Data 100 Mexico(2014)数字创新团队,以识别和支持公司处理其数据。人们经常提到的学术参与是 OD 成功的关键要素,但是,目前学术人员在政府 OD 领域中仅扮演很小的角色。两国都举办吸引学术界参与的 OD 会议,并且都拥有由高等教育机构提供的数据集。

同样,我们发现,尽管有许多目标社区且资源集中,但没有一个统一的虚拟空间或论坛可以让 OD 参与者、行业和学术界进行互动。墨西哥和美国之间的

---

① Brunswicker S, Johnson J. From governmental open data toward governmental open innovation (GOI): a global perspective[M]//Archibugi D, Filippetti A. The handbook of global science, technology, and innovation. New York:John Wiley & Sons, 2015:517.

差异,特别是在政府和地方创新中心的分散方面,突出表明了政府面临的挑战以及如何支持本地的创新。

3. 澳大利亚的开放创新

根据政府 2.0 工作组的建议,澳大利亚政府于 2010 年 7 月通过了《开放政府宣言》,将透明性和创新性作为公开政府数据的关键原因。《开放政府宣言》秉承发布政府数据的经济社会和环境潜力,确立了三个关键原则:通过访问权信息、参与制定政策合作,以及参与以使政府更具协商性。为了实现这些目标,政府启动了 Data.gov.au 作为政府 OD 的中央存储库。

澳大利亚政府对政府 OD 的实施不断邀请公民使用 OD 进行创新,但是在实现这一目标的过程中遇到了一些挫折。2013 年,澳大利亚政府承认,在 1200 个可用数据集中,有 700 个只能链接到网页或丢失的文件,因此该数据的用户很少。2014 年,政府增加了来自地球科学部的 2500 张地图,从而增加了数据集的数量,到该年底该存储库包含了 5000 多个数据集。[①] 然而,地方政府不愿共享数据阻碍了这一增长,并且每个地区都继续维护着自己的 OD 网站,这些网站无法从 Data.gov.au 上搜索到。数据集的许可也是澳大利亚 OD 工作的一个问题,因为各机构发布的数据中有三分之二未经许可公开使用。虽然,数据已经逐渐发布,但因为很难说服机构负责人花钱准备数据供消费,从而导致机构之间的参与度较低。

尽管澳大利亚 OD 的状态不断变化,但使用数据实现创新解决方案的速度

---

① Brunswicker S, Johnson J. From governmental open data toward governmental open innovation (GOI): a global perspective[M]//Archibugi D, Filippetti A. The handbook of global science, technology, and innovation. New York: John Wiley & Sons, 2015: 518.

正在迅速增加。GovHack.org 通过混合合作与竞争性的骇客比赛方法，每年举办一次竞赛，比赛从 2012 年的一两个城市的小型活动发展到 2014 年由遍及 11 个城市共 1300 个参与者的活动。利用黑客比赛，澳大利亚通过政府 OD 为未来的公民创新开发了一个模型，该模型纳入了参与者和支持者的各个领域。GovHack 组织了联邦机构、州和领地政府、城市，以及地方企业赞助商，以支持公民参加的黑客比赛。为了与城市之间较大的地理距离保持一致，地区举办了自己的本地比赛，每场比赛的获胜者都继续在国家一级进行比赛。最新的 GovHack 生成的解决方案包括用于家用电器的能量计算器、交互式水质图，以及供儿童与 OD 交互使用的在线交互式门户。

参与 OD 对澳大利亚来说是一个挑战。政府对具有 OD 许可的 OD 的强制性要求很高，但参与程度却不高，地区和城市在数据分配方面保持自治。令人关注的是，关于发布数据的公民隐私，公民参加黑客比赛的人数似乎正在逐年增长，并且由此生成的解决方案可免费供公众使用。本地和国家行业合作伙伴也正在增加对年度黑客比赛的支持，奖项的多样性有助于确保行业合作伙伴找到与其利益相关的解决方案。令人惊讶的是，在 GovHack 上并未提及学术合作伙伴关系，但是澳大利亚正在大力开展开放存取运动，并且计划了未来的合作伙伴关系。

为了保持 OD 的分散分布，政府将其分成十几个较小的社区，这些社区专注于其地区或城市的 OD。GovHack 维护着一个黑客空间，参与者可以在其中查看项目并参加论坛，但重点是年度黑客比赛，而不是一般的 OD。由于致力于 GovHack，澳大利亚在全年不定期提供高资助比赛来吸引普通公民贡献出自己的想法，并共同为 OD 破解解决方案。

GOI 尚处于起步阶段，历史案例表明，多国政府都在尝试不同的披露策略，开始与公民人群互动，并利用各种实践和治理形式来确保 OD 努力支持政府创新。在所有GOI努力中,激励参与是政府机构的主要挑战。历史分析表明,政府OD的演变和GOI的采用在一定程度上受政府背景的影响,如特定国家的知识产权计划、技能水平以及特定地区的创业资本。GOI是一种全球现象,现在就GOI在区域、国家或全球范围内对GOI经济和社会利益的影响,以及支持GOI的成功治理模式得出任何结论还为时过早。然而,我们深信透明和开放可以帮助我们解决复杂的社会问题,这些问题包括公民在内的更多的社会参与。

第五章
我国科技创新驱动战略的政策渊源

我国科技创新政策的发展主要经历了三个阶段：从中华人民共和国成立初期到改革开放之前的不断探索，邓小平时期的科技思想，以及邓小平之后的科技创新战略时期。以毛泽东为核心的第一代领导集体，提出了自力更生跨越式发展的科技思想，是我国科技创新驱动战略的逻辑起点，也是马克思主义科技思想在我国的进一步发展。邓小平提出的科技是第一生产力，将科技作为社会发展的核心和决定性力量，是马克思主义科技创新驱动思想在我国的正式形成和进步。沿着这条路线，党的十五大提出的科教兴国战略，党的十七大强调的提高自主创新能力、建设创新型国家，以及党的十八大提出的创新驱动发展战略，将我国的科技创新驱动思想推向了新的高度，具有巨大的实践意义，丰富了马克思主义科技创新思想的内涵。

在革命、建设、改革各个历史时期，国家都高度重视科技事业。从革命时期高度重视知识分子工作，到中华人民共和国成立后吹响"向科学进军"的号角，再到改革开放提出"科学技术是第一生产力"的论断；从进入新世纪深入实施知识创新工程、科教兴国战略、人才强国战略，不断完善国家创新体系、建设创新型国家，到党的十八大后提出创新是第一动力、全面实施创新驱动发展战略、建设世界科技强国，科技事业在党和人民事业中始终具有十分重要的战略地位，发挥了十分重要的战略作用。党的二十大以来，党中央全面分析国际科技创新竞争态势，深入研判国内外发展形势，针对我国科技事业面临的突出问题和挑战，坚持把科技创新摆在国家发展全局的核心位置，全面谋划科技创新工作。

我国坚持党对科技事业的全面领导,观大势、谋全局、抓根本,形成高效的组织动员体系和统筹协调的科技资源配置模式。对于我国科技政策的成绩和愿景,习近平指出,"我们牢牢把握建设世界科技强国的战略目标,以只争朝夕的使命感、责任感、紧迫感,抢抓全球科技发展先机,在基础前沿领域奋勇争先。我们充分发挥科技创新的引领带动作用,努力在原始创新上取得新突破,在重要科技领域实现跨越发展,推动关键核心技术自主可控,加强创新链产业链融合。我们全面部署科技创新体制改革,出台一系列重大改革举措,提升国家创新体系整体效能。我们着力实施人才强国战略,营造良好人才创新生态环境,聚天下英才而用之,充分激发广大科技人员积极性、主动性、创造性。我们扩大科技领域开放合作,主动融入全球科技创新网络,积极参与解决人类面临的重大挑战,努力推动科技创新成果惠及更多国家和人民"。①

第一节 早期科技政策的曲折进步

虽然中国古代的科技水平在世界范围内都是领先的,但是近代以来,西方工业革命的发展迅猛,使得我国科技水平相对落后。中华人民共和国成立之前的晚清和民国时期,科技的进步都在以各种方式不断向前推动。然而,我国科技的真正大发展却是在中华人民共和国成立之后。在改革开放之前,属于摸索期,科技政策和科技创新驱动思想处于曲折前进阶段,有成就也有失误。

---

① 习近平. 在中国科学院第二十次院士大会、中国工程院第十五次院士大会、中国科协第十次全国代表大会上的讲话[EB/OL]. (2021-05-28)[2021-09-28]. https://www.12371.cn/2021/05/28/ARTI1622208186296603.shtml.

1. 科技体制的完善

中华人民共和国的成立,标志着一个新时代的开始,也是中国科技事业所经历的历史性的转变。中华人民共和国成立之初,在科学家的建议下,成立了中国科学院。同时调研全国科技专家,制定管理章程,还组建了14个研究所、1个天文台和1个工业实验室。1950年8月,全国自然科学工作者代表大会在北京召开,这是我国科技政策发展史上的大事,会议讨论通过了《中国科学院第一个五年计划纲要草案》,成立了4个学部,即物理学数学化学部、生物学地学部、技术科学部和哲学社会科学部,并推选出233人加入学部委员,即今日的院士。此次会议还确立了原子能的和平利用、建设我国自己的钢铁基地、进行石油开发研究等重要课题,作为"一五"期间我国科技事业发展的核心领域。

到1955年,我国已经初步建立了以中国科学院为中心,以各级政府和高校科研机构为辅助的科技体制。科技人才的数量已经增加到40多万人,比中华人民共和国成立前增加了8倍,科研机构800多个,增加了20倍。我国的科技发展体系已经具有了一定的规模。各项科技指标稳定增长,科技体系日趋完善。

1954年,中共中央发布了中华人民共和国成立之后的第一个科技政策性的基础文件——对中国科学院党组《关于目前科学院工作的基本情况和今后工作任务给中央的汇报》的批示,强调了要把科学理论、科学研究和人民群众的生产工作结合起来,科学的方向是为国家建设服务、为人民服务,这是"大众科学"的核心内容。

科技方针确定后,科技人才成为发展科技的决定性因素,但当时我国资源与人才都非常匮乏,发展科技人才非常困难。于是,党提出了通过科技队伍建设与吸引海外人才,大力培育新一代的科技人才。这些举措为中华人民共和国成立初期的国家发展提供了坚实的科技支撑。

2. 提出向科学进军

1956年是中国历史上一个重要的年份。这一年不仅基本完成了生产资料私有制的社会主义改造,而且开始探索中国特色的科技政策。同时,党提出的"向科学进军"的口号,通过一系列的务实而宽容的科技方针,提出了第一个科技发展规划,是我国科技政策发展史中里程碑事件。

"向科学进军"是周恩来在全国知识分子会议上首先使用的。1956年1月,周恩来在会议上作了《关于知识分子的问题的报告》,提出了要加强科技力量,明确提出了"向现代科学进军",在一定时间内赶上世界先进的科技强国。报告主要包括了三个方面的内容:一是阐明了科学技术的重要价值,不仅具有经济价值,还有政治、军事和社会价值;二是提出赶超世界现今科学的任务,指出我们必须奋起直追,瞄准世界一流科技,全力发展科技力量;三是初步提出了向科学进军的战略部署,包括要发展一定的理论科学的研究作为基础,然后再在技术上取得突破,逐渐完成根本性质的进步与革新。周恩来还提出了制定科学发展的远景计划的任务。

有学者提出:"1956年是共和国历史上一个非常重要的年份。它以基本完成对生产资料私有制的社会主义改造而载入史册。同样1956年在新中国科技政策史上的地位是重要而且影响深远的。正是这一年,党提出了'向科学进军'的口号,创造性地制定了一系列务实、宽容的科技方针政策,并且有了第一个科技发展规划。因此1956年在新中国科技史上同样是一个分水岭。"①

---

① 崔禄春:建国以来中国共产党科技政策[M].华夏出版社,2002:23.

这次会议非常成功，不仅是党正确阐明推动科技发展的宣言，也对科技价值和科技人才给予了极大的鼓励，很快便在全国掀起了向科学进军的热潮。本次会议提出的制定科学规划的任务和指导思想，为今后我国科技政策的发展奠定了基础，是我们国家在科技政策史上的另一个里程碑。随后制定了科技发展的第一个科技规划，结合百家争鸣方针，健全了我国的国家科学体系。

3. 科技政策调整期

然而，在随后的一段时间，尤其是"文革"，给科技界的发展带来了不稳定因素，科技发展事业进入了调整期。但是，其中也有许多进步的方面。

1957年6月，华罗庚等科学家在《光明日报》发表《对于有关我国科学体制问题的几点意见》，对我国的科学体制提出了许多好的建议，如保证科学家的研究时间、建立向科学进军的后勤部、中国科学院与高校之间的合理分工、重点培养科技新生力量等，对促进科技发展有一定的促进作用。

1961年1月，党的八届九中全会正式提出了"调整、巩固、充实、提高"的八字方针，标志着党的科技指导思想的重要转变。随后出台了科技政策史上另一个里程碑的文件——《科研十四条》。《科研十四条》是科技领域贯彻调整方针的重要文件，被誉为"科学宪法"。这份文件由聂荣臻主持起草，由刘少奇组织中央政治局会议专门进行了讨论，周恩来和邓小平等人都提出了意见，最后由毛泽东批准发布。主要内容包括：确立研究机构提供科学成果培养人才的任务、保持科学研究工作的相对稳定性、贯彻理论联系实际的方针、保证科学研究的时间、健全改进科研机构的领导制度等。

1962年2月至3月，聂荣臻在广州召开了全国科学技术工作会议，周恩来在会上作《论知识分子问题》的报告，阐明了知识分子的无产阶级劳动者身份，要积极为社会主义建设服务。会议还研究了科技发展规划的制定。1963年10月,在周恩来和聂荣臻的主持下,《一九六三至一九七二年科学技术发展规划》编制完成,并于12月由党中央正式批准了这份简称为《十年科技规划》的基本纲领性文件。1963年11月,国务院公布了国家科委制定的《中华人民共和国发明奖励条例》和《技术改进奖励条例》,并正式成立了发明评奖委员会。1964年1月,国家科委重新制定《中华人民共和国科学技术委员会工作条例》。这些举措进一步完善了我国的科技政策体系,整顿了队伍和科研秩序,科技发展成就显著,增强了党的科技意识,为以后的拨乱反正积累了宝贵的经验。

第二节 邓小平的科技思想

十一届三中全会之后,邓小平亲自抓科技,成为我国改革开放事业的领路人,迎来了科学的春天。他创造性地提出了"科学技术是第一生产力"的著名论断,真正确立了全面系统正确的科技政策。

1.科学技术是第一生产力

1978年3月18日,全国科学大会在北京隆重召开。邓小平作重要讲话,这篇讲话,道出了千百万知识分子的心声,一阵阵掌声响彻会场,许多科学家流下了激动的眼泪。① "科学技术是第一生产力"是邓小平科技思想的核心,既是

---

① 崔禄春:建国以来中国共产党科技政策[M].华夏出版社,2002:103.

对马克思主义科技观的发展,又是其科技思想的集中体现。这一论断来自于马克思主义理论的一个基本原理——科学技术是生产力,也是邓小平对马克思主义的深入阐释。早在1978年3月,邓小平曾提出:"科学技术作为生产力,越来越显示出巨大的作用。……社会生产力有这样巨大的发展,劳动生产率有这样大幅度的提高,……是靠科学的力量、技术的力量。"①1988年9月5日,邓小平第一次提出了其经典论断"科学技术是第一生产力",并在1992年南方谈话中再次强调:"要提倡科学,靠科学才有希望。"一般学者多将这一论断看作科技与经济关系的表述,认为科学技术在生产力的推动作用中已经成为最重要的因素,指出科学技术对当代社会经济发展具有重要的变革作用。然而,如此却忽视了科技对于政治的重要性。

"从中华人民共和国成立初期的'向科学进军',到邓小平提出'科学技术是第一生产力'的精彩论述,再到江泽民、胡锦涛先后提出实施科教兴国战略和人才强国战略,直到习近平提出实施创新驱动发展战略,我国始终将创新驱动发展战略放在与科技兴国并行的位置。历届中央政府关于创新驱动发展的论述,呈现逐步清晰的发展脉络。自此,科技创新发展战略已经上升到国家战略的高度,成为推动中国经济发展、转变经济发展方式的重要依托。"①

邓小平的著名论断,绝非大多数人所认为的那样是从经济角度的思考,而是蕴含着重要的政治思想内容。所以这一论断也是一个政治学命题,或可称之为科技政治学命题。科技通过生产力的形式转化为政治是科技与政治关系的过程,首先科技成为生产力的重要组成部分,并随着社会进步,社会发展对科技进步的依赖越来越强,科技在当代社会已经成为生产力要素里面最活跃的因

---

① 李文军,齐建国,等.创新驱动发展:理论、问题与对策[M].北京:社会科学文献出版社,2018:38.

素,所以科学技术的进步通过对经济基础的影响,间接地影响作为上层建筑意识形态的政治观念和政治行为。邓小平的论断间接地告诉我们,科学技术与政治在现代社会中是紧密联系在一起的,两者可以互相转化,它们互为条件,彼此依赖。强大的科技力量可以转化为强大的经济实力,也能够直接转化为政治力量。例如,美国作为超级大国的强权政治,是建立在其强大的科技力量之上的,其强大的政治力量又反过来推动了其经济与高端科技领域的进步。美国凭借自己的高科技优势,将其转化为国际政治行为中的重要筹码,经常对他国实施科技制裁。同时,美国在确保自己保持技术领先的相对优势下,适当地对其他国家给予先进技术输出,来获取对方的政治妥协或经济让步。实际上,高新技术领域,尤其是战略性高技术领域,已经与政治生活密不可分,被打上了"科技政治"的烙印,如发达国家的"星球大战计划""信息高速公路计划",中国的"863计划"等,都是国家强化政治影响的科技工程。

2. 科技与政治的紧密结合

科技对政治的最直接影响,是通过科技军事的形式加以强化的。在正常的社会生产方式中,科技与经济的转化,已经成为创新经济学界的共识。而在政治中,科技通过军事能够直接成为政治力量,尤其是在现代战争中已经转化为"科技军事"。英国科学史家齐曼曾说:"第一次世界大战是化学家的战争,第二次世界大战是物理学家的战争。……而且只有战争才能使各国政府痛感到科学研究在现代经济中的极大重要性。"邓小平深知科技进步在军事中是核心要素,科技能够直接成为一种政治力量,所以他多次强调科技对于现代化的重要性,其根本目的就是加快科技成为政治力量的过程。"没有现代科学技术,就不可能建设……现代国防。""维护世界的和平也离不开科学。""一定要承认我们的科学技术水平与世界先进水平相比还落后很多……要承认我们军队打现代化战争的能力不够。""我们一定要在国民经济不断发展的基础上,改善武器装备,加速国防现代化。"①

科技革命使得科技在社会生产方式和社会生活中发挥着重要的推动作用,从科学技术发展史来看,每一次的科技革命,如以蒸汽机为代表的第一次技术革命与以电力科技为代表的第二次技术革命,都对西方社会产生了极大的推动作用。同时,两次技术革命直接加快了两次工业革命的进程,在这一时期,科技革命与经济工业是紧密联系在一起的;同样,经济基础的变革必然导致西方政治制度的进步,所以资本主义世界经过科技革命与工业革命,逐渐步入现代政治文明的社会。因此,科技革命是一种典型的科技政治现象,而其主要特征与体现在于经济生产方式的快速变革推动政治文明的进步。如今,新的科技革命正如火如荼地进行,从宏观来看,新兴科技影响着社会生活的方方面面,成为国家事务中的重要现象,以及国际社会中的"科技社会"现象。邓小平经过分析科技政治现象,提出了"殖民政治""军事政治"和"资本政治"的想法,这些都是他的科技思想的重要表述。所以当代各国政治的特征,集中体现在当代科技与政治紧密结合的"科技政治"现象中。

3. 完善我国科技发展的宏伟战略

邓小平科技思想的核心观点可以总结为:科技在当代社会不仅是第一生产力,还通过推动社会经济进步成为一种政治力量。我们要通过改革发挥科技进步在政治中的作用。① 通过分析邓小平科技思想的讲话与文章,在当前社会深

---

① 邓小平.邓小平文选:第3卷[M].北京:人民出版社,1993.

入学习和研究邓小平的科技思想,对于我国科技体制改革和社会进步,有着非常重要的理论指导意义。

高新技术产业的发展历来是我国科技政策的核心领域,战略性新兴产业越来越受到我国政府的重视。例如,2009年温家宝的重要讲话《让科技引领中国可持续发展》,认为科学选择新兴战略性产业非常重要,选对了就能跨越发展,选错了将会贻误时机。2010年,国务院发布《关于加快培育和发展战略性新兴产业的决定》,由此可见,对战略性产业的选择至关重要,也绝非仅仅看重其经济发展的效益,如何选择新兴产业发展的领域成为我国高新技术产业政策的核心问题。邓小平非常重视高新技术产业化的问题,他早就号召"高科技领域,中国也要在世界占有一席之地""过去也好,今天也好,将来也好,中国必须发展自己的高科技,在世界高科技领域占有一席之地。……这些东西反映了一个民族的能力,也是一个民族、一个国家兴旺发达的标志"①。科技政治现象集中体现在了高科技领域。他还进一步发出了"发展高科技,实现产业化"的号召,"近一二十年来,世界科学技术发展得多快啊,高科技领域的一个突破,带动一批产业的发展"②。因此,学习邓小平的科技思想有利于正确把握战略性新兴产业的发展脉络。

邓小平直接参与并主持了我国发展科学技术的一系列重要决策,并且主抓科技教育工作,以我国的"863计划"为例,在《高技术发展计划纲要》形成过程中,邓小平起到了关键的作用。1988年,邓小平在北京参观正负电子对撞机时,再次指出高科技对我国的重要作用。这些想法也体现在江泽民的报告内:"……要从国家长远发展出发,制订中长期科学发展规划,……加强基础性研究

---

① 邓小平.邓小平文选:第3卷[M].北京:人民出版社,1993.
② J.D.贝尔纳.历史上的科学[M].北京:科学出版社,1981:685.

和高技术研究,加快实现高技术产业化。"①国务院还在2006年发布了《国家中长期科学和技术发展规划纲要(2006—2020年)》,提出要在21世纪中叶进入创新型国家行列,为成为世界科技强国奠定基础。这一宏伟战略目标的提出,体现了科技进步与经济社会发展紧密结合、通过科技进步推动社会发展的辩证思想。追本溯源,在实施《国家中长期科学技术发展规划(2006—2020年)纲要》的同时,更应该深入研究邓小平的科技思想与政策制定方法,通过改革不断完善我国的科技发展战略。邓小平在谈到科技体制改革时,还指出"革命是解放生产力,改革也是解放生产力""经济体制,科技体制,这两方面的改革都是为了解放生产力"②,而科技体制改革的本质,就是利用科技政治相互关系的原理,通过政治手段发挥科技在社会发展中的影响,正如他所言:"现代化科学技术,加上我们讲政治,威力就大多了。"

4. 重新认识科学技术的现代化

在激烈的国际竞争中,每个国家都期望占领未来的制高点,邓小平对此也非常关注,他指出"现代科学技术正在经历一场伟大的革命……应用于生产,使物质生产的各个领域面貌一新"。这表现出邓小平对科技现代化的直接体会,结合邓小平的科技思想,我们就能体会科技现代化对于我国政治生活以及在国际关系中的作用。这些论点,都有助于我们进一步认识科学技术现代化的政治内涵,即科学技术的力量直接与国家的政治地位相关,所以"现代化的关键是科

---

① 中共中央党史研究室.中国共产党第十五次全国代表大会文献选编[M].北京:人民出版社,1997.

② 邓小平.邓小平文选:第3卷[M].北京:人民出版社,1993.

学技术的现代化"①。其实,邓小平的这些论断与马克思的科技观是一脉相承的,马克思早在19世纪中叶就已经认识到科学技术在现代社会中的影响,首先是一种科学精神、观念或者思想的潜移默化,是一种意识形态的力量,并指出"科学技术除了是一种实际的财富之外,还是一种观念的财富,……是一种在历史上起推动作用的革命的力量"②。科技力量虽然直接与生产力相关,但是更多的是对上层建筑及意识形态产生不可预计的变革,正如邓小平所言:"科学主要是一种改革力量而不是保守力量,……人们接受了科学思想就等于是对人类现状的一种含蓄的批判,而且还会开辟无止境地改善现状的可能性。"③

当今世界已经进入到知识经济时代,而知识经济的核心内容是科技知识成为经济产品的关键要素。这也印证了邓小平"科学技术是第一生产力"的论断,而我们在知识经济时代大力发展科技生产力的同时,不应该忽略对科学技术的政治文化意蕴的思考。邓小平的科技思想,是他个人在长期的马克思主义理论思考与社会建设实践中总结而成的,是他本人的一种科技政治文化素养的集中体现,也造就了他作为一位一流政治家的特殊品格。所以,邓小平的科技思想不仅是指导我们科技政策实践的理论出发点,还蕴含着深厚的政治文化意义,蕴含着我国社会主义政治文化观念与政治活动的价值取向等内容。尤其是在党的十一届三中全会之后,我国从以阶级斗争为纲转向了以经济建设为中心的市场经济体制,逐渐构建了中国特色社会主义的经济政治体制。同时,科技文化观念也不断转变,知识与人才越来越受到全社会的重视,科学技术不断塑造社会风气,对社会生活的价值取向的引导作用越来越大,所以科技进步与社会主义核心价值观是一致的。由此可见,邓小平作为杰出政治家、战略家,他的敏

---

① 邓小平.邓小平文选:第2卷[M].北京:人民出版社,1994:86-240.
② 马克思,恩格斯.马克思恩格斯全集:第19卷[M].北京:人民出版社,1963:375.
③ 张锡龄,孙学琛,任志英,等.邓小平科技思想研究[M].沈阳:辽宁人民出版社,1992:17.

锐目光,为我们提供了审视科技与社会关系,尤其是科技与政治关系的全新视角,也为新的国家领导层提供了执政理念和思想源泉。

"科学技术是第一生产力"的提出,是邓小平对马克思主义科技观的重大发展,同时也是邓小平的科技思想的集中体现。他以马克思主义理论为基本出发点,经过对现代科技革命、国际政治与我国实践的深刻认识,形成了符合世界知识经济潮流与国际政治形势的科技政治观。其思想集中反映了科技与政治的相互关系与交互作用,不仅阐明了科技与经济社会协调发展的趋势,还强调了科技在当代政治活动中的重大作用。科技不仅是经济领域的第一生产力,还通过对上层建筑与意识形态的作用,对政治产生重要的影响,而且在诸如军事等领域,科技已成为一种国家政治力量的直接体现,同时还能体现出科学理论对实践的预见性和指导性。进一步研究邓小平的科技思想的意义,主要体现在它能为我国的高新技术发展提供理论指导、完善我国的科技发展战略,并让我们重新理解科学技术现代化的内涵,以及正确认识科学技术的政治文化意蕴。

第三节　科教兴国战略

20世纪90年代,科技实力成为一个国家的国际地位的决定性力量。以江泽民为核心的新一代领导人,高举"科学技术是第一生产力"的大旗,果断提出了我国科技创新发展史上重要的科教兴国战略。

1. 社会及理论背景

科教兴国战略的社会背景如下：虽然改革开放后中国保持了连年经济高速增长，但是消耗了大量的国内资源，难以持续。同时，我国的科技水平依然相对落后，科技进步对于经济增长的贡献依然不高，还有数千万人没有脱贫。这些问题的根本原因在于科技落后。而发达国家早已形成了以科技为本的国家创新体系，如美国，以及后来提倡科技立国的日本，韩国也正在实施技术立国政策。从国内外来看，大力发展科技已经成为我国的关键任务。

从思想背景看，邓小平极具创造力的"科学技术是第一生产力"的论断为科教兴国战略提供了最基本、最重要的理论依据。该思想具有鲜明的时代性和引领性，是我国科技创新驱动发展的精神指引。科教兴国战略的另一个理论基础是邓小平"抓科技必须同时抓教育"的论断，科技的载体是科技人才，而科技人才的基础是教育，基础与高等教育都是重要内容。只有在科技和教育相结合的背景下，我国的开事业才能真正进入跨越式发展，迎来新时代。

此战略还有其社会实践基础，即国家高度重视科技进步在推动社会主义现代化建设中的关键作用，依靠科技振兴中华逐渐成为大家的统一认识。亿万人民的心声共同构成该战略的社会基础。

2. 战略内涵

1995年国家召开了全国科学技术大会，动员在全国实施科教兴国战略，这是向全世界表明我们向新科技革命进军的动员大会。同年，中共中央和国务院发布了《关于加速科学技术进步的决定》，向全国人民提出了坚定不移实施科教兴国战略的号召,是我国科技发展史上的另一里程碑。

这些举措进一步明确了科教兴国战略的丰富内涵。主要可以体现为:坚持科学技术是第一生产力的思想,提出了符合世界科技进步潮流和我国国情的科技原则,重视大力提高国家科技自主创新能力,依靠科技使人民丰衣足食,把民族工业的发展立足于科技自主创新的基础之上;把科技产业提高到国家产业政策的优先地位,确立了基础研究的重要地位及其创新动力源泉作用;提出了跨世纪科技人才队伍建设的伟大举措,提出科技战线的"爱国主义、求实创新、拼搏奉献、团结协作"的四种精神原则;提出了进一步适应社会主义市场经济体制的科技体制改革目标,强调将企业作为技术开发的主力军,明确了2000年研发投入达到1.5%的目标,并成立了国家科技领导小组,以及各级政府的一把手主抓第一生产力的任务。随后全国掀起了科教兴国的热潮,我国科技政策进入了围绕科技和教育两手抓的新阶段。

3. 战略价值

科教兴国战略是中共中央第三代领导人在总结历史和现实的基础上,在深刻理解马克思主义科技创新思想,尤其是深刻领会邓小平的科技思想的基础上,做出的重大战略布局,不仅是我国新发展阶段的战略指导,也进一步丰富了马克思主义科技创新思想的内涵和实践。

科教兴国战略明确了以科技和教育实现振兴国家的目标,将科技和教育作为工具,推动国家富强发展。科教兴国的关键在于落实,就是结合实际情况,正确把握科技和经济发展的内在客观规律,紧紧围绕我国的长期发展目标,坚定不移地贯彻到底。科技兴国是一项长期的艰巨任务,必须立足当下,着眼长久。不能只喊口号,而是要不停地推进下去,为未来的创新驱动发展战略打下坚实的科技基础。

第四节　创新型国家建设

建设创新型国家是在对科技创新和社会发展有了更深入的认识之后,国家提出的重要决策。虽然我国可以充分利用现有的技术优势,但是仍将面临巨大的资源和环境挑战。尽管行业之间甚至同一行业的公司之间存在巨大差异,但所有行业、地区和公司都面临着类似的挑战。而创新型国家的建设就围绕这两个挑战开展。习近平在党的十九大报告中对创新型国家建设进行了整体描述:"加快建设创新型国家。创新是引领发展的第一动力,是建设现代化经济体系的战略支撑。要瞄准世界科技前沿,强化基础研究,实现前瞻性基础研究、引领性原创成果重大突破。加强应用基础研究,拓展实施国家重大科技项目,突出关键共性技术、前沿引领技术、现代工程技术、颠覆性技术创新,为建设科技强国、质量强国、航天强国、网络强国、交通强国、数字中国、智慧社会提供有力支撑。加强国家创新体系建设,强化战略科技力量。深化科技体制改革,建立以企业为主体、市场为导向、产学研深度融合的技术创新体系,加强对中小企业创新的支持,促进科技成果转化。倡导创新文化,强化知识产权创造、保护、运用。培养造就一大批具有国际水平的战略科技人才、科技领军人才、青年科技人才和高水平创新团队。"[①]

---

① 习近平.决胜全面建成小康社会 夺取新时代中国特色社会主义伟大胜利:在中国共产党第十九次全国代表大会上的报告[EB/OL].(2017-10-18)[2021-09-28].https://www.12371.cn/2017/10/27/ARTI1509103656574313.shtml.

1. 培养创新人才

任何旨在成为创新中心的国家都必须开发其人力资源。在这方面,大学将是人才来源的基础。在过去的几十年间,中国大学变化极大,高等教育的学生人数迅速增加。1993年,中国实施了"211计划",以此增强这些大学的研究能力。在该计划的支持下,许多大学进行合并以实现资源优化,以及提高大学在国际上的知名度与声誉。1998年5月4日,"985计划"由时任国家主席江泽民在北京大学成立100周年之际发表演讲中提出,其中着重强调了对中国几所重要大学的财政支持,争取使它们成为国际认可的世界一流大学。

为了成为创新中心,需要大量合格的大学毕业生。尽管人才需求量和人才供应量的突然增加提供了越来越多的机会,但很多公司经常提到专门从事创造力工作的人才特别短缺。同时,经常有人批评我国的研究环境不利于个人的创造力,包括科学技术政策制定者的作用以及中国研究人员面临的众多障碍。

与欧洲、北美的外国教育实践相比,我国的高等教育机构相对多强调以理论、概念和考试为导向的学习,使学生在解决问题的能力和项目的实践经验方面较薄弱。创造力是创新的核心。当数量短缺得到缓解后,如何教育大学生的创新能力仍然是我国教育体系面临的巨大挑战。

2. 构建创新文化

一个以创新为导向的国家,其大部分创新源泉都来自创新文化,这与奖励创造力、鼓励企业家精神和承受风险的能力有关。这是另一个挑战,因为我国的传统哲学和文化、家国观念传统等方面并不特别注重创新。

首先,我国社会层面的家国情怀的文化特征限制了突破性思想的出现。其次,在中国文化背景下,群体内与群体外的区别很明显,群体内文化意味着组织中的员工通常不重视多样性,并且倾向于只与他们认识的人一起工作。群体内文化倾向于抵制新观念或创新观念,并阻碍跨群体合作。创新需要跨群体的信息共享、协作和协调。为了成为创新型经济体,我们必须进一步认识到知识自由和鼓励创新的重要性,并鼓励思想的自由交流。此外,必须与许多群体外单位或组织紧密合作以发布新产品和服务。

3. 加强知识产权保护

对知识产权的适当认识和监督已被公认为是促进科学技术创新的战略方法。知识产权战略是确保顺利进行技术和知识转让的关键。它对于国家、公司和个人采用技术战略和变革以增强其在全球市场上的竞争优势的能力至关重要。毫无疑问,适当的知识产权战略和政策的实施可以建立知识经济的坚实基础。它充分利用了发达国家和发展中国家的经济增长和发展。它不仅为发展中国家,而且为发达国家和落后国家绘制了经济发展的战略和业务指导。

创新需要一个支持性环境,创新者将在该环境中受益于增加投资的回报。因此,政府有必要强化保护知识产权,尽管国家已经制定了全面的知识产权法,我们的知识产权保护体系还需要进一步完善,才能有效地制止侵犯知识产权的行为,从而鼓励创新。首先,需要更多的资源和人员来制止假冒和盗版行为;其次,需要采取更多的法律措施而不是行政措施来打击知识产权侵权。

4. 建立适合创新的新激励体系

很多人认为,传统的激励机制可能适合模仿,但不适合创新。例如,国有或国有控股公司的高层管理人员由上级机构任命,他们的任期通常持续三到四年,然后轮换到公司董事会或其他公司或相关政府部门的职位中。这似乎并不鼓励管理人员制定长期战略,而只是鼓励短期权益,而不是长期发展。

创新与模仿不同,前者既费时又需要前瞻性思考。有时,创新还要求组织牺牲短期权益来换取长期利益。换句话说,创新需要激励机制面向更远的未来而不是短期效益。如果我们的企业想要实现从模仿者到创新者的过渡,这将带来巨大的挑战。在创新型社会中,竞争主要基于能力和创新,而这需要企业的长期计划。不幸的是,许多企业仍然是市场机会主义者,它们的竞争策略是基于价格的,主要是出于短期考虑。因此,有必要建立一种新的长远激励机制。

第五节 科技创新驱动发展战略

党的十八大提出的实施创新驱动发展战略,就是要推动以科技创新为核心的全面创新,坚持需求导向和产业化方向,坚持企业在创新中的主体地位,发挥市场在资源配置中的决定性作用和社会主义制度优势,增强科技进步对经济增长的贡献度,形成新的增长动力源泉,推动经济持续健康发展。

1. 政策基础

首先，在进入 21 世纪后，我国提出了一系列国家科技相关的发展规划。其实早在 2002 年国家就提出了新型工业化的问题。当时，国家已经认识到与工业化方式相关的问题，如环境污染、消费使资源减少，以及对出口的过度依赖。其次，国家在 2003 年提出了与科学发展观有关的目标。这种新的发展观强调了人类与环境和社会的协调。新型工业化的目标比较关注经济发展，而科学的发展观目标则通过考虑可持续性问题以及整个环境而提供了更广阔的视野。2004 年，我国提出了一个新的目标，即以相当具体的方式建设资源节约型和环境友好型社会。2005 年，我国提出了发展全国人民和谐社会的目标。2006 年，我国发布了一项科学技术发展的长期计划，其宏伟目标是到 2020 年左右成为创新驱动型国家。最后，在 2012 年，我国宣布了建设和发展生态文明的目标。所有这些目标都强调经济和社会指标，因此意味着公众是所有过程的组成部分。由于得到了全社会的支持，这种基本概念和政策变化得到了广泛认可。几年前，国家绘制了一份经过修订的发展图景，预测到 2025 年左右的科技发展规划。强调的重点包括全球化问题，由于我国内部的流动性增加以及货物流动的增加，预计到 2025 年左右全球化将比以往更加开放。我国也将发展成为一个新型的工业化和城市化社会，需要改善公共服务系统，以支持从农村到城市就业的人们。随着我国从依赖出口向依赖进口转变，我国也将成为消费驱动的社会，用于辅助信息化和促进信息通信技术（ICT）的基础设施投资和开发也有望增加，经济将更加依赖本地消费。最后，我国也被认为是一个更加环保和注重回收的社会。所有这些预测都可能与科学、技术、创新、管理和行政管理的根本变化有关。换句话说，我国的愿景是到 2025 年成为一个创新型国家。创新驱动发展战略是过去几十年我国科技政策的集中延续,尽管创新驱动发展战略是在 2012 年提出的。创新驱动发展战略也是一次新的升级,其依据为科学、技术和创新(STI)是提高社会生产力和综合国力的战略支持。因此,有必要整合整个社会的所有智慧和力量,以建设创新驱动型国家。简而言之,科学、技术和创新已成为决策程序中越来越重要的问题,必须在国家发展战略中予以考虑。

创新始终是推动一个国家、一个民族向前发展的重要力量。我国是一个发展中大国,正在大力推进经济发展方式转变和经济结构调整,必须把创新驱动发展战略实施好。实施创新驱动发展战略,就是要推动以科技创新为核心的全面创新,坚持需求导向和产业化方向,坚持企业在创新中的主体地位,发挥市场在资源配置中的决定性作用和社会主义制度优势,增强科技进步对经济增长的贡献度,形成新的增长动力源泉,最终推动经济持续健康发展。

2. 科技创新驱动发展战略的内涵

尽管创新驱动发展战略的目标很明确,但在决策过程中仍然有一些问题需要进一步讨论和定义。其中就包括精确定义创新,以及创新驱动的发展具体指的是什么。政治家、科学家、经济学家和新闻工作者都提到创新,但似乎他们对创新的确切含义没有共同的理解或概念。缺乏共同理解可能反过来会导致制定不同的政策和潜在的问题。政治家经常强调创新背后的精神,而不是具体细节。科学家经常将创新称为创造新事物,而不管其是否具有经济价值。经济学家倾向于将创新的商业效应放在其他相关因素之上。考虑到这一点,精确定义创新是值得的。创新可以被描述为一个复杂的价值创造过程,包括与科学发现、技术发明、方法创新及其商业应用,以及社会传播活动相关的科学技术价值、经济和社会价值、文化价值。

更值得明确定义的另一个概念是创新能力。创新能力是在一定制度环境和基础设施下进行科学发现、技术发明、方法创新和相关商业应用,以及社会扩散的能力。尽管将创新作为理想很重要,但其背后的方法和实现能力也具有重要意义。与创新能力建设相关的政策问题很多,创新驱动的发展是另一个关键的术语。为了方便和易于理解,它被更简单地称为创新开发。创新发展既指发展模式,也指发展水平。创新发展可以指创新的地位成为发展背后的主要动力。但是,它也可以指代高水平科技、经济、社会和相关基础设施发展的相关模式。基于创新活动的效率和动力,创新驱动型国家通常具有强大的国家创新能力和较高的发展水平。与此相伴,国家已经建立了国家创新发展指标体系,该指标体系仍在逐步完善中,包括五个衡量不同发展水平的指标。关于使用这一创新发展指数进行的国家总体创新发展,在过去几年中总体上是逐步增加的。在分解每个单独的指标时,通常它们每年都在稳定增长,并且由于政府的投资,预计在未来几年中会以更快的速度增长。但是,就国际创新驱动发展总体水平而言,从近年的国际比较来看,我国的创新能力上升得还比较慢,且水平仍然很低。改善我国创新发展不仅取决于科学、技术、经济和社会发展的系统整合,还取决于提高科学技术、工业、教育和公共卫生、基础设施、城市化发展的效率。毫无疑问,要达到瑞典、瑞士和日本等国家的高创新发展水平,还需要多年时间。

我国创新能力指标系统是另一个已开发的系统。这样的系统不仅强调效率或有效性,而且还考虑了创新活动的强度。尽管国家整体创新能力在前几年快速增长,但其背后的主要推动力却是由于研发支出增加所带来的创新活动规模的增加,而不是提高效率和动力。这使得我国当前的创新发展指数依然较低。通过关注整体创新水平,我国在全球范围内排名依然不高,特别是在创新能力方面不足。因此,国家创新效率和有效性水平低下是促进创新发展有待改进和克服的关键因素。

党的十九届五中全会提出了坚持创新在我国现代化建设全局中的核心地位,把科技自立自强作为国家发展的战略支撑,并对当前面向新工业革命的科技创新驱动发展战略的内涵进行了深入总结:

第一,加强原创性、引领性科技攻关,坚决打赢关键核心技术攻坚战。加强基础研究是科技自立自强的必然要求。要加快制定基础研究十年行动方案。基础研究更要应用牵引、突破瓶颈,从经济社会发展和国家安全面临的实际问题中凝练科学问题。要加大基础研究财政投入力度、优化支出结构,形成持续稳定的投入机制。科技攻关要坚持问题导向,在人工智能、量子信息、集成电路、先进制造、生命健康、脑科学、生物育种、空天科技、深地深海等前沿领域,前瞻部署一批战略性、储备性技术研发项目,瞄准未来科技和产业发展的制高点。创新链与产业链融合,关键是要确立企业创新主体地位。要增强企业创新动力,推进重点项目协同和研发活动一体化,加快构建龙头企业牵头、高校院所支撑、各创新主体相互协同的创新联合体。

第二,强化国家战略科技力量,提升国家创新体系整体效能。国家实验室要紧跟世界科技发展大势,适应我国发展对科技发展提出的使命任务,多出战略性、关键性重大科技成果,并同国家重点实验室结合,形成中国特色国家实验室体系。国家科研机构要以国家战略需求为导向,着力解决影响制约国家发展全局和长远利益的重大科技问题,加快建设原始创新策源地,加快突破关键核心技术。高水平研究型大学要把发展科技第一生产力、培养人才第一资源、增强创新第一动力更好结合起来,发挥基础研究深厚、学科交叉融合的优势。要强化研究型大学建设同国家战略目标、战略任务的对接,加强基础前沿探索和关键技术突破,为培养更多杰出人才作出贡献。科技领军企业要发挥市场需求、集成创新、组织平台的优势,打通从科技强到企业强、产业强、经济强的通道。

第三，推进科技体制改革，形成支持全面创新的基础制度。要健全社会主义市场经济条件下新型举国体制，充分发挥国家作为重大科技创新组织者的作用。要推动有效市场和有为政府更好结合，充分发挥市场在资源配置中的决定性作用，通过市场需求引导创新资源有效配置，形成推进科技创新的强大合力。要重点抓好完善评价制度等基础改革，坚持质量、绩效、贡献为核心的评价导向，全面准确反映成果创新水平、转化应用绩效和对经济社会发展的实际贡献。要建立健全符合科研活动规律的评价制度，完善自由探索型和任务导向型科技项目分类评价制度，建立非共识科技项目的评价机制。在人才评价上，要"破四唯"和"立新标"并举，加快建立以创新价值、能力、贡献为导向的科技人才评价体系。要支持科研事业单位探索试行更灵活的薪酬制度，稳定并强化从事基础性、前沿性、公益性研究的科研人员队伍。

3. 关键要素和基本要求

为了使我国成为创新驱动型国家，需要继续执行过去的政策。企业通常被认为是创新背后的主要推动力，因此可以获得资源和资金。但是，大学和研究机构认为，企业通常缺乏履行创新发展领导者角色所必需的顶尖科学家和研究人员。可以更准确地说，创新驱动的开发和国家创新体系是一个复杂的系统，它与几个子功能紧密相关，包括科学发现、技术发明、商业化、生产和营销，以及社会传播和传播能力等应用活动。实际上，有多个关键要素扮演着各自独特而重要的角色。例如，在研究机构和企业提供的发明中，大学也能够发挥科学发现的作用。

我国创新发展也与几个关键创新要素相关联，如资源获取和分配、智能信息化，以及社会创新能力建设。创新建设行动和政策要素通过不同的因素组合而相互作用，因此，使整个复杂系统协同工作以帮助创新发展极为重要。具体来说，当前的创新发展体系存在一些弱点，如市场化问题、科学与商业化之间的联系等。解决这些问题可以从制定新政策中受益。

过去，有许多关于如何测量国家创新体系的报告。但问题是，这些报告大多数都较少考虑到政策与衡量指标之间的直接联系。将此类指标转化为政策问题至关重要。考虑到这一点，目前存在一些对创新发展至关重要的重大政策问题。这样的政策问题与大型科学技术项目有关。实际上，我国已经在长期计划中启动了十几个科技大项目，以及侧重于高科技发展和研发的国家科技计划。当前，还有一些技术创新计划，其重点是发展技术创新联盟、城市和公司。其他关键问题包括科学技术成果的商业化和现代农业的创新。近年来，许多工人已经从农村转移到城市地区，导致我国缺少劳动年龄的人来支持农业。这表明，发展需要较少人力的农业技术至关重要。战略性新兴产业的创新是另一个重要的政策问题。几年前，我国发布了高新技术产业的发展计划，以支持国家未来的经济增长。但是，由于目前的经济力量并非以高新技术产业为核心，因此也要着重于升级传统关键产业。目前，与现代服务业创新有关的政策问题，即发展允许以较低成本提供高质量服务的创新，以及针对城市化和城市发展的创新，正受到高度重视。国家战略性新兴产业、国家科学技术发展、国家创新能力建设和国家重大创新基地建设的计划都是很好的例子。国家创新能力建设不仅侧重于科学、技术和工业，还侧重于社会创新的发展，这指的是企业以及公共服务部门。公共服务部门创新发展的例子之一是创造新资源，以支持更高质量的教育系统或改善卫生保健系统。所有这些计划和政策都必将在未来带来一些根本的变化。至关重要的是，在未来的五到十年中，创新发展政策应集中在四个关键问题上，以发掘和激发人们的创新潜力。一是创新能力建设；二是在与创新发展相关的所有关键参与者之间建立联系和耦合;三是在人力资源领域进行多层次的创新;四是对于我国而言,重要的是要致力于发展制度环境,以提高公众的发展动力水平和积极性。

根据国家部署,科技创新驱动发展战略的基本要求包括:一是紧扣发展,牢牢把握正确方向。要跟踪全球科技发展方向,努力赶超,力争缩小关键领域差距,形成比较优势。要坚持问题导向,从国情出发,确定跟进和突破策略,按照主动跟进、精心选择、有所为有所不为的方针,明确我国科技创新主攻方向和突破口。对看准的方向,要超前规划布局,加大投入力度,着力攻克一批关键核心技术,加速赶超甚至引领步伐。二是强化激励,大力集聚创新人才。创新驱动实质上是人才驱动。为了加快形成一支规模宏大、富有创新精神、敢于承担风险的创新型人才队伍,要重点在用好、吸引、培养上下功夫。要用好科学家、科技人员、企业家,激发他们的创新激情。要学会招商引资、招人聚才并举,择天下英才而用之,广泛吸引各类创新人才特别是紧缺的人才。三是深化改革,建立健全体制机制。要面向世界科技前沿、面向经济主战场、面向国家重大需求、面向人民生命健康,精心设计和大力推进改革,让机构、人才、装置、资金和项目都充分活跃起来,形成推进科技创新发展的强大合力。要围绕使企业成为创新主体、加快推进产学研深度融合来谋划和推进。要按照遵循规律、强化激励、合理分工、分类改革要求,继续深化科研院所改革。要以转变职能为目标,推进政府科技管理体制改革。四是扩大开放,全方位加强国际合作。要坚持"引进来"和"走出去"相结合,积极融入全球创新网络,全面提高我国科技创新的国际合作水平。此外,还要抓紧出台实施创新驱动发展的政策和部署,抓紧实施国家重大科技专项,选择一批体现国家战略意图的重大科技项目和重大工程,集中力量、协同攻关。要加快研究提出创新驱动发展顶层设计方案,研究提出中央财政科技资金管理改革方案。要抓紧修改完善相关法律法规,实施更加积极的创新人才引进政策。要研究在一些省区市系统推进全面创新改革试验，形成几个具有创新示范和带动作用的区域性创新平台。

第六节　新时代科技创新驱动思想的内涵

新时代科技创新思想是习近平新时代中国特色社会主义思想的重要内容，它是以习近平同志为核心的党中央团结带领人民，在准确把握世界多极化、经济全球化、社会信息化、文化多样化的当今世界发展大趋势，科学分析当今中国科技发展新特点的背景下形成的，是当代中国共产党人领导我国科技创新实践的经验总结，是指导新时代我国科技创新事业发展的行动指南，是马克思主义科技创新驱动思想在当代中国的最新发展。

1. 科技创新是引领发展的第一动力

我国在发展历史上曾长期处于世界领先地位，我国的思想文化、社会制度、经济发展、科学技术，以及其他许多方面对周边发挥了重要辐射和引领作用。近代以来，我国的科技发展逐渐由领先变为落后，其中一个重要原因就是我们错失了多次科技和产业革命带来的巨大发展机遇。经过多年努力，我国科技整体水平有了明显提高，正处在从量的增长向质的提升转变的重要时期，一些重要领域跻身世界先进行列。但是，从总体上看，我国关键核心技术受制于人的局面尚未根本改变，创造新产业、引领未来发展的科技储备远远不够，产业还处于全球价值链中低端，军事、安全领域高技术方面同发达国家仍有较大差距。

我们必须把发展基点放在创新上,通过创新培育发展新动力、塑造更多发挥先发优势的引领型发展。

为此,习近平指出:"着力实施创新驱动发展战略。把创新摆在第一位,是因为创新是引领发展的第一动力。发展动力决定发展速度、效能、可持续性。对我国这么大体量的经济体来讲,如果动力问题解决不好,要实现经济持续健康发展和'两个翻番'是难以做到的。当然,协调发展、绿色发展、开放发展、共享发展都有利于增强发展动力,但核心在创新。抓住了创新,就抓住了牵动经济社会发展全局的'牛鼻子'。"[1]

坚持创新发展,是我们分析近代以来世界发展历程,特别是总结我国改革开放成功实践得出的结论,是我们应对发展环境变化、增强发展动力、把握发展主动权,更好引领新常态的根本之策。"创新是引领发展的第一动力。'富有之谓大业,日新之谓盛德。'创新就要敢于承担风险。敢为天下先是战胜风险挑战、实现高质量发展特别需要弘扬的品质。"[2]

当今世界,经济社会发展越来越依赖于理论、制度、科技和文化等领域的创新,国际竞争新优势也越来越体现在创新能力上。谁在创新上先行一步,谁就能拥有引领发展的主动权。当前,新一轮科技和产业革命蓄势待发,其主要特点是重大颠覆性技术不断涌现,科技成果转化速度加快,产业组织形式和产业链条更具垄断性。世界各主要国家纷纷出台新的创新战略,加大投入,加强人

---

[1] 习近平. 深入理解新发展理念[EB/OL]. (2019-05-16)[2021-09-28]. https://www.12371.cn/2019/05/16/ARTI1557969383087897.shtml.
[2] 习近平. 激发市场主体活力弘扬企业家精神 推动企业发挥更大作用实现更大发展[EB/OL]. (2020-07-21)[2021-09-28]. https://www.12371.cn/2020/07/21/ARTI1595335799754640.shtml.

才、专利、标准等战略性创新资源的争夺。①

创新是一个复杂的社会系统工程,涉及经济社会的各个领域。坚持创新发展,既要坚持全面系统的观点,又要抓住关键,以重要领域和关键环节的突破带动全局。要超前谋划、超前部署,紧紧围绕经济竞争力的核心关键、社会发展的瓶颈制约、国家安全的重大挑战,强化事关发展全局的基础研究和共性关键技术研究,全面提高自主创新能力,在科技创新上取得重大突破,力争实现我国科技水平由跟跑并跑向并跑领跑转变。"要以重大科技创新为引领,加快科技创新成果向现实生产力转化,加快构建产业新体系,做到人有我有、人有我强、人强我优,增强我国经济整体素质和国际竞争力。要深化科技体制改革,推进人才发展体制和政策创新,突出'高精尖缺'导向,实施更开放的创新人才引进政策,聚天下英才而用之。"①

创新是引领发展的第一动力,是国家综合国力和核心竞争力的最关键因素。重大科技创新成果是国之重器、国之利器,必须牢牢掌握在自己手上,必须依靠自力更生、自主创新。"在这个问题上,我们一定要保持清醒。要继续深化科技体制改革,把人、财、物更多向科技创新一线倾斜,努力在关键共性技术、前沿引领技术、现代工程技术、颠覆性技术创新上取得更大突破,抢占科技创新制高点。"②

---

① 习近平. 深入理解新发展理念[EB/OL]. (2019 年 05 月 16 日)[2021-09-28]. https://www.12371.cn/2019/05/16/ARTI1557969383087897.shtml.
② 习近平. 抓住培养社会主义建设者和接班人根本任务 努力建设中国特色世界一流大学[EB/OL]. (2018-05-04)[2021-09-28]. https://baijiahao.baidu.com/s?id=1599526044445329346&wfr=spider&for=pc.

2. 不断完善科技创新驱动政策体系

一是做好顶层设计。科技体制改革要紧紧扭住"硬骨头"攻坚克难,着力把科技创新摆在国家发展全局的核心位置,加快制定创新驱动发展战略的顶层设计,对重大任务要有路线图和时间表。"实施创新驱动发展战略,不能'脚踩西瓜皮,滑到哪儿算哪儿',要抓好顶层设计和任务落实。顶层设计要有世界眼光,找准世界科技发展趋势,找准我国科技发展现状和应走的路径,把发展需要和现实能力、长远目标和近期工作统筹起来考虑,有所为有所不为,提出切合实际的发展方向、目标、工作重点。科技部要协调有关部门做好这项工作,动员科技界、产业界和社会各方面广泛参与。"①此外,"实施创新驱动发展战略,最根本的是要增强自主创新能力,最紧迫的是要破除体制机制障碍,最大限度解放和激发科技作为第一生产力所蕴藏的巨大潜能"②。

二是要不断完善创新机制。要着力从科技体制改革和经济社会领域改革两个方面同步发力,改革国家科技创新战略规划和资源配置体制机制,完善政绩考核体系和激励政策,深化产学研合作,加快解决制约科技成果转移转化的关键问题。要着力加强科技创新统筹协调,努力克服各领域、各部门、各方面科技创新活动中存在的分散封闭、交叉重复等碎片化现象,避免创新中的"孤岛"现象,加快建立健全各主体、各方面、各环节有机互动、协同高效的国家创新体系。要着力完善科技创新基础制度,加快建立健全国家科技报告制度、创新调

---

① 习近平.在十八届中央政治局第九次集体学习时的讲话[EB/OL].(2013-09-30)[2021-09-28].https://www.12371.cn/special/blqs/xjpgykjcxlszb/.

② 习近平.在中国科学院第十七次院士大会、中国工程院第十二次院士大会上的讲话[EB/OL].(2014-06-09)[2021-09-28].https://news.12371.cn/2014/06/09/ARTI1402316490005160.shtml.

查制度、国家科技管理信息系统,大幅提高科技资源开放共享水平。要着力围绕产业链部署创新链、围绕创新链完善资金链,聚焦国家战略目标,集中资源、形成合力,突破关系国计民生和经济命脉的重大关键科技问题。要着力加快完善基础研究体制机制,把基础前沿、关键共性、社会公益和战略高技术研究作为重大基础工程来抓,实施好国家重大科学计划和科学工程,加快在国际科学前沿领域抢占制高点。要着力以科技创新为核心,全方位推进产品创新、品牌创新、产业组织创新、商业模式创新,把创新驱动发展战略落实到现代化建设整个进程和各个方面。正如习近平总书记所言,"我们要大力实施创新驱动发展战略,加快完善创新机制,全方位推进科技创新、企业创新、产品创新、市场创新、品牌创新,加快科技成果向现实生产力转化,推动科技和经济紧密结合"①。

三是完善国家科技创新驱动的基础设施。提高创新能力,必须夯实自主创新的物质技术基础,加快建设以国家实验室为引领的创新基础平台。国家实验室已成为主要发达国家抢占科技创新制高点的重要载体,如美国阿贡、洛斯阿拉莫斯、劳伦斯伯克利等国家实验室和德国亥姆霍兹国家研究中心等,均是围绕国家使命,依靠跨学科、大协作和高强度支持开展协同创新的研究基地。习近平总书记指出,当前"我国科技创新已步入以跟踪为主转向跟踪和并跑、领跑并存的新阶段,急需以国家目标和战略需求为导向,瞄准国际科技前沿,布局一批体量更大、学科交叉融合、综合集成的国家实验室,优化配置人财物资源,形成协同创新新格局。主要考虑在一些重大创新领域组建一批国家实验室,打造聚集国内外一流人才的高地,组织具有重大引领作用的协同攻关,形成代表国家水平、国际同行认可、在国际上拥有话语权的科技创新实力,成为抢占国际科

---

① 习近平. 在广东考察工作时的讲话[EB/OL]. (2012-12-07)[2021-09-28] https://fuwu.12371.cn/2016/12/13/ARTI1481594817622511.shtml.

技制高点的重要战略创新力量"①。

3. 构建全球科技创新命运共同体

一是共建开放创新的世界经济。创新发展是引领世界经济持续发展的必然选择。当前,新一轮科技革命和产业变革正处在实现重大突破的历史关口。各国应该加强创新合作,推动科技同经济深度融合,加强创新成果共享,努力打破制约知识、技术、人才等创新要素流动的壁垒,支持企业自主开展技术交流合作,让创新源泉充分涌流。为了更好运用知识的创造以造福人类,我们应该共同加强知识产权保护,而不是搞知识封锁,制造甚至扩大科技鸿沟。我们应该谋求包容互惠的发展前景,共同维护以联合国宪章宗旨和原则为基础的国际秩序,坚持多边贸易体制的核心价值和基本原则,促进贸易和投资自由化便利化,推动经济全球化朝着更加开放、包容、普惠、平衡、共赢的方向发展。我们应该落实《联合国 2030 年可持续发展议程》,加大对最不发达国家支持力度,让发展成果惠及更多国家和民众。② 我们要开放创新,开创发展繁荣的未来。开放是发展进步的必由之路,也是促进疫后经济复苏的关键。我们要推动贸易和投资自由化便利化,深化区域经济一体化,巩固供应链、产业链、数据链、人才链,构建开放型世界经济。要深化互联互通伙伴关系建设,推进基础设施联通,畅通经济运行的血脉和经络。要抓住新一轮科技革命和产业变革的历史机遇,大力发展数字经济,在人工智能、生物医药、现代能源等领域加强交流合作,使科技

---

① 习近平.关于《中共中央关于制定国民经济和社会发展第十三个五年规划的建议》的说明[EB/OL]. (2015-10-26)[2021-09-28]. https://www.12371.cn/special/blqs/xjpgykjcxlszb/.
② 习近平.在第二届中国国际进口博览会开幕式上的主旨演讲[EB/OL]. (2019-11-05)[2021-09-28]. https://www.12371.cn/2019/11/05/ARTI1572932742204872.shtml.

创新成果更好造福各国人民。在经济全球化时代,开放融通是不可阻挡的历史趋势,人为"筑墙""脱钩"违背经济规律和市场规则,损人不利己。①

二是要将"一带一路"建成创新之路。创新是推动发展的重要力量。"一带一路"建设本身就是一个创举,搞好"一带一路"建设也要向创新要动力。我们要坚持创新驱动发展,加强在数字经济、人工智能、纳米技术、量子计算机等前沿领域合作,推动大数据、云计算、智慧城市建设,连接成21世纪的数字丝绸之路。我们要促进科技同产业、科技同金融深度融合,优化创新环境,集聚创新资源。我们要为互联网时代的各国青年打造创业空间、创业工场,成就未来一代的青春梦想。我们要践行绿色发展的新理念,倡导绿色、低碳、循环、可持续的生产生活方式,加强生态环保合作,建设生态文明,共同实现2030年可持续发展目标。②

三是构建开放创新生态,参与全球科技治理。科学技术具有世界性、时代性,是人类共同的财富。要统筹发展和安全,以全球视野谋划和推动创新,积极融入全球创新网络,聚焦气候变化、人类健康等问题,加强同各国科研人员的联合研发。要主动设计和牵头发起国际大科学计划和大科学工程,设立面向全球的科学研究基金。科技是发展的利器,也可能成为风险的源头。要前瞻研判科技发展带来的规则冲突、社会风险、伦理挑战,完善相关法律法规、伦理审查规则及监管框架。要深度参与全球科技治理,贡献中国智慧,塑造科技向善的文化理念,让科技更好增进人类福祉,让中国科技为推动构建人类命运共同体作

---

① 习近平.在博鳌亚洲论坛2021年年会开幕式上的视频主旨演讲[EB/OL]. (2021-04-20)[2021-09-28]. https://www.12371.cn/2021/04/20/ARTI1618885094861312.shtml.

② 习近平.携手推进"一带一路"建设:在"一带一路"国际合作高峰论坛开幕式上的演讲[EB/OL]. (2017-05-14)[2021-09-28]. https://news.12371.cn/2017/05/14/ARTI1494741664934792.shtml.

出更大贡献!① 要深度参与全球科技治理,贡献中国智慧,着力推动构建人类命运共同体。自主创新是开放环境下的创新,绝不能关起门来搞,而是要聚四海之气、借八方之力。要深化国际科技交流合作,在更高起点上推进自主创新,主动布局和积极利用国际创新资源,努力构建合作共赢的伙伴关系,共同应对未来发展、粮食安全、能源安全、人类健康、气候变化等人类共同挑战,在实现自身发展的同时惠及其他更多国家和人民,推动全球范围平衡发展。要坚持以全球视野谋划和推动科技创新,全方位加强国际科技创新合作,积极主动融入全球科技创新网络,提高国家科技计划对外开放水平,积极参与和主导国际大科学计划和工程,鼓励我国科学家发起和组织国际科技合作计划。②

新时代科技创新驱动思想极大丰富和发展了马克思主义的生产力理论、科技创新战略理论、科技创新价值理论和科技创新人才理论,是对马克思主义科技创新理论的原创性贡献,将马克思主义科技创新理论推向了新的发展阶段。在实践意义方面,新时代科技创新思想是在科学分析当今世界科技发展大趋势和我国科技发展新变化的基础上形成的,是新时代中国共产党人领导我国科技创新实践的经验总结,是指导新时代我国科技创新事业发展,加快建设创新型国家和世界科技强国的行动指南。

---

① 习近平.在中国科学院第二十次院士大会、中国工程院第十五次院士大会、中国科协第十次全国代表大会上的讲话[EB/OL].(2021-05-28)[2021-09-28].https://www.12371.cn/2021/05/28/ARTI1622208186296603.shtml.

② 习近平.在中国科学院第十九次院士大会、中国工程院第十四次院士大会上的讲话[EB/OL].(2018-05-28)[2021-09-28].https://www.12371.cn/2021/03/15/ARTI1615792324351236.shtml.

第六章
新工业革命的第一动力：智能科技创新驱动力

现在，我们迎来了世界新一轮科技革命和产业变革同我国转变发展方式的历史性交汇期，我们既面临着千载难逢的历史机遇，又面临着差距拉大的严峻挑战。科技工作者要把握大势、抢占先机，直面问题、迎难而上，瞄准世界科技前沿，引领科技发展方向，肩负起历史赋予的重任，勇做新时代科技创新的排头兵。在新工业革命中，更要"充分认识创新是第一动力，提供高质量科技供给，着力支撑现代化经济体系建设。……要以提高发展质量和效益为中心，以支撑供给侧结构性改革为主线，把提高供给体系质量作为主攻方向，推动经济发展质量变革、效率变革、动力变革，显著增强我国经济质量优势。要通过补短板、挖潜力、增优势，促进资源要素高效流动和资源优化配置，推动产业链再造和价值链提升，满足有效需求和潜在需求，实现供需匹配和动态均衡发展，改善市场发展预期，提振实体经济发展信心。世界正在进入以信息产业为主导的经济发展时期。我们要把握数字化、网络化、智能化融合发展的契机，以信息化、智能化为杠杆培育新动能。要突出先导性和支柱性，优先培育和大力发展一批战略性新兴产业集群，构建产业体系新支柱。要推进互联网、大数据、人工智能同实体经济深度融合，做大做强数字经济。要以智能制造为主攻方向推动产业技术变革和优化升级，推动制造业产业模式和企业形态根本性转变，以'鼎新'带动

'革故',以增量带动存量,促进我国产业迈向全球价值链中高端"。①

进入 21 世纪,以智能科技为核心领域的战略性新兴产业的发展,不仅代表了国家的科技实力和经济水平,还影响了社会发展的状况,所以正成为引领未来经济社会发展的重要力量,世界主要国家纷纷调整发展战略,大力培育新兴产业,抢占未来经济科技竞争的制高点,推动科技和经济的紧密结合,这也孕育着新一轮的工业革命,即以信息与智能科技为核心的新科技革命。本章对当前技术创新驱动力的特性和内在机理进行了探索。

第一节 新工业革命中科技创新的特点

1. 复杂的创新驱动模型

在过去的 25 年里,创新公司的产业格局发生了巨大的变化。以当前智能科技的基础数据科技为例,创新经济学中一个非常不同的发展领域是其研究所需的数据源。对创新和创新活动的分析需要常规经济数据以外的数据,除了通常的经济数据外,还需要有关创新类型、发明、技术、企业内部和企业之间的关系,以及大学等研究机构的数据,包含此类非经济数据的新数据源的开发,这些数据可能会与以货币计价的常规经济数据合并,如 GDP 和研发支出。越来越

---

① 习近平.在中国科学院第十九次院士大会、中国工程院第十四次院士大会上的讲话[EB/OL].(2018-05-28)[2021-09-28].https://www.12371.cn/2021/03/15/ARTI1615792324351236.shtml.

多的相关文献并非由经济学家所撰写,而由管理学和社会学家完成,以及由这些相关领域的学术论文形成。这不是偶然,而是反映了该领域的本质,理论研究还可以追溯到熊彼特对静态新古典框架的批评,该框架在该领域发展的某些时期在经济学中占主导地位。而且,当前的创新模型的结构并非一直遵循创新理论中的"线性模型",许多学者分析了创新系统中存在的反馈现象。也有有关创新的经济史研究、分析的演化方法,以及有关公司创新的实证研究的概述。还有学者重点分析发明过程及其激励措施,或者着眼于科研组织、奖励系统、网络、协作和用户创新的作用,并包括有关信息技术和制药行业的案例研究。此外,还有许多关于商业化和创新传播,以及有关融资、公司战略、通用技术及其传播的特殊案例和国际贸易在跨界传播创新中的作用的分析。此外,还有许多研究涉及农业、能源和环境领域的创新过程和成果,以及创新在经济发展中的作用。首先是宏观经济增长核算和研发投资回报的微观经济衡量,以及创新领域使用的非经济和定性数据的衡量方法,如专利数据和来自创新调查的数据等。

这些研究从一个很小的侧面体现出新工业革命中的创新驱动现象,关于创新的研究越来越复杂,远非之前的线性模型所有概括的,可见当前对创新的认识越来越深刻了。

习近平的发言对新工业革命有着研判与展望:"纵观世界文明史,人类先后经历了农业革命、工业革命、信息革命。每一次产业技术革命,都给人类生产生活带来巨大而深刻的影响。现在,以互联网为代表的信息技术日新月异,引领了社会生产新变革,创造了人类生活新空间,拓展了国家治理新领域,极大提高了人类认识世界、改造世界的能力。互联网让世界变成了'鸡犬之声相闻'的地球村,相隔万里的人们不再'老死不相往来'。可以说,世界因互联网而更多彩,生活因互联网而更丰富。"①

2. 显著的高科技驱动力

首先,高科技增长模型中的投入系数显示出的影响很小,往往与理论相反。因此,开发投资的回报率较低。这种知识很有用,因为它向地方政策制定者展示了在这里提供激励措施的效果并不显眼。这一发现挑战了地方政府对经济发展的看法。由于大多数城市都在寻求吸引小型企业,因此正确的经济激励措施不会浪费稀缺的本地资源。

政策制定者只对少数几个可操纵的业务起到决定因素,而且地域特色非常明显,它们会影响高科技的增长。并非所有城市都可以制定吸引高科技产业的政策,因为某些城市的资源禀赋使其在竞争中处于落后地位。因此,研究表明,影响企业所在地决定因素的政策行动可分为两类:前提条件和操纵因素。前提条件是决策者影响范围之外的宏观因素,工资、高科技就业密度和场所基础是此类前提条件。操纵因素是财政、劳动技能、住房负担、学校质量、土地使用等。尽管地方政策制定者可能拥有操纵这些决定因素的手段,这些政策并不一定总会受到激励措施的影响,不会处于能够被操纵的稳定状态,或者实际上会吸引高科技而不是低技术产业。

例如,高科技的增长显示出对分区问题的强烈反应,空置和工业用地是增长的指标。"此外,低技术含量的增长在统计上对这种政策有更大的反应。因此,虽然前提条件和操纵因素的类别为可能的政策行动提供了某种结构,但位

---

① 习近平. 在第二届世界互联网大会开幕式上的讲话[EB/OL]. (2015-12-16)[2021-09-28]. https://news.12371.cn/2015/12/16/ARTI1450250340197792.shtml.

置决定因素可能属于这两个类别,具体取决于当地的资源禀赋。"①

无论决策者是否对土地使用和分区进行控制,对高科技的相对投入的长期性使得高科技增长的可能性低于低技术增长。决策者需要正确地制定激励政策,但首先,他们必须注意这是否是一项能够实现预期结果的政策。

高科技产业是一种重要的驱动力。业务地点决定因素的变化不会刺激很多增长,重要的决定因素也不一定可以操纵。因此,政策对高科技的增长几乎没有影响,特别是在地方层面。研究表明,针对高科技公司的吸引力的经济发展政策是对资源的分配。这是经济发展中普遍的一个概念,特别是在税收优惠方面。政策制定者不仅必须承认高科技产业与低技术产业之间的差异,而且还必须接受高科技产业的吸引力并不会以最低的成本为城市带来收益,也不会确保它完全发挥作用。

总体而言,计量经济学结果表明,高科技制造业不仅不会从中心城市分散,而且不会比低技术制造业更快地分散。此外,这些模型没有证据支持流行的观点,即信息技术使高科技公司能够更自由地定位。对于大多数业务地点决定因素的变化,高科技的增长对技术的增长的响应要比低技术的增长慢。结果表明,传统的中心城市并没有失去对高科技产业的竞争。高科技制造业呈现出集聚趋势,更多的是城市化而不是本地化。在本地化中,中心城市比郊区城市更具优势。

对待高科技制造业不能像以前建议的那么松散,要提升促进高科技增长的重要性,才能使政策更具针对性和更有效。尽管高科技增长的响应速度不及低技术增长快,但几个决定因素在解释高科技制造位置决策方面具有统计学意

---

① Feldman M P, Link A N. Innovation policy in the knowledge-based economy[M]. New York: Sringer Science & Business Media, 2001: 281.

义。因此，仍在寻求吸引高科技产业的城市需对高科技区位决策有更深入的了解。尽管并不总是按预期的方向发展，但劳动力技能、工资水平、住房负担、学校质量、土地使用、高科技就业，以及城市高科技机构基地都会影响高科技的增长。小城市对这些决定因素几乎无法操纵，所以决策者应更加有效地分配稀缺的经济发展资源。

3. 创新驱动全球化与国际化

高科技创新与国际化息息相关，它们之间的因果关系可以体现在任何一个方向上。有充分的理论依据可说明这种因果关系可以选择两种方式：从创新到国际化和从国际化到创新。实际上，这两种现象很可能是通过累积因果机制联系在一起的。在微观层面，更多创新的公司可以通过良性竞争，从而变得更加国际化。在宏观层面上，与创新程度较低的国家相比，创新基础较高的国家在国际商业活动中的表现将更好。相反，国际化可以通过训练各种行为和学习机制，对创新产生积极影响。在前者的层面上，计划通过出口或外国直接投资（FDI）进入国外市场的公司可能会有所尝试并提高其创新绩效。而且，国际化的公司和国家面临着可以学习的多元文化、知识和创新环境。参与国际活动的事前的战略行为以及事后学习，都可以提高创新绩效。随着时间的流逝，这些过程可能会累积起来，从而使公司得到创新，使公司在各国家和地区间的国际化绩效得到增强。这也会形成一个良性循环，以便创新型公司和国家可以在国际市场上开展竞争。同样，该过程也可能得到完全相反的结果，创新表现不佳会对国际化表现产生负面影响，而国际化表现反过来又对创新产生负面影响。

从20世纪初开始，一种特殊类型的机构跨国公司越来越多地参与国家层面的国际商业活动。跨国公司的存在是由于技术和组织创新。自第二次世界大战以来，跨国公司参与各种国际活动变得非常重要。实际上，在过去的三四十年中，跨国公司主导了国际商业活动。① 此外，它的参与催发了新的活动方式，并扩大了这种参与的地理范围。这也导致了生产过程的国际化。这就是为什么在分析国际化与创新之间的联系时，需要着眼于跨国公司。分析跨国公司，应讨论技术和组织创新在其出现和发展中的作用。还要分析跨国公司在创新活动中的密切参与，具体涉及生产过程的国际化以及跨国公司网络在知识和创新传播中的作用。在现实中，存在两种国际化的具体模式：出口和进口及其与创新的关系。它们是最古老的跨境活动模式，它们的存在早于跨国公司的诞生。在当代经济中，贸易可以由各种企业进行，而不仅仅是领先跨国公司。但是，后者是占据世界贸易中最大份额的机构。在分析国际化对创新的影响时，还需要专门讨论与可能从微观经济扩展到宏观经济有关的问题。

这一点还体现在科技创新与国际化之间的关系，特别是跨国公司及其活动中。跨国公司目前是国际商业活动的主要参与者，也能体现创新在贸易中的作用，特别是贸易对创新的影响。这是一种从微观到宏观领域应用国际化对创新影响的问题。创新传递涉及对可能溢出的分析，这些溢出要求在公司、行业和国家级别具有相关的吸收能力。创新和国际化都是陈旧的概念，但它们在当代具有新的特征。现在，跨国公司的活动占主导地位。支配地位取决于它们运作的方式，这些活动的深度、数量和相关性，以及在地域扩展方面。此外，这还取决于跨国公司在其他经济参与者尚未达到的范围内进行跨境计划、组织和控制的能力。所有这些因素都表明，跨国公司在当今世界的经济、政治和权力中处于主导地位。

---

① Grazia I G. Innovation, internationalization, and the transnational corporation [M]// Archibugi D, Filippetti A. The handbook of global science, technology, and innovation. New York: John Wiley & Sons, 2015: 128.

另外，需要分析知识密集型服务的全球化所涉及的各种各样的过程。随着服务生产和交付的海外扩张，我们看到了新的国际服务活动以及新的知识密集型服务提供商的出现。这些过程与创新全球化的其他方面相互作用。它们需要协调和管理国际知识流，并以不同程度和不同方式影响世界各地。

新的信息技术使服务通过以被捆绑的方式所带来的问题日益加剧。随着公司重新考虑生产过程的每个阶段如何以及在何处进行，组织和地理变革都在进行中。新技术以及与经济增长和市场变化相关的社会变革也推动了新的知识密集型服务的发展。因此，即使我们监控和评估的能力相对落后，对服务国际化的兴趣也会增长。

知识密集型服务，不仅能提供可组合在一起的组件产品，还可以为全球市场制造成品。它们经常塑造和整合知识，将各种参与者和共同体联系在一起，为各种创新系统作出贡献。它们如何对全球化作出贡献，以及它们如何应对这一现象，仍需进一步了解。

科学是全球性的，但同时也是国家和地方的活动，选择短距离合作方面的倾向更高。从网络的角度来看，这并不是一个不寻常的模式，因为它结合了长距离联网的优势以及短距离联网的效率和成本效益。有充足的证据认为，国际合作可以提供不同质量的知识投入，从而可以为科学活动提供独特的刺激。但是没有理由要求以国家或地方合作为代价，促进国际合作超越目前的水平。在塑造科学合作和技术系统的机构和基础设施方面，国家仍然是最重要的实体。我们还应认识到，全球科学进步不仅可以通过国际合作来实现，还可以通过国际科学领域内当地科学家群体之间的竞争来实现。因此，可以预见全球科学合作的空间格局将在短期内保持不变。

4. 创新劳动阶层的出现

从工业资本主义到以知识为基础或创造性的资本主义的新时代,世界经济正处于一个时代性的转变中。古典经济学家确定的规范生产要素,如土地、劳动力和资本,不再是经济增长的主要驱动力。国家和地区经济日益增长并蓬勃发展,它们当前已能够利用科学、技术、创新和人类创造力作为经济和社会进步的来源。

科技创造力在根本上不同于传统的、有形的生产要素。与可能耗尽或磨损的事物不同,它是一种无限可再生的资源,通过教育、工作经验,以及人们之间的协作和竞争而发生,让自发且经常是偶然的想法通过组合而不断扩大。

就像工业资本主义催生了蓝领工人的新社会经济阶层一样,创新经济也催生了新的劳动者,他们用自己的思想和创造力工作。这个富有创造力的阶层,占发达经济体劳动力的三分之一至一半,其中包括科学家和技术专家、创新者和企业家、设计师、媒体工作者、学者,以及艺术和文化创新、商业和教育领域的知识型专业人员。同传统的工人阶级一样,它由许多完全不同的具有共同的物理技能的职业组成,从熟练的商人到流水线工人,构成创新阶层的各种职业都体现了基本的创造力。

全球创造力指数(Global Creativity Index, GCI)是基于技术(technology)、人才(talent)和宽容度(tolerance),即经济发展的3T指标的综合衡量指标。

技术是第一个T。正如马克思和熊彼特早就指出的那样,技术和技术创新使资本主义能够产生新的产业,并刺激新的增长。索洛采用经典模型法,正式提出技术在经济增长中的作用。

人才是第二个T。这一点最早是由亚当·斯密提出的。他注意到人力资本和技能在经济增长中的作用,并将其定义为所有居民或社会成员的有用的能力,或者将人力资本与国家和地区的增长联系起来。此外,这些联系最容易在城市中看到,而城市是当代经济的主要经济引擎。其实,学者们早就注意到知识工作者和知识经济的重要性。知识工作者不仅发明了能够更有效地生产新机器和工艺,而且还提出了创造全新市场的产品。拉莫在他的内生增长理论中正式定义了知识的作用,并将其与技术联系起来。

容忍度是第三个 T。将技术和人才的概念化为流动的。人才和技术不仅流向拥有一流大学或强大工业结构的地方,而且流向开放且进入门槛较低的地方。因此,宽容是非市场因素,可以提高技术和人才的效率。研究也表明,创新与多样性密切相关。硅谷能成为世界上极具创新力的地方之一,就是一个例子。在基于新技术的企业中,有三分之一至一半的企业在其创始团队中有外国人参加。开放的多样性也与广泛的文化转变相一致,从金钱和物质的价值观向新的价值观转变,这种价值观主张自我表达以及对福祉的更广泛的追求。

对新思想开放,吸引了来自世界各地才华横溢且富有创造力的人,他们拓宽了自己的技术和才干能力,并获得了比技术和才华更多的经济优势。这些现象越来越多地出现在主要城市及其周围。在世界上最大的都市圈内进行的经济活动所产生的经济价值要比其人口规模潜在的价值要大得多。"创新阶层占 40 个国家和地区劳动力的 40% 以上,但分析表明,创新经济在全球范围内的发展不平衡。创新经济在斯堪的纳维亚半岛和北欧地区,以及美国、加拿大、澳大利亚和新西兰最有名。此外,创新经济在国家内部以及国家之间的出现不平衡。"[①]

---

① Richard F, Mellander C. The rise of the global creative class[M]//Archibugi D, Filippetti A. The handbook of global science, technology, and innovation. New York:John Wiley & Sons, 2015: 338.

诸如便利设施、场所质量、开放性和宽容性等因素在吸引人们前往某些城市和创新中心方面发挥着越来越重要的作用。尤其是较大的城市,允许创造性和技能的迭代和累积过程,使其成为国家内技术、人才、宽容和经济增长的卓越之地。在竞争日益激烈的世界中,这些大城市正在成为赢家。

总之,国家的经济、技术和创新绩效由一系列因素所致,而且这些因素不仅限于科学和技术。与国家和各级的其他研究相一致,人才在国民经济绩效中发挥着重要作用。人才不仅涵盖了传统的人力资本教育手段,而且还包括基于人们所做工作类型的职业技能。总体而言,技术和人才在跨国经济绩效中是相辅相成的因素。非市场因素在国家的经济绩效中起着补充作用。对人才更为开放、人才进入门槛较低的国家,可以从吸引和调动更多人才的能力中受益。这与其他研究一致,即发现宽容、多样性和开放性与更高的创新能力和更高水平的国民经济绩效相关。一般而言,技术、人才和宽容还具有相互增强的功能。

5. 科技创新合作化

科学合作的国际化或全球化是当今科学的关键特征,多种机制正在促进科学的国际化。首先,进行科学的一些最重要的机构和框架已经变得越来越全球化。一个明显的例子是在出版物、会议和通信中将英语用作全球科学语言,与之密切相关的还有通过同行评审来评估出版物等。

国际合作意味着获得和整合全球可用的科学资源、思想和能力。这不仅可以提高研究质量,而且可以提高教育质量,并加快发现过程。在近几十年中,旅行和通信成本的降低以及通信工具的进步使国际化成为可能,并促使这些力量塑造了科学组织。但是,高等教育和科学领域的管理者也已经对这些变化作出了回应,将国际化放在了他们的议程上。就是要求在研究和教学中进行国际合作,以此作为质量控制手段和扩大活动范围的一种方法。

这些也是一些公认的理论概念的核心,如国家创新系统和区域创新系统。所有这些概念为技术系统的假说提供了论据,着眼于创新体系内主要群体之间的复杂互动,即产业基础、管理和创新体系。科学基础与科学协作是这种复杂创新系统中的子动力之一。

网络化科学使我们能够分析关于科学合作组织方式的图像是否准确。在大多数科学领域中,网络化科学表明,国家和地区合作偏向具有高度相关性,并体现了普遍适用的特征。尽管社交网络与其他形式的网络相比具有其自身的结构属性,但它们代表了与协作和空间相关的通用功能的潜在因素。随着距离协作的可能性降低,其技术解释与以下事实有关:网络中的参与者和联系不是随机分布的。大型的知识创造中心更可能出现在城市群及其主导的组织中。也就是说,那些已经进行了大量合作的组织比小型组织更可能获得更多的知识。尽管如此,这并不能解释这种链接活动在其中发生的空间邻接。在有关网络化科学合作的最新文献中,有一个重要发现:从20世纪80年代到今天,论文共同作者之间的平均空间距离增加了。这为国际化是当今科学的结构特征这一假设提供了定量证据。

随着协作国际化,科学研究的质量也可能提高。研究表明跨越组织边界的多合作者论文获得了更多引用,因此更成功。当公司进行国际化时,创新活动会增强。多样性是机遇和绩效的驱动力,也是复杂网络研究中的一个突出主题。这两个论点中,网络多样性和地理距离也是相互关联的。也就是说,网络的多样性随地理距离而增加,这仅仅是因为物理上遥远的合作者具有不同的本地性,如制度框架和文化特质。

还有研究表明,有可能在不断壮大的科学网络中发现合作者之间平均最短路径长度的减少,这可能有助于保存具有强大局部结构的科学系统的思想。这一发现在一定程度上与其他关于网络的研究结果相矛盾,作为中心的某个领域的顶级研究人员似乎正在完美地优化其直接的网络邻居,并为更大的全系统知识访问作出了贡献。随着时间的流逝,在这样一个全球系统中产生和传播的知识很可能会激发更全球化的科学知识,而多样化的想法将改善总体成果质量。

当前的趋势是,首先有证据表明科学合作国际化在数量和质量上都有发展趋势,同时也有令人信服的反证证据。其次,通过分析合作的结构,出现了许多从科学、社会或政治的角度对经济合作结构的分析。

在此背景下,新工业革命需要阐明科学合作来自国际合作以及持续存在的国家和地区的方面。为了提供一致的研究框架以评估全球科学合作的结构和趋势,有必要定义新的可比较的研究单位,因为研究共同体的相似性被认为是独立于空间的、合作的重要代表,因此至少在核心主题方面排除了所描述的基于网络的多样性影响。

关于科学部门与私营商业部门之间的相互作用,对于整个经济发展而言,国家和国际综合协作战略提高竞争力的情况越来越普遍。这在基于科学的产业以及在生产链以外的全球化的技术和创造性方面尤为重要。

诸如国家创新体系试图解释产业、政府和公共研究部门之间这种复杂的相互作用。这些概念不仅助力了先进经济体,而且意识到了密集互动优点的新兴经济体也在迅速发展,科学界在某种程度上可以被视为全球一体化的整合者。

6. 创新驱动信息化与开放化

虽然在新工业革命中各种社会力量的冲突会对科技创新产生影响,然而其中影响最深刻的是信息。特别是从 20 世纪 90 年代开始,"信息社会""信息时代""知识经济",或"网络社会"等概念逐渐盛行。这些术语指的是新的信息技术关涉的多种因素:依赖于技术的分散知识的新经济体的崛起,跨国公司和公共机构的全球化,导致传统国家的经济影响力下降,以及重新塑造劳动关系,政治和经济活动的新网络的形成。

现代信息社会在多方面、全球化的积极影响下,知识产权迅速兴起已成为全世界关注的问题。许多国家本地文化的完整性、语言、价值观和传统的文化表现形式已被来自西方发达国家的文化影响取代,因此信息社会在文化方面的弊端很多。特别是,信息社会倾向于强调当前规范和制度,同时强调价值观和道德承诺的相关性。"在这种情况下,文化可能成为一种稀缺资源,应作为另一种财产形式加以捍卫,无论是个人财产还是集体财产。文化遗产和文化表现形式正被重塑为高度政治化的商品。"[1]

一直以来,随着全球市场经济极大地依赖于知识产权保护制度,信息经济的增长扩大了知识产权的价值。知识产权已从信息社会中受益,这是因为全球化和全球市场正在不断尝试通过行业扩展版权和专利保护条款,以及通过广泛接受的协议来扩大知识产权的适用范围,如 WTO 框架内的 TRIPS 协议。相反,新的挑战和复杂性源于信息社会和相关技术的特殊性。例如,软件工程和生物技术领域扩大了知识产权的应用范围,超越了传统领域,在包含基因序列,生命形式和数据库信息操纵的领域。必须根据信息社会在文化及其保护方面的作用来评估这些社会变革和推动这些发展的力量,同时要考虑到该问题的政治、文化和经济方面,以采取整体方法。

健康、环境、通信、移动性和安全性都需要开发新知识,新的科学技术能力

---

[1] Farah P D, Tremolada R. Global governance and intangible cultural heritage in the information society: at the crossroads of IPRs and innovation[M]//Archibugi D, Filippetti A. The handbook of global science, technology, and innovation. New York: John Wiley & Sons, 2015: 465.

也不限于一个国家,最重要的是,知识增长很可能是不同地区共同发展的结果。尽管如此,许多国家政府还是根据自己的隐性假设制定了自己的科学技术政策议程,即他们迟早会设法从其他地方资助和开展的基础研究中受益。但是,当这种态度变得普遍时,"搭便车"现象就会盛行:每个国家可能都会不断等待,直到其他国家找到解决方案。反过来,这将导致商品的生产不足。尽管知识在地理上具有很强的相互关联性,但其全球治理仍然非常模糊:应如何组织?谁应该提供资源?对此,由开发计划署开发的全球公共产品框架也许可以提供一些答案。

当公共物品覆盖了相当多的国家且难以确定其受益人共同体的地域时,可以将其视为全球性物品。金融稳定、和平与气候变化做斗争以及控制可传播的疾病都是公共产品,知识可能并不完全适合公共产品框架,但这无疑是全球利益产品:只有在少数情况下,并且在短时间内,机构和公司才能设法将其知识保持在本国范围内。即使是在最高机密的知识中,也很可能会扩散到敌对国家。排他性可以在短期内获得,但从长期来看却越来越少。很难想象某些知识如何为特定的地方或民族共同体而不是其他所有共同体带来利益。

知识作为全球公共物品,也挑战了仅由商业部门提供知识的想法。私人激励措施在基础研究项目中效果不佳,基础研究项目的结果非常不确定,固定成本也很高,如粒子物理学领域的研究,其收益将遍及整个科学界。知识产权等专有机制的存在并不能保证这些产品的充分生产。这都是与知识作为全球公共物品相关的根本问题。

科技知识产品向赶超国家的转移也受到吸收国能力水平的限制,在这种情况下,可免费获得的知识与可以在不产生成本的情况下使用的知识之间的差异变得很重要。即使可以免费获得大量知识,也不意味着这些国家也可以在没有必要的基础设施和技能的情况下获得收益,无论是设法吸收所新知识的国家,还是已经对内源性基础设施、研发和教育进行大量投资的国家。20世纪50年代和60年代的日本,70年代和80年代的韩国,以及21世纪的中国,都是利用其他地方产生的知识的国家和地区的类型,因为它们付出了巨大的内在努力来获取知识。将知识视为纯粹的公共物品可能会散布这样的观点,即只要发展中国家准备消除知识转移壁垒,则发展中国家可以从发达国家的能力中受益。但这是不准确的,因为体制或经济障碍不是使用知识的主要障碍。发展中国家面临的主要障碍是缺乏内源吸收能力。

全球公共产品框架还提出了另一个重要方面:增加所有参与科学和技术活动的合作伙伴符合所有国家的利益,包括那些已经积极从事知识创造的国家的利益。发达国家和发展中国家都有潜在的相互激励,以进行和交换非专有知识。实际上,公共参与者采取了积极的政策,以使其他国家增加知识储备。资助的联合研究计划、国际会议、国际学术协会和学生交流也是在知识社会中培育新知识的方法。在这些领域中,每个国家都在培养自己的学术团体,以取得更好的成绩,只是方法和结果通常是共享的。

第二节 新工业革命的核心动力:信息与智能

1. 信息智能科技的兴起

互联网无疑通过某些非凡的方式改变了世界。在国家和地区内拥有财政权力的政府被迫越来越多地处理全球性和"无空间"交易。互联网正在迅速成为信息访问的第一个也是最重要的媒介。科学、技术、社会科学的研究，以及所有系统化人类知识的产生和传播也是如此。随着这种转变，人们对互联网对经济地理的影响进行了各种预测。一方面，倡导"新经济"的人认为，降低信息成本将以前所未有的速度提高经济运行效率。由于将数字信息分发给网络上任何人的成本几乎没有差别，无论他们是在隔壁还是遍及全球，这些都进一步预测了距离的消失，即认为位置将在很大程度上消失。此外，他们认为，使人们连接到网络的好处远远超过了连接的成本，因此几乎可以广泛地扩展网络访问。另一方面，有些人认为数字鸿沟正在扩大。对于这些人来说，互联网加剧克服经济和地理不平等的可能性更大。还需要考虑互联网如何重塑我们的经济空间格局以及由此产生的政策含义的经验证据。许多证据清楚地表明，互联网将极大地影响经济发展的空间格局。互联网具有比以前任何通信技术都大的潜力，可以更快地向庞大的国际用户网络分发信息。这正可以创造新的经济机会和收入来源。然而，基于地位的不平等，许多新旧问题也不断出现。互联网访问本身的分散和分布，即所谓的数字鸿沟，在连接的人的成本和收益的空间中，都是存在的。如果要最大限度地利用这种革命性的新技术带来的潜在社会福利，那么就必须面对艰难的政策选择，并且必须根据政策目标进行大量的公共投资。

在智能科技中，人工智能是引领这一轮科技革命和产业变革的战略性技术，具有溢出带动性很强的"头雁"效应。在移动互联网、大数据、超级计算、传感网、脑科学等新理论新技术的驱动下，人工智能加速发展，呈现出深度学习、跨界融合、人机协同、群智开放、自主操控等新特征，正在对经济发展、社会进步、国际政治经济格局等方面产生重大而深远的影响。加快发展新一代人工智能是我们赢得全球科技竞争主动权的重要战略抓手，是推动我国科技跨越发展、产业优化升级、生产力整体跃升的重要战略资源。习近平指出，"人工智能具有多学科综合、高度复杂的特征。我们必须加强研判，统筹谋划，协同创新，稳步推进，把增强原创能力作为重点，以关键核心技术为主攻方向，夯实新一代人工智能发展的基础。要加强基础理论研究，支持科学家勇闯人工智能科技前沿的'无人区'，努力在人工智能发展方向和理论、方法、工具、系统等方面取得变革性、颠覆性突破，确保我国在人工智能这个重要领域的理论研究走在前面、关键核心技术占领制高点"。[①] 要以人工智能技术推动各产业变革，在中高端消费、创新引领、绿色低碳、共享经济、现代供应链、人力资本服务等领域培育新增长点，形成新动能。要推动智能化信息基础设施建设，提升传统基础设施智能化水平，形成适应智能经济、智能社会需要的基础设施体系。

2. 信息智能科技的驱动力体现

可以将互联网分析为国际广泛网络的三位一体。其中，第一个是由网络专用软件控制的通信链路、计算机和其他硬件的物理网络。这些决定了网络的功能和地理范围。第二个是驻留在各个节点上的信息内容以及此信息在网络用户之间的流动。第三个是用户自身的网络。用户从他们的办公室或其他场所相互连接以获取和分发信息。基于这些联系，他们做出影响他们在现实世界中的经济和社会行为的决策。网络的原始元素出现在 ARPANET 中，ARPANET 最初是在 20 世纪 60 年代后期设计的，用作发生核攻击时与国防相关组织的通信网络。其他研究人员和学者很快意识到了该网络的潜力。在 20 世纪 80 年代中期，美国国家科学基金会（NSF）创建了一个类似的并行网络，称为

---

① 习近平. 在中共中央政治局第九次集体学习中的谈话[EB/OL]. (2018-10-31)[2021-09-28]. https://www.12371.cn/2018/10/31/ARTI1540987310845151.shtml.

NSFNET，以连接其超级计算机中心。NSFNET 采用了 ARPANET 的 TCP/IP 协议，成为美国的主要骨干网。不久之后，以营利为目的的私营企业维护的许多其他高速 TCP/IP 光纤也加入了。在 20 世纪 90 年代，特别是随着 1993 年万维网和 Mosaic Web 浏览器的发展，互联网从其主要的学术领域迅速发展成为国际商业活动和大众文化的主要媒介。

作为物理网络的互联网：从一方面看，网络是一个复杂的层次结构的网络，它包含本地、区域、国家和国际通信网络，将位于其节点处的各种计算机连接在一起。这些通信网络由线缆组成，通过路由器与其他设备连接的光纤线路和无线通信连接，这些设备处理、存储和重定向数据的标准化数据包。互联网的硬件通过专门为其设计的软件包进行控制，这些软件包有助于在各种计算机节点之间传输数据。硬件和软件是设计和维护网络的技术专家最关心的问题。网络的吞吐量不仅取决于硬件的容量，还取决于控制和调节硬件的软件的效率。

作为信息网络的互联网：构成网络三位一体的第二个组成部分是位于物理网络节点上的一组数字编码信息源。对于大多数用户而言，网络并不是简单的物理网络。它可以进行在线访问，操纵和分发信息内容。信息具有可访问性，它们从一个信息源找到或能够创建的链接。由于在线接收的信息通常是即时显示的，无论是从相邻站点发送还是在全球范围的一半发送，信息网络都是无空间且无缝的。大多数用户不用了解物理基础结构的地理范围或提供其无缝连接的各种通信协议以及其他软件和硬件的存在。

作为人际网络的互联网：这也是最重要的要素，是指位于硬件和信息网络的众多节点之外的人员网络。通过网络的物理基础结构传输的信息会影响个人、公司和组织的行为，并改变它们之间交互的性质。互联网正在改变旧关系和新关系的建立方式。网络为单个用户带来的功能上的关键性进展是有效工作空间的扩展。用户可以访问以前遥不可及甚至无法获得的最新产品、价格或其他信息。随着越来越多的商品可以在网上进行订购且不存在消费者意识上的空间滞后，用户的有效本地市场区域也增加了。

互联网经济学：在 20 世纪 90 年代初商业互联网问世之前，电话、传真机和通宵快递服务，更不用说电报、广播和电视，已经减轻了物理距离对经济中信息流的影响。为什么互联网被广泛认为是一种革命性的进步？因为互联网的重要性源于其大大提高的数据传输效率，它能够作为单个一致的捆绑软件提供以前单独的服务，而硬件需求却大大降低。由于这些服务和许多信息商品可通过单个相对便宜的设备获得，并且信息可通过单个管道发送，因此可以大大降低成本。

网络承载大量同时进行的信息传输的能力源于其对分组交换技术的使用。分组交换不同于电话链路中使用的电路交换技术。通话时会开通一个专用连接，该连接一直持续到通话结束。这是非常低效的，因为具有许多中断的正常对话不会用尽专用连接的全部容量。相反，网络传输中的数据流被分解为许多小数据包，并由路由器系统沿任何可用路径发送。由于线路容量不是专用于任何单个连接的，因此在较早的数据通信技术中引入的该系统可以更有效地利用可用的通信容量。实际上，这意味着网络允许用户接收和发送复杂的视频、文本和语音到电话网络可到达的任何地方。它不仅降低了以前通过其他渠道发送信息的成本，而且还创造了广泛的机会，可以将来自不同位置和来源的媒体和信息结合起来，用于个人、公共和商业消费。用简单的经济学术语来说，降低信息成本会增加对信息的需求。随着吸收可用的网络容量，需要新的信息以及人们根据新技术改变行为。

与创建和更新在线信息相关的成本并非微不足道。在减少分发更新信息成本的同时，对这种信息的需求也增加了。随着众多政府和非营利组织的发现，在线公共信息需要进行补贴。此外，随着向公众提供更多的信息和交互，要求也变得更多。因此,即使互联网取代了旧技术工作,也必须分配一些新的资源用于新职位和与互联网相关的任务。

3. 信息智能科技与人类社会

最后,需要考虑通过网络接收的信息如何影响人类的行为。普遍看法是人们通过互联网上的交互来代替更昂贵的个人旅行,或者用数字交付的商品代替硬拷贝,否则这些硬拷贝必须真实存在、直接获取或交付。但是,同样有可能的是,新信息将产生新的需求,并且确实补充而不是替代对旅行或实物的现有需求。简而言之,当我们开始了解网络的技术功能时,我们还没有完全了解人类将如何使用它。

同样重要的是,网络是作为整体的网络而不是作为单个连接而建立的。任何以利润为导向的公司都将首先建立最有利可图的联系,即可以最低的资本支出获得最多的用户。鉴于全球人口分布不均,这些地区可能是人口密度最高的中心。一旦规模最大且最容易到达的第一层中心连接起来,公司将迁移到第二层站点,依此类推。随着每个接连的大都市区人口的减少,预期的投资回报也可能会停滞然后下降。但是,合并每个新区域的固定成本可能不会显著下降。实际上,由于大都市区本身趋于聚集,并且集群内的人口密度趋向于分散,随着人口水平的下降,新增用户的边际回报,连接较小的用户网络的固定成本甚至可能上升。

最后一个问题是人们需要的不仅是他们能看到的信息,而且是他们能够理解和响应的信息。不仅人口密度在空间上分布不均,收入、教育水平、语言和其他社会人口特征也是如此。随着网络的发展,这些可能构成回报减少的进一步来源。网络中的原始成员可能非常相似,但是,随着网络的发展,新成员与原始成员的区别越来越大,与每个其他成员进行通信并从中受益的成本也在增加。换句话说,仅能够提供新成员的信息或从新成员接收信息是不够的,信息的使用必须为网络提供价值。

收益递减的一个更具体的原因是,"随着商业互联网成员的增长,其新成员的富裕程度可能会下降。尽管富裕成员对某些市场的影响可能大于非富裕成员,但它们对与互联网相关的经济交易的总体影响可能会逐渐减小"[1]。

因此,伴随着新的机遇,也要考虑新的成本。出现的问题是,互联网的收益是否超过成本。扩展物理和信息网络的容量以满足不断增长的需求会带来新的成本,但是从扩展网络中衍生出的其他成本也必须加以考虑。扩展网络的边际私人利益是否超过边际私人成本,物理互联网的增长是否可以自我维持,社会的边际收益是否超过边际社会成本,以此证明持续的公众参与和监管是合理的。

网络的目的是更好地理解和区分与网络增长相关的各种收益和成本。一方面,将异构信息源和用户组合在一起并集成到一个网络中,使网络成为一项革命性技术,它通过以相对较低的成本为其用户提供前所未有的信息访问方式,从而改变了人们彼此交互的方式。另一方面,随着对这种交互的需求增加,访问和容量似乎都受到熟悉因素的限制,如有形投资的成本和减少不负责任行为的成本。

4. 开放式创新的兴起

在过去的十年中,关于"开放式创新"的讨论凸显了从私人投资和等级控制

---

[1] Feldman M P, Link A N. Innovation policy in the knowledge-based economy[M]. New York: Sringer Science & Business Media, 2001: 237.

的创新模式向日益"开放式"和跨越边界的创新观念的转变。① 开放式创新代表了基于跨组织边界的有目的管理知识流的分布式创新过程。关于开放式创新的文献越来越多。一些公司放弃了对一些内部与创新相关的知识的控制，并将这些知识免费提供给参与创新过程的组织参与者和个人。在寻求利润的组织中，这种"选择性"披露的应用相对较少，但是有证据表明，与创新有关的知识和对知识流的控制得到缓解能带来创新收益。

尽管在实践中有关开放式创新和选择性披露的早期论述主要与以利润为导向的研发密集型公司有关，但最近它正扩展到新的分析水平和新的创新环境。这些机构中包括政府组织，以确保经济、社会和生态福利。政府行为者更加有目的地参与开放形式的政府创新。在此，我们主要分析与科技创新相关的政府开放式创新(GOI)的概念。该概念描述了政府行为者如何有目的地管理跨越组织边界的知识流，并有选择地向公众展示与创新有关的知识和信息，目的是激发创新以促进创新，在国家或全球范围内实现更高的经济和社会福利，选择性披露了政府行为者将一些与创新相关的知识作为公共物品来提供的过程，同时支持通过知识产权(IPR)和其他保护机制实现创新的私有化。GOI 包括三种披露策略，即问题披露、解决方案披露和政府开放数据(OD)。政府的 OD 工作已成为 GOI 出现的触发因素。自 2008 年以来，世界多国政府发布了具有普遍公民利益的机器可读数据集。以前，这是普通大众无法访问的，并且受到政府法规的严格控制。政府 OD 政策的目标之一是推动创新，并使公民、企业家、私营企业有机会将这些数据转化为新颖的 OD 应用和解决方案。例如，美国创建的 Data.gov，是政府开放数据的存储库，其中包含超过 150000 个

---

① Chesbrough H W. The era of open innovation[J]. MIT Sloan Management Review 2003, 44(3): 35-41.

可供公众免费使用的机器可读数据集,并为他们提供了将这些数据转化为新工具或应用程序的机会,还包括政府服务。除政府 OD 之外,问题发现是 GOI 的另一项核心战略。各国政府已开始发起所谓的众包计划,在这些计划中,他们公开发布政府创新问题,并邀请公民找到解决此类问题的解决方案。"问题披露"与政府 OD 披露是密不可分的。2011 年 1 月 4 日,奥巴马总统签署了《美国竞争者重新授权法案》,从而创立了 Challenge.gov,并允许所有联邦机构有权为机构赞助的 OD 竞赛颁奖。该竞赛公开邀请公民解决政府创新问题。

总而言之,GOI 描述了一种新颖的政府创新概念,它与关于政府在区域、国家和社会创新中的作用的"传统"假设,以及知识流及其对系统性创新的影响的理论不同。我们知道,先前的创新文献和理论已经指出了政府行为者在促进一个地区或一个国家的创新绩效并促进关键知识溢出方面的关键作用。研究国家创新、演化经济学和创新学习的系统学者指出:网络,尤其是政府网络,在创造、存储和转让有助于创新学习和知识传播的知识、技能和人工物方面发挥着至关重要的作用。此外,政府是最早依靠理论基础的实践机构,这些机制也是解决创新问题和推动政府创新的关键治理模式。实际上,放弃对与创新相关的各种知识、信息、问题和解决方案的控制是 GOI 的主要特征,这与政府遵循严格的规章制度及政府与外部解决方案提供商进行互动的传统策略背道而驰。GOI 着重强调非专家人群作为解决政府创新问题以及将 OD 转变为可增加社会福利的创新解决方案的关键角色。GOI 的这种特殊性来自"开放政府"的全球政策运动,它是通过政府活动的数字化,全球范围内数字技术和互联网的普及以及收集和存储成本不断下降而实现的。各地的开放政府努力遵循透明、参与和合作的原则。政府的 OD 努力是开放政府运动的核心部分,目前,透明驱动的创新已成为 OD 努力的中心政策目标。

政府 OD 的发布是一种全球趋势,它已发展成为 GOI,成为全球政府创新的新模式。GOI 意味着政府有目的地披露与创新有关的不同类型的知识和信息,以推动可增强经济和社会福利的创新。此外,GOI 与涵盖五个主要参与者的政府创新生态系统有关:政府、公司、大学和研究组织,以及公民群体。尽管 GOI 是一种全球现象,但并非所有政府都以相同的程度和方式从政府 OD 向 GOI 发展。

第三节 智能科技创新驱动力的价值

现在世界上几乎所有的技术设备都需要智能科技,它已经成为新工业革命的重要支撑和驱动力。其实,在此之前,智能科技已经成为世界各国重点关注的战略性新兴产业之一。例如,美国、英国、德国都已经相继推出了智能科技发展战略。我国也紧紧把握住了智能科技发展的潮流,适时推出了多个发展规划,国家关于发展战略性新兴产业、新兴科技的相关政策也于近几年陆续出台。其中,智能科技正是战略性新兴产业、新兴产业的重要内容之一,智能科技将带动一系列相关产业迅速发展,以智能科技为代表的新工业革命将对人类社会的创新发展产生深远影响。同时,我们也应该看到,智能科技业的发展对于提高自主创新能力、带动战略性新兴产业发展和保障经济社会可持续发展方面有着不可替代的作用。

1. 加快提高自主创新能力

加快建设创新型国家,其核心是增强自主创新能力,这是发展科学技术的战略基点,只有自主创新能力的提高,才能走出中国特色的自主创新道路,推动科学技术的跨越式发展。同时,我们需要紧紧抓住新一轮世界科技革命带来的战略机遇,更加注重自主创新,加快提高自主创新能力,谋求经济长远发展主动权、形成长期竞争优势,为加快经济发展方式转变提供强有力的科技支撑。加快智能电网产业的发展,对于提升企业创新能力有着重要的作用。2013年1月15日公布的《"十二五"国家自主创新能力建设规划》,高度肯定了智能科技等一批关键核心技术的突破对提高"十一五"期间我国自主创新能力方面的成绩,指出智能电网技术的发展为提升产业竞争力和促进节能减排降耗作出了积极贡献。只有信息技术有了大步提升,才能集聚整合行业优势创新资源,提高关键技术、装备和工艺创新能力建设,并为行业整体自主创新能力的提高提供技术保障和技术支撑。要实现这样的宏伟蓝图,整体提升产业技术水平,加快自主创新能力的提高,就需要我们在今后的产业发展中,紧紧瞄准智能科技发展的关键技术环节,集中力量开展共性技术攻关和关键技术突破,快速提升产业自主创新能力。

需以科技创新催生新发展动能。实现高质量发展,必须实现依靠创新驱动的内涵型增长。我们更要大力提升自主创新能力,尽快突破关键核心技术。这是关系我国发展全局的重大问题,也是形成以国内大循环为主体的关键。我们要充分发挥我国社会主义制度能够集中力量办大事的显著优势,打好关键核心技术攻坚战。要依托我国超大规模市场和完备产业体系,创造有利于新技术快速大规模应用和迭代升级的独特优势,加速科技成果向现实生产力转化,提升产业链水平,维护产业链安全。要发挥企业在技术创新中的主体作用,使企业成为创新要素集成、科技成果转化的生力军,打造科技、教育、产业、金融紧密融合的创新体系。①

习近平曾在讲话中指出,"我们已经具备了自主创新的物质技术基础,当务之急是要加快改革步伐、健全激励机制、完善政策环境,从物质和精神两个方面激发科技创新的积极性和主动性。要把强化基础前沿研究、战略高技术研究和社会公益技术研究作为重大基础工程来抓,增强预见性和前瞻性,提高原始创新水平。要坚持科技面向经济社会发展的导向,围绕产业链部署创新链,围绕创新链完善资金链,消除科技创新中的孤岛现象,破除制约科技成果转移扩散的障碍,提升国家创新体系整体效能。特别是要加强创新驱动的组织整合"②。

2. 带动战略性新兴产业的发展

战略性新兴产业是引导未来经济社会发展的重要力量,发展战略性新兴产业已成为世界主要国家抢占新一轮经济和科技发展制高点的重大战略。欧美发达国家已将发展智能科技纳入国家战略,欧盟将发展智能科技作为新兴经济的重要支柱。这就告诉我们,智能科技业是推动整个高新技术产业发展的中流砥柱,具有提纲挈领的作用,是新兴产业发展的关键所在。同时,智能电网有其产业发展自身的特殊性,如产业集聚度高、产业链相对较短、技术升级要求高等特点,使得智能科技的推进具有鲜明的政治色彩。所以,智能科技的概念一经提出,立即上升为国家产业发展战略的重点内容。我国规划确定的20项战略性新兴产业重大工程,绝大多数与智能科技密切相关,这正体现出了智能科技

---

① 习近平. 在经济社会领域专家座谈会上的讲话[EB/OL]. (2020-08-24)[2021-09-28]. https://www.12371.cn/2020/08/25/ARTI1598310923548272.shtml.
② 习近平. 在十八届中央政治局第九次集体学习时的讲话[EB/OL]. (2013-09-30)[2021-09-28]. https://www.12371.cn/special/blqs/xjpgykjcxlszb/.

在新兴产业中的关键位置。我们可以看出,国家提出的未来重点发展的七大战略性新兴产业,其中就有六个与智能科技的发展直接相关。作为技术密集型产业,智能科技的发展能对各个行业,都具有很强的带动作用,包括新能源产业、新材料产业、高端装备制造业、节能环保产业,尤其为新一代信息技术产业发展提供了重要的技术增长点。

几年来,在党中央坚强领导下,在全国科技界和社会各界共同努力下,我国科技实力正在从量的积累迈向质的飞跃,从点的突破迈向系统能力提升,科技创新取得新的历史性成就。一是基础研究和原始创新取得重要进展。基础研究整体实力显著加强,化学、材料、物理、工程等学科整体水平明显提升,在量子信息、干细胞、脑科学等前沿方向上取得一批重大原创成果;成功组织了一批重大基础研究任务;"嫦娥五号"实现地外天体采样返回;"天问一号"开启火星探测;"怀柔一号"引力波暴高能电磁对应体全天监测器卫星成功发射;"慧眼号"直接测量到迄今宇宙最强磁场;500米口径球面射电望远镜首次发现毫秒脉冲星;新一代"人造太阳"首次放电;"雪龙2"号首航南极;76个光子的量子计算原型机"九章"、62比特可编程超导量子计算原型机"祖冲之号"成功问世。散裂中子源等一批具有国际一流水平的重大科技基础设施通过验收。

二是战略高技术领域取得新跨越。在深海、深空、深地、深蓝等领域积极抢占科技制高点:"海斗一号"完成万米海试;"奋斗者"号成功坐底;北斗卫星导航系统全面开通;中国空间站天和核心舱成功发射;"长征五号"遥三运载火箭成功发射;世界最强流深地核天体物理加速器成功出束;"神威·太湖之光"超级计算机首次实现千万核心并行第一性原理计算模拟;"墨子号"实现无中继千公里级量子密钥分发;"天鲲号"首次试航成功;"国和一号"和"华龙一号"三代核电技术取得新突破。

三是高端产业取得新突破。C919大飞机正式投入运营;时速600千米高速磁浮试验样车成功试跑；最大直径盾构机顺利始发；北京大兴国际机场正式投运；港珠澳大桥开通营运。智能制造取得长足进步，人工智能、数字经济蓬勃发展，图像识别、语音识别走在全球前列，5G 移动通信技术率先实现规模化应用。新能源汽车加快发展。消费级无人机占据一半以上的全球市场。甲醇制烯烃技术持续创新带动了我国煤制烯烃产业快速发展。

四是科技在新冠肺炎疫情防控中发挥了重要作用。科技界为党和政府科学应对疫情提供了科技和决策支撑。成功分离出世界上首个新冠病毒毒株，完成病毒基因组测序，开发了一批临床救治药物、检测设备和试剂，研发应用了多款疫苗，科技在控制传染、病毒溯源、疾病救治、疫苗和药物研发、复工复产等方面提供了有力支撑，打了一场成功的科技抗疫战。

五是民生科技领域取得显著成效。医用重离子加速器、磁共振、彩超、CT 等高端医疗装备国产化替代取得重大进展。运用科技手段构建精准扶贫新模式，为贫困地区培育科技产业、培养科技人才，使科技在打赢脱贫攻坚战中发挥了重要作用。煤炭清洁高效燃烧、钢铁多污染物超低排放控制等多项关键技术推广应用，促进了空气质量改善。

六是国防科技创新取得重大成就。国防科技有力支撑重大武器装备研制发展，首艘国产航母下水，第五代战机歼 20 正式服役。东风-17 弹道导弹研制成功，我国在高超音速武器方面走在前列。①

---

① 习近平. 在中国科学院第二十次院士大会、中国工程院第十五次院士大会、中国科协第十次全国代表大会上的讲话[EB/OL]. (2021-05-28)[2021-09-28]. https://www.12371.cn/2021/05/28/ARTI1622208186296603.shtml.

3. 助力打造开放创新管理体系

智能科技对于社会发展的一大贡献,体现了前文提到的开放创新,尤其是政府开放创新。开放创新作为一种对全社会都影响深远的创新模式,正逐渐影响整个社会的各个领域。本部分以 GOV 为例,分析智能科技推动完善新兴开放创新管理体系的发展状况与趋势。

开放政府已成为全球决策者讨论的流行术语。为了实现这些原则,尤其是透明性原则,世界各国政府最近重新审视了其信息政策,并以努力实施政府 OD,作为提高政府透明度的信息政策。他们利用网络技术,方便访问以前对公众未公开的政府文档和机器可读数据集。例如,欧盟委员会已启动了欧洲开放数据门户(open-data.europe.eu),以创建对免费使用的欧盟委员会及其成员国机构和其他机构的数据的单点访问。同样,美国创建的 Data.gov,可以访问以前无法访问的各种机器可读数据集。

透明的概念在政治学和公共管理领域的学术讨论中并不陌生。但是,自 2008 年以来,在有关开放政府和政府活动数字化的新讨论中,它得到了复兴。信息技术改变了政府实现"透明度"的方式的本质。从广义上讲,信息透明性可以描述为使信息可见和可推断的过程,以及信息可见和可访问的程度。因此,研究人员和政策制定者经常使用"开放数据"一词作为通过其生成并向公众提供的数据"查看"政府机构活动能力的简写参考。学者经常将透明度视为审议民主的生成机制,因此建立成熟的民主理论的原则。

政府开放创新背景下的披露机制有所不同。共享和披露专有技术和信息以促进创新是开放式创新活动的内在特征,而开放式创新活动主要与公司层面的创新活动有关。开放式创新描述了一个创新过程,在这个过程中,公司有目的地管理跨组织边界的知识流。遵循开放式创新的逻辑,重点组织需要超越边界,利用外部创新资源,以应对不断增加的环境不确定性和所面临创新问题的复杂性。虽然早期关于开放式创新的讨论将开放式创新概念化为一个线性过程,但如今大家普遍承认开放式创新本质上是交互的,意味着知识的流入和流出。在开放式创新中,公司有目的地管理这些跨边界的知识流入和流出,以便从中获取适当的价值。管理知识和信息的流出有不同的机制。对无形资产和合法所有权的严格控制,以及对资金流出的财务补偿,对于从共享无形资产和创新相关知识中创造和获取价值至关重要。

在私人投资模型中,创新者控制知识资产,以确保分配创新收益。在集体行动创新中,目标是创造一种公共物品,其中的创新解决方案是非排他性的和非竞争性的。在私人集体创新中,企业愿意选择性地为公共商品作出贡献,因为它们可能直接或间接地从中受益。例如,通过使用集体商品产生的补充资产或自组织学习创新共同体。在开放式创新模式下,企业可以非常有目的性且战略性地利用披露来确保它们获得直接和间接的利益。

和问题相关的知识与公司旨在成功解决的市场需求有关,和解决方案相关的知识与解决这些问题的技术解决方案有关,也与开发这些解决方案有关的知识有关。有经验证据表明,发现问题可以使它们确定新颖性高的解决方案,并帮助公司内部克服本地的问题。企业通过进行与问题相关的披露,向外部环境发送信号,表明它们无法自行解决特定的技术问题。这为企业提供了利用多样的生成机制的机会,因为大量公众的参与提高了它们通过技术和社会边缘问题使得解决者确定新颖解决方案的可能性。除此之外,通过发现问题,它们可以邀请外部参与者在其内部已经开始开发但尚未解决多个问题的现有技术路径上进行合作,并为细化和扩展已投资的技术路径创造机会。

开放式创新还能提供开放的解决方案。例如,开源代码软件公司向公众公开源代码，人们可以根据需要使用和修改代码。其他非 ICT 行业也正在出现通过解决方案披露问题，包括免费使用和重复使用的专利，以吸引更多的研究者共同体来解决问题。解决方案披露会生成网络外部性，使新技术的采用成为可能，并推动针对特定技术的补充解决方案的开发。鉴于这些优点，解决方案泄露也是政府行为者推行的相关策略。例如，政府机构发布的研发补助金政策和指南越来越强制性地要求使用知识共享或开源软件许可，以增加对新技术知识的采用和完善。

如果政府在不限制使用知识产权的前提下发布其数据，则政府 OD 的披露并未指明应由公众解决的特定问题，也不排除使用此数据获取私利的解决方案。公民和企业都可以将数据用于自己的创新用途和目标，并且可以自由选择单独工作还是与他人合作开发解决方案。遵循集体创新模型的想法，披露 OD 可以完全通过自组织的方式触发创新。OD 是公共物品，能产生潜在的社会利益。

随着政府 OD 的出现，它愈发成为推动创新的政府的披露策略，许多国家正采取措施将政府 OD 与上面讨论的两种披露策略相结合。从某种意义上说，它们从集体行动的创新模型转变为 GOI 模型，在其中结合了三种披露策略。它们有选择地披露数据、问题和解决方案，旨在公开与创新相关的知识，但也支持对知识资产的某种程度的控制。各国政府和城市已经开始公开发布政府创新问题，并邀请大量网民寻找解决这些问题的方案。在美国，著名的"问题披露"计划之一是 Challenge.gov。该网站发布了联邦政府感兴趣的创新问题，并且明确指出这些问题将定期使用政府 OD 来开发创新解决方案。因此，问题披露与政府 OD 披露齐头并进。在特定情况下，政府还允许创新者保持他们对 OD 创建的解决方案的所有权。

新工业革命对于开放式创新的推动，必然会改变科技创新的世界格局，为经济社会发展和政治文明进步，带来更多的新动力。

第四节 科技创新驱动力的特性分析

本部分将详细分析科技创新驱动力的主要特征。技术的特定行业特征及其在生命周期中的成熟度都会影响产业组织的模式。例如，技术驱动的经济视角、技术的知识特性、作为人工物的技术、以工件为中心的技术，以及作为输入输出过程的知识形态，这些分析帮助我们了解技术创新的经济和知识本质。

1. 技术作为进步要素

经济学和其他相关学科的学者一直在研究技术进步，它被视为一个复杂的进步过程。这种技术变革的观点与工业动力和经济增长的研究紧密相关，因为这些过程与技术和组织创新相互交织并由其驱动。如今，通过"边做边学"和开发新机器提高了生产率，亚当·斯密显然认为这是进步的，从广义上讲，我们依赖技术获得较快的发展。

这是此前大多数学者将技术视为进步过程的分析，它脱离了强烈的理性的假设，从某种意义上说，它是对发明人进行的全面扫描，或者是准确的前瞻性研究，即寻找技术的预期效果。在上述意义上，不同的行为驱动因素的普遍存在，将是对技术和经济变化的解释中一个重复出现的主题。与技术进步思想相吻合的第二个主题是强调不平衡动力学的普遍特征，通过生产新技术和新产品，以及许多其他经济行为，包括投资和定价，生产决策的过程通常需要经历反复试验、错误和意外之后才会成功。这也适用于产业组织和产业变革。同样，在这一分析水平上，进步观点着眼于企业不断寻求和采用新技术以及新的组织形式和新的行为模式的过程，以此来获得企业的优势。他们的竞争对手，以及竞争过程的特征驱动着各种公司的成长、衰落甚至可能消失。

尽管我们缺乏对任何均衡概念的事先了解，但仍要确定技术和工业变革过程中的规律性。正如弗里曼（Freeman）指出的那样，近两个世纪以来经典理论在我们对新技术知识的产生方式及其影响在整个经济中发挥作用的方式和理解上都没有取得太大进展。技术变革的重要性重新出现在 20 世纪 50 年代的罗伯特·索洛（Robert Solow）的增长分析中，但直到罗森伯格（Rosenberg）使用"技术黑箱"的表述时该概念才逐渐被研究，如研究技术中新机会的来源，利用新机会的动力以及在生产技术和产品特性方面的成果。明确认识到技术变革所经历的进步方式，对于经济学理论和分析该学科核心主题的方式也具有深远的意义。实际上，有关该主题的文献已经很多，涉及商业公司所体现的技术和组织能力的性质以及它们随着时间的推移而发展的方式。其中，创新和扩散影响异质公司的增长和生存概率，并相应地影响产业结构的决定因素。知识的积累和传播过程涉及赢家和输家、竞争能力在不同公司之间的分布的变化，以及随之而来的产业结构的变化。技术的行业特征及其在其生命周期中的成熟度都会影响产业组织的模式，包括规模分布、集中度和进入者的相对重要性等。应充分认识到技术变革是一个进步过程，对理解经济增长过程也有着独特的含义，而经济增长过程是由技术和组织创新推动的。现代经济的发展取决于多种技术和产业的演进，这些技术和产业通过投入产出和知识流相互耦合。有些行业在萎缩，另一些行业在扩张，其他一些新的行业通常与新技术的出现有关。总体而言，现代经济的增长方式，包括人均生产率、收入的长期增长，以及波动和不连续性，都受到技术和发展潜在模式的深刻影响。

2. 技术知识的信息特征

技术、知识和信息共有一些非常基本的特征。第一，信息知识在使用中是无与伦比的。一个经济主体的使用本身绝不会降低其他经济主体使用相同知识的能力。第二，信息的使用存在着内在的不可分割性。此外，严格意义上的信息通常显示出可忽略的复制成本，这就使得信息可以被无限次地使用。实际上，一般而言，某些信息和技术知识确实具有真正的特殊之处。因此，乍看之下，信息在充分利用时并不意味着对其实施规模有任何内在的限制。在一种常规的经济语言中，如果有一个"生产函数"以信息作为唯一输入，则对于作为知识的信息，它将显示等于零的输出。因此，信息和技术知识的使用具有根本的收益增加特性。从鞋到机床，使用标准的经济商品意味着加快磨损。这不适用于信息或技术知识，相反，在技术上持续使用这两者至少意味着不折旧。

当代经济理论正考虑将信息作为所有经济活动的基本输入的含义，例如在"新增长"和"新贸易"等领域的进展。信息外部性和标准制定，结合了不断增长的收益含义，这意味着对信息的经济适用性具有内在的隐含性。还要注意的是，即使忽略了不同于纯粹"信息"的技术特征，其非竞争性使用、前期成本和后者的不可分割性特征，对任何经济协调和发展理论都具有深远的影响。鉴于技术与信息的上述特性，技术知识具有其自身的重要特征，这一点在20世纪60年代和70年代英国的克里斯托弗·弗里曼（Freeman）和美国的一些学者率先提出的解释体系中得到了强调。简而言之，这种解释基于对阿罗（Arrow）和内尔森（Nelson）所述已经存在的信息经济学的基本见解，是对其进一步的完善，更专注于技术知识的特定特征。但是，两者也可以共同区分技术知识的特定特征以及其在当代经济中的产生和利用。就技术而言,即使在理论上或规模上都可以利用知识体系,也并不意味着复制或模仿比较容易。

科学知识,尤其是技术知识,在不同程度上共享了一定的默会知识。这一点适用于导致任何发现的预先存在的知识,也适用于在生成信息后解释和应用甚至已编码的信息所需的知识,正如帕维特(Pavitt)在技术知识方面所说的那样。鉴于技术知识的这些特征,将其等同于纯粹的"公共产品"可能会产生误导。尽管非竞争性的特征意味着,如果开放的技术可供所有人使用,则其对整个社会都有巨大的好处。

在各个经济体之间进行复制的难易程度和成本通常是非常重要的,相互差异也很大。实际上,正如我们未来可见,可复制性和模仿性的条件和成本是不同技术的重要标志。因此,在技术领域,"无标度"不应该太过字面化,"放大"本身就是一项具有挑战性的学习活动,通常与寻求规模经济有关。一般而言,技术活动利用了知识的特定要素,一部分利用专门知识的多样性,另一部分利用理论上的知识。对此类知识特征的不同技术层面的识别已经取得了重要进展,例如,在何种程度上,该知识已经过编纂并公开可用。其来源不同于参与者自身默认技能的相关专业团体,是来自外部机构,如大学和公共实验室,还是来自其他行业参与者,如供应商和客户,或是内在积累的。关于技术知识的来源,各种渊源的重建还有助于超越"内生"与"外生"技术进步。目前,在任何技术活动中,知识都不可或缺。即使在大多数以科学为基础的部门中,更多的应用性、以任务为中心的组织也潜在激发了许多技术进步。

3. 作为人工物的技术

任何人工物的概念、设计和生产或任何服务的完成通常都涉及人的认知和行为。因此，每当存在最终的物理物品时，如在产品设计中，连同将其实现的一组过程一起，通过一种"人工物"的技术来为最终产品进行设计是很有用的。人工物指定了为实现所需结果所采取的一组操作，并标识了将要执行的输入以及所需的设备。如果复杂的物理产品或工件是过程的目的或其过程的基本要素，则该工件本身可以被视为一项技术，此处可以以工程师的造船行为为例加以分析，这就可以被视为一项典型的人工物技术。通过人工物视角，建造船的方式也如此。在必要的程序意义中，相当复杂的技术也能参与运行并有效地用作工具。人工物至少在某种意义上规定了"合法"的程序顺序，从某种意义上讲，它们在技术上是可行的，并且易于实现预期的结果。在这方面，可以对比蛋糕的制作过程，如打碎鸡蛋或把盘子砸在水槽上这样的行为不是"合规的"，因为这样永远也无法制成蛋糕。如此，工艺服从于各种语法规则，这些语法规定了基于特定知识库可以做什么或不能做什么。工艺是经过编码的程序，用于指示身体和认知行为的顺序组合，涉及各种物质输入和机器服务的顺序。作为工艺的技术在理解技术知识的意义上提供了巨大的进步。人工物操作图也为任何技术活动中涉及问题解决程序的动力学形式表示，提供了新的角度。

在工业技术领域，各种知识和技能在许多人之间共享，技术利用的关键问题还涉及何时及如何去寻找它们。这种以程序为中心，以技术诀窍为中心的技术解释能清晰地体现技术交织、分工、组织和管理之间的模糊界线。因此，如果一个人考虑建造一艘可航行的战舰，涉及人工物与工作人员，而无论是否使用复杂的人工物作为生产投入、机械化程度如何等，造船是团队合作的过程。实际上，技术很少是纯粹操纵物理对象的个体活动。它们涉及嵌套在特定组织中的内在社会要素，它们的集合促使我们提出了社会技术的概念，意在捕捉规范、信念和思想体系，以塑造"技术行为方式"的社会实践。反过来，技术如何运作，不仅取决于名义上遵循的总体设计和人工物，还取决于支配工作方式的"社会技术"、技能的搭配及对传授作法的理解、在该分工下需要完成的工作,以及如何有效地协调和管理。

4. 作为过程的技术

提出"过程"一词是为了识别和表示组织"制造或做事"方式的多人性,如 Nelson、Winter、Dosi 与 Cohen 等人都对其进行过分析。过程是在某种情况下,组织已经学会在某些情况下重复执行的能力。正如 Nelson 和 Winter 充分论证的那样,过程体现了任何一个组织解决问题的方法的很大一部分;为潜在的利益冲突提供治理机制;还可能涉及一些易于进行评估和可能修改的组织实践。

例行程序涉及多个组织成员,他们"知道"如何根据特定的环境情况适当地发出行动模式或信号。"每个人都不断地从组织的其他成员或环境中接收信号,并对信号做出响应。从步骤中进行一些操作来发出信号,从而向组织的其他成员发出信号,或者对环境产生影响。在这里,传入的信号可能是生产线上一辆半成品汽车的外观,操作可能是拧紧特定的螺丝,而传出的'信号'是下线稍微精加工的汽车。或者,传入的信号可能是总结销售人员上个月的费用账目报表的报告,操作可能是与标准和过去的经验进行比较,而传出的信号可能是一封抗议信。"[1]在组织中,每个人的工作都有必要的行动方法,如知道哪些行动伴随着哪些传入信号。每个人都有一定的能力执行比他的工作所要求的行动大得多的行动,在"实践使之完美"的范围内,他将获得实际要求的技巧。反

---

[1] Winter S G. Toward a neo-Schumpeterian theory of the firm[J]. Industrial and Corporate Change, 2006, 15(1): 134.

过来，组织过程的集合是不同组织能力和技能的构建块，这两个术语经常被自由互换使用。

以过程为中心的技术表示与所谓的以工件为中心的技术及其随着时间推移的动态变化是高度互补的。实际上，人工物通常涉及最终产品要实现的设计。即使该程序涉及设计概念，但后者通常仅作为基于任何可实现的众多可能配置中的一种，是一个技术知识库。实际上，当输出是物理制品时，研究它们在设计空间中的动力学很有用，可通过约束性的技术一致性条件将它们结合在一起。此外，可以动态修改和完善每个组件以及整个系统的性能特征，从而对创新进行富有成果的研究。毕竟，在技术历史上有着无数次的间断，都使技术的增量变化、结构和功能在历史上发生不同的动力体现。在技术的过程操作中，定位的重点并非立即用于生产具有某些特性的半导体的输入和设备清单，而是取决于产品的设计。关于技术进步，对程序和设计的修改和完善是关键，而输入与输出关系的改变则是成功尝试实现具有一定性能的有效程序和设计并对其进行更改的方向。

第五节　科技创新驱动力的进步机理

本节将分析科技创新驱动力的机理和过程，其主要特征及其对产业发展的影响。许多学科的学者已对技术进步进行了较为详细的研究，提出了类似的主张，即技术进步需要被理解为是通过进步过程来进行的，这个过程有它自身的内在机理。

1. 技术的进步机理

从广义上讲,技术的创新过程是不断进步的,至少在任何时候,都会有各种各样的努力来推动该技术的发展,这些努力在某种程度上是相互竞争的,并且与现行的实践相竞争。此类竞争的赢家和输家在很大程度上取决于事后的甄选机制。在任何情况下,对技术流程的解释都不会通过参与者以一致的"赌注"盲目进行,而是通过有效的"市场处理"来使流程合理化,虽然有时候得不到任何好处。因此,技术发展的过程在重要方面也与具体科学的发展过程不同,特别是,技术在上述意义上发展的命题丝毫不否认或淡化人类目的在过程中的作用,或者有时甚至利用其来指导人们活动的极其有力的技术体系。因此,在发明和创新方面的努力绝不是完全盲目的或随机的,而通常被认为是类似生物学中突变的情况,如搜索时有目的性并不意味着预测和已实现的结果之间的任何精确匹配。因此,在人工物和生产过程的竞争变体之间进行试验,错误和事后选择的基本作用也是如此。文森蒂描述了现代航空工程师所拥有的各种复杂知识和技术,并详细讨论了这些知识和技术如何集中精力以赋予他们在设计方面的力量。[①]

这种知识和技术使工程师能够通过分析方法或模拟来大致分析各种设计方案的潜在优缺点,从而将他们的工作重点放在特定的设计和创新上。指导技术领域专业人员解决问题和进行设计的知识体系的一部分通常来自操作经验。同时,在当代,许多技术与应用科学或工程的特定领域相关联。在这些领域中,

---

[①] 沃尔特·文森蒂. 工程师知道什么以及他们是如何知道的:基于航空史的分析研究[M]. 周燕,闫坤如,彭纪南,译. 杭州:浙江大学出版社,2015.

很多相关的知识体系都经过整理，并成为培训新技术人员和应用科学家的基础。这些领域也是科学研究领域。在现代的"高科技"产业中，基础科学领域的研究是新的理解和技术的重要来源，成为了设计师使用的工具包的一部分。

每当发明和设计的工作以相对较强的专业知识为导向时，相关变化和技术发展所涉及的部分就会出现在人类的思维和分析、讨论和探索中，类似于模型测试与其在实践中的对比。推动技术进步的很多努力实际上都是通过离线进行的。研发是通常用于此类脱机工作的术语，尤其是当它们涉及正式组织中的工作，且从事其主要活动的是科学家和工程师时。技术和行业在研发方面投入的资金数量，以及研发成为技术进步的主要来源的程度各不相同，这与边干边学的方法形成对比。但是，即使在科学基础雄厚且大部分技术进步离线进行的领域中，边做边学也仍在发挥重要作用。帕维特（Pavitt）所述类似观点贯穿于过去和现代技术中：事前经过充分编纂的知识，无论多么重要，都不足以建立任何生产过程或人工物的详细特性。这里有三个原因。首先，即使在基础科学很强的地方，专业人士为推动技术进步所承担的大部分专业知识也要通过操作经验来获得，而不是通过科学方面的正规培训来获得。其次，无论如何，正如文森蒂所言，发明和解决技术问题的努力不可避免地会超出人们完全理解的范围，必须通过实际经验来学习什么有效、什么无效及什么更好。最后，一个行业的公司在生产和采用产品和过程的细节中，其熟悉的客户和供应商的集合及其过去的成功和发展史往往会有诸多不同。若是失败，则所有这些都会影响它们关注和开展开发活动的方式。这种知识和实践上的差异几乎不是来自科学或工程原理，而是已形成的特有的经验。

2. 技术范式及积累

从前面的讨论中可以清楚地认识到,每种技术都应理解为包含了一种特定的实践体,以达到特定目的的过程的形式,当然还包含了一系列必需的人工物。通常,针对所需人工物的设计有一些截然不同的知识。有些知识是相对私密的,但是很多知识是在某个领域的专业人士之间共享的。这些元素一同被视为技术范式的组成部分,有点类似于库恩的科学范式。范式体现了一种观点,即对相关问题的定义,并通过查询方法解决它们。它需要查看用户声称的需求以及他们重视的产品或服务的属性。它包含了与完成这些任务有关的科学和技术原理,以及所采用的特定技术。范式包括基于自然科学的高度选择原则以及旨在获取相关新知识的特定规则,从而为特定的技术经济问题,即特定的人工物和程序提供特定的解决方案。总之,该范式包括关于技术实践如何以及对在某种程度上起作用的理解。

范式知识的重要部分采取设计概念的形式,这些概念通常表征随时可操作的特定人工物或过程的配置。共有的通用设计概念是特定产品之间经常具有高度相似性的重要原因,如不同飞机公司生产的大型客机,电器商店中可用的电视机等。的确,特定技术范式的建立通常与某种主导设计的出现有关。[①] 主导设计是在工件空间中定义的,其特征在于体现在与产品主要功能相对应的核心设计概念以及定义这些组件集成方式的产品体系结构。但是,有时建立主导范式并不与主导设计相关联。到目前为止,代表性的例子如制药技术,它确实

[①] Murmann J P, Frenken K. Toward a systematic framework for research on dominant designs, technological innovations, and industrial change[J]. Research Policy, 2006, 35 (7): 925-952.

涉及特定的知识基础与特定的试探法等,这就是范式的强大标志,但其并未暗示任何主导设计。"分子即使针对相同的病理学,也可能具有完全不同的结构:在该空间中,人们不可能发现相似之处,如将 1937 年的大众甲壳虫和 2000 年的法拉利联系起来,因为知识基础已经发生了巨大的变化。主导范式的建立与否也需要确立主导设计,就前沿产业生命周期的产业结构动态而言,也具有十分重要的意义。"[1]

技术范式确定了对现行最佳实践的操作性约束,以及解决问题的启发式方法,这些方法被认为有希望克服这些约束。更笼统地说,它们是某个领域的技术专业人员共享的认知框架,这些取向确定了他们认为可以促进技术发展的方向。技术范式还包括规范性方面,如评估绩效的标准,由此提供了判断优胜劣汰的方法以及改进实践的目标。每个范例都涉及一种特定的"技术变革技术",即特定的启发法。因此在某些领域,如有机化学,这些启发式方法涉及将基本科学知识与具有所需特征的分子发展相结合的能力;而在制药领域,附加要求则是使分子知识与受体和病理结合。在微电子学中,涉及用于进一步使电路小型化的方法,能够以所需的小型化水平写入半导体芯片的适当硬件的开发以及要内置于芯片中的编程逻辑的发展中。

这里需要注意技术轨迹属性。首先,轨迹是有序的,但这并不能完全消除创新搜索总是产生及在产品和过程空间中持续产生的多样性。该范式定义了可行性的最接近边界,并共同塑造了技术搜索的启发式方法。但是,在不同生产者探索的产出特征之间仍然存在许多可能的折中,最终将成为市场选择的目标。其次,同样的,就轨迹而言,所谓的"向前推算",即其知识对于公司、从业

---

[1] Dosi G, Nelson R R. Technical change and industrial dynamics and evolutions as evolutionary process[M]//Hall B H, Rosenberg N. Handbook of the Economics of Innovation. New York:Elsevier, 2010:66.

者、工程师共同体共享而言,存在一种严重的不确定性,减少了对未来技术可能产生收益的表述。范式的改变通常意味着轨迹的改变,再加上不同的知识库和不同的人工物原型,创新的技术经济维度也各不相同。一些特性可能变得更容易实现,可能会出现新的期望特性,而另一些特性可能会失去重要性。与此相关的是,工程师对未来技术进步的看法发生了变化,同时人们也越来越强调体现新工件特征的各种权衡。

随着时间的推移,对技术知识积累的过程及其累积性、技术进步的机会所基于的知识的性质、不同领域之间普遍存在的技术范式都有所不同。与此相关的是,与科学研究相反,它们在很大程度上是通过操作经验获得这些知识。尽管其在大多数领域中可混合使用,但通常被认为是在"高科技"的领域中,对科学或工程专业领域的贡献更大。相当多能体现内生性的知识的技术范式倾向于内生地显示知识积累的动态性,这种动态性比从外部推动的发展轨迹所积累的动态性要强得多。其进一步的区别涉及累积学习趋向于发生的领域。不管是在单个公司的层面上,还是在公司或企业家群体之间,它与每个范式相关联的技术社区等层面上都有影响。例如,英特尔的累积性既适用于范式也适用于公司层面。在相反的极端情况下,有几种情况表明技术变革的模式是反累加的,因为它们暗示着对个人任职者层面上能力的破坏。

3. 熊彼特式的进步

产品和生产过程的差异与成本和价格的差异是竞争过程的中心特征,在竞争过程中,企业需要多个层次的参与。我们可以将熊彼特式竞争看作异质公司根据其提供和选择的产品和服务进行竞争的过程,其中有些公司的业绩在增长,有些在下降,有些已倒闭,而有些新的公司则始终相信它们可以在这场比赛中取得成功。现有公司和进入者的创新、适应和模仿活动不断地推动这种竞争和选择过程。这样的过程既涉及跨公司的选择，也涉及在公司内部的技术、组织实践和产品属性之间的学习和选择。在进步中，技术竞争发挥着重要的作用。

在许多情况下，面对竞争对手不断努力的创新，成功的创新者无法继续发展并保持主导的市场地位。熊彼特使用"创造性破坏"一词来指代技术进步的性质，技术进步迅速且现有企业无法抓住新机遇是行业中的领先企业经常遇到的情况。实际上，当特定新产品或新工艺的成功与新技术范例的兴起相关时，由于创新而导致的产业结构的重大变化更有可能发生。在这些情况下，成功的创新与不同的设计概念或不同的处理方式相关联。因此，企业要想在此活动领域的持续生存可能需要学习新的知识，并与新的组织惯例有效地合作。在这样的背景下，相当长一段时间以来一直保持稳定的行业结构是新进入者走向成功的必要选择。如果我们从特定行业模式的细节分析，那么从行业研究中可以看出一些一般属性。首先，正如熊彼特和他之前的经济学家所争论的那样，以创新为中心的产业之间的竞争与这种过程所产生的结果，与经济学的标准意义上在经济上"有效"的想法无关，推动这一过程的是一些公司在努力地获得优于竞争对手的经济优势。

首先，现代工业部门不可避免地显示出企业间在经济效益和利润率方面的巨大差异，简而言之，工业在标准配置中的特征是持续存在着相当大的"低效率"。其次，在以持续创新为标志的行业中，竞争条件可能很脆弱。这尤其适用于那些成功的创新者尝试抵制模仿或其他有效竞争对策的情况，其获利能力使他们能够进一步扩大自己的优势。最后，尽管技术竞争的进步概念在基本方面与传统的竞争有所不同，但它确实起到了相关的作用。在保持竞争的范围内，技术进步的收益中有很大一部分流向了该技术的用户。在供应方面，随着工业的发展,竞争趋于使价格大致与成本保持一致。

面对新工业革命的驱动作用,习近平总书记进行了深刻总结:"科学技术是世界性、时代性的,发展科学技术必须具有全球视野、把握时代脉搏。当今世界,新一轮科技革命蓄势待发,物质结构、宇宙演化、生命起源、意识本质等一些重大科学问题的原创性突破正在开辟新前沿新方向,一些重大颠覆性技术创新正在创造新产业新业态,信息技术、生物技术、制造技术、新材料技术、新能源技术广泛渗透到几乎所有领域,带动了以绿色、智能、泛在为特征的群体性重大技术变革,大数据、云计算、移动互联网等新一代信息技术同机器人和智能制造技术相互融合步伐加快,科技创新链条更加灵巧,技术更新和成果转化更加快捷,产业更新换代不断加快,使社会生产和消费从工业化向自动化、智能化转变,社会生产力将再次大提高,劳动生产率将再次大飞跃。"[①]

[①] 习近平. 为建设世界科技强国而奋斗:在全国科技创新大会、两院院士大会、中国科协第九次全国代表大会上的讲话[EB/OL]. (2016-05-30)[2021-09-28]. https://news.12371.cn/2016/05/31/ARTI1464698194635743.shtml.

第七章
面向新工业革命的科技创新驱动政策体系

科技创新驱动的基本要素可以在国家创新体系中体现出来,因此在构建面向新工业革命的国家创新体系时,需要从多个层面考虑创新的过程要素。创新、空间和制度之间存在三向联系,定义国家创新驱动发展战略体系概念的分析也是如此。鉴于当前创新进程随着全球化的发展以及高度局部化的发展,这种困难在最近引起了人们的质疑,并激发了人们对创新驱动发展战略的政策体系的极大兴趣。

第一节 科技创新驱动发展战略的政策含义

回到国家创新体系概念的起源,可以解析该概念的政策内涵。从创新、制度和空间这三个维度之间的联系中,可以区分出更具结构性和静态性的解释和更具交互性和动态性的解释。通过对各国国家创新体系演变的分析,可以了解到,面对不同国家和地区范围内的创新实践,坚持国家创新体系空间配置的转变更容易抓住潜力重新理解它的逐渐变化。尽管存在许多不确定性,并且国家创新体系的概念仍然是一个描述性框架,但其已成为一个相对完整的分析工具。

当前的科学发现和技术进步浪潮为国家提供了无与伦比的经济增长机会

和改善社会福利的驱动力。尽管公众期望随着社会而变化,如环境恶化、可持续发展与人口老龄化等,但创新过程本身正在发生深刻的变化。为了充分利用新技术带来的增长和就业潜力,各国政府针对这种变化做出了有效反应。它们面临着加强创新系统的共同任务,以便更好地利用全球化和向知识型经济的转变。

学者们对国家创新系统的分析以及在技术、生产力和创造就业机会中的相关工作表明,各国之间的政策挑战和对策可能存在很大差异,具体取决于国家的发展规模和水平、工业、科学和技术发展水平、技术专业化及其机构结构。这些因素会影响知识互动的模式,探索一些良好实践政策的指导原则可以帮助各国从其他国家的经验中学习。

1. 政府的角色调整

当前,我国科技领域仍然存在一些亟待解决的突出问题,特别是同党的二十大提出的新任务新要求相比,我国科技在格局、创新能力、资源配置、体制政策等方面存在诸多需完善的地方。我国基础科学研究短板依然突出,企业对基础研究重视不够,重大原创性成果缺乏,底层基础技术、基础工艺能力不足,工业母机、高端芯片、基础软硬件、开发平台、基本算法、基础元器件、基础材料等瓶颈仍然存在,关键核心技术受制于人的局面没有得到根本性改变。我国技术研发聚焦产业发展瓶颈和需求不够,以全球视野谋划科技开放合作还不够,科技成果转化能力不强。我国人才发展体制机制还不完善,激发人才创新创造活力的激励机制还不健全,顶尖人才和团队比较缺乏。我国科技管理体制还不能完全适应建设世界科技强国的需要,科技体制改革中许多重大决策落实还没有形成合力,科技创新政策与经济、产业政策的统筹衔接还不够,全社会鼓励创新、包容创新的机制和环境有待优化。

传统的政府会介入技术领域以解决市场失灵。例如,由于创新溢出效应的存在,限制了企业充分获得适当回报的能力或造成与创新相关的不确定性,导致企业在研发方面的投资不足。它们采取了旨在增加研发量的措施,却没有充分考虑提高现有研发的有效性和效率。政府的角色还要求它们解决创新系统无法正常运转、阻碍知识和技术流向的系统性故障,从而降低国家研发工作的整体效率。这种系统性失灵可能源于创新系统不同组成部分之间的不匹配,如市场和非市场机构的激励机制相互矛盾,以及企业和公共研究部门的复杂关系。其他市场和系统失灵可能是由狭窄专业化、不对称信息和沟通差距以及缺乏网络或人员流动性的制度造成的。

政府需要通过使技术和创新政策成为整体经济政策的组成部分,在整个经济范围内管理知识方面发挥综合作用。这涉及以下几方面:

① 重新调整具体目标并调整技术和创新政策工具。促进研究合作、促进公司网络和集群形成、鼓励机构联系、推广技术和增加人员流动的政策具有新的意义。政府必须确保通过对基础研究和竞争前研究的充分支持来保障长期技术机会,还可以通过新的方法来增加生产和研究全球化带来的国家利益。

② 确保有利于创新的社会环境条件。科学、技术和创新政策需要在稳定的宏观经济环境中运作,并补充其他领域的广泛改革。这些措施包括旨在提高创新驱动型竞争但又促进合作研究的竞争政策,发展必要的人力资本的教育和培训政策,减轻行政负担和机构僵化的监管改革政策,促进资本向小企业流动的财政政策、劳动力市场政策,以增加人员流动和加强隐性知识流动,最大限度地传播信息并促进电子网络发展的通信政策、外国投资和贸易政策,以加强技术在世界范围内的传播,以及旨在改善不同级别政府举措之间互补性的区域政策等。

此外,可能还需要新的方法或体制安排,包括公共私人伙伴关系,以协调这些政策的制定和实施。许多地方都需要更好的评估技术和体制机制来改善传统行政权限中的决策,并刺激政府的创新。实际上,许多科学技术政策仍然是零碎的,没有给予足够的重视以促进国家和国际层面的互动和溢出。尽管情况各有不同,但在解决从创新文化到技术传播到知识创造等问题时,组织决策者仍面临许多共同的挑战。

2. 建立创新文化

需要企业和政府采取相应的策略,帮助企业进行创新。此外,还可以通过以下途径不断完善创新文化:

① 为商业、研究和教育创造有利的文化条件,并鼓励大小型企业采用创新和业务管理的最佳做法。在基础设施空白和信息不对称的情况下,政府可以在市场不足或系统阻碍采用最佳实践的地方提供帮助。通过鼓励灵活的管理结构、组织变革和培训的政策计划,它们还可以成为创新公司行为的直接推动者或催化剂。

② 扩大技术传播计划的范围,使其包含促进公司提高获取和整合新知识和技术的能力的要素。结合业务诊断、技术意识、战略规划、网络和员工培训的管理改进计划可以在更广泛的企业中促进创新文化。较小的公司应成为此类措施的主要目标。基于新技术的公司值得特别关注,因为它们除了对创造和传播新产品和服务的直接贡献外,还有助于传播创新文化,鼓励技能投资并提高整个经济领域的动态分配效率。政府还应解决一些具体因素,这些因素限制了基于创业技术的项目的数量,增加了将其转化为商业初创企业的障碍,并削弱了随后的市场选择过程,从而损害了具有高增长潜力的企业。这还包括:在适

当的时候消除监管方面的壁垒和鼓励发展私人风险投资等。

3. 促进技术传播

政府还应仔细考虑对制造业高科技部分的支持，以及与旨在促进创新和技术在整个经济中的传播。科技政策没有充分注意知识密集型服务部门的增长和需求。在发达国家，大约有三分之二的生产和70%的工作岗位与服务业相关，而它创新的性质与制造业有所不同。它较少受到直接研发支出的驱动，而更多地依赖于所获得的技术、组织变革和人力资源质量。加强技术传播机制应是一项关键的政策优先事项，政府应努力将其指向范围更广泛的公司，从技术先进的公司到能力较弱的公司，从传统行业的公司到新兴行业的公司。在服务业的生命周期和各个阶段初级创新传播的方式包括：① 制造业扩展服务、信息网络、示范和基准测试计划以及技术援助是传播技术和集聚知识的重要渠道；② 更好地设计和集成的公共计划，其中包括行业成本分摊要素，可以提高公司获取和利用新技术的能力。③ 可能需要采用不同的方法来提高服务业的创新绩效，重点是监管改革、与服务相关的研发、小企业计划、信息技术和竞争性公共采购，以促进新的增长领域。

政府还应该鼓励人与机构之间的联系，通过互动和专业知识转移，人们所隐含的隐性知识可以成倍增加。作为基础，教育政策必须强调多学科和终身学习。它还必须关注新的技能要求，如团队合作、保持人际关系、有效沟通、建立网络并适应变化。根据相关研究报告的建议，灵活的劳动力市场可以促进企业之间以及创新体系内技能的转移。技术传播政策应注重对工人进行培训的激励措施，并应减缓公共和私营部门内部及其人员的流动。

4. 促进创新网络和创新集群形成

创新过程越来越多地来自公司与基于知识边缘组织网络之间的互动。这是信息技术进步推动的朝着更加网络化的业务交互转变的一部分。这些网络还反映出越来越多的跨学科性,这是当今技术变革的核心。随着研发成本的增加,企业之间的战略研究和技术开发联盟也在成倍增加,无论规模大小,没有一家企业能拥有内部所有的必要知识和专门知识。

企业更多地依赖与供应商、客户甚至竞争对手的联系,以在创新过程中获得互补的能力。重要的是,制造公司越来越多地与知识密集型服务进行交互。技术和创新政策不应孤立地关注单个公司,而应关注它们通过以下方式与其他企业和组织互动的能力:

① 加入监管和竞争政策,以消除不必要的合作和联盟壁垒,并减少阻碍网络形成的障碍。竞争政策应确保充分的竞争水平,同时不妨碍新技术的合作开发。规章制度不应过分阻碍企业间的合作,规章制度改革可以减轻企业的负担并促进多领域的创新。② 简化企业获得知识密集型服务的途径,这可以帮助企业进行组织和技术转型。③ 确保公共研究基础设施与企业紧密合作。政府可以通过伙伴计划、合作研究和配套资金促进与公共研究的互动。应当加大努力,使中小企业等积极性较低的合作者参与进来,包括通过将研发合作的补贴从侧重于高度创新企业的短期竞争力转变为更注重长期增强创新程度较低的公司的竞争力。

在许多国家,创新型企业集群正在成为经济增长和促进就业的驱动力。与创新相关的经济活动的创新集群正吸引着新技术、熟练人员和研究投资。这些企业集团往往是通过与供应商和客户的强大的前后链接来建立和稳定创新型企业。它们经常出现在核心企业群体形成规模经济的地方,以及强大的科学技术基础和有利于创新的文化。集群也可能基于自然资源或地理优势等因素。对政府而言,集群分析和政策可以包括:① 建立与工商界对话的平台;② 提供洞察力,以查明经济优势和劣势、创新网络中的差距、区域发展机会、基础设施需求,以及加强科学和知识投资。

但是,国家内部和各个地方之间的集群不同,对创新政策有不同的需求。它们如何出现或如何促使企业进行创新仍未能让人完全理解。政府主要通过区域和地方政策与发展计划,并在教育、金融、竞争和监管等领域提供适当的政策框架,来促进创新集群的发展。刺激知识交流、减少信息控制并加强公司之间合作也很有价值。还可以使用更直接的政策工具来鼓励集群的形成。例如,重点研发计划、创新的公共采购、投资激励措施和创新中心的建立;发起政府资金竞争,以激励网络在区域范围内形成并发展。

5. 合理利用研发

为了刺激创新,需要新的方法,这些方法可以为私营部门提供更大的范围和更多的激励措施,并且较少依赖政府的直接财政支持。研究支出的停滞可能会影响某些经济体的长期创新能力。政府必须预防对研究和创新的投资不足。一些地方已经能够增加对研发的公共投资,另一些地方则通过强调利用杠杆作用和联系以取代有针对性的方案来提高了公众支持的比率。同时,这些对策不必相互排斥,可以将更多的公共投资与提高支持效率的努力结合起来。

以市场为导向的创新过程应建立在良好的知识基础上,该基础主要存在于科学体系中,即在学术和公共研究机构中进行并由政府大力支持的科学研究。公共科学为健康、环境和国家安全以及知识和生活质量的全面进步作出了贡献。科学进步也是技术创新的源泉。工业界在很大程度上利用大学和政府的研究成果,直接通过联合研究获得专利和许可,或通过公共研究间接利用大学和政府的研究,公司还依靠科学基础来培养受过培训的人员以获得方法和技术。越来越多的工业专利将基础科学文献称为知识来源。在生物技术等领域,科学研究是创新的主要来源,因此科学与技术之间的区别变得模糊。在所有部门中,创新过程越来越以科学基础与技术开发和商业化的不同阶段之间的反馈为特征。

政策需要帮助科学系统适应知识创造和使用新兴企业模式,同时确保持续好奇心驱动的研究。例如:① 必须确保政府为大学和公共实验室和研究所的长期研究提供资金。重要的是,将长期的普通探索性研究稳居在一定水平上,以保持创新基础。② 许多国家的公共研究部门的刚性需要得到纠正,以增加与其他经济部门的联系并提高对经济和社会需求的反应能力,如通过技术前瞻性研究。更加灵活的筹资安排,包括更大比例的合同资源,将有助于实现这一目标。加强大学与行业在研究方面的合作应该是另一个政策目标。大学和政府研究人员的流动性提高,可能需要调整监管框架,这将进一步开放公共研究部门。

创新型国家的政府还应该支持商业前的研究和开发,以纠正公司的投资不足并获得公共利益。为了增加政府支持计划对私营部门资金的杠杆作用,促进创新体系参与者之间的合作,并增强市场驱动的研发与政府引导的研发之间的协同作用,政府应考虑:① 提高现有财务支持计划的效率。② 更多地利用公共与私人研究伙伴关系。与传统的研发支持相比,这种伙伴关系需要更具竞争性的遴选程序,并使私营部门更多地参与项目遴选、融资和管理。但是,他们的设计必须将私营部门参与者捕获或转移行业研究支出的潜在风险降至最低。③ 促进商业化。创新者和社会也将从更大的商业化中受益,包括通过专利、许可和衍生公司。国外的经验表明，专利和技术的特许权使用和许可可以产生可观的收入。强调商业化还有助于将技术推向市场。研究人员和教授可以根据获得许可的研究结果，成立能够为创新和就业作出贡献的衍生公司。但是，促进商业化和高科技初创企业需要制度上的灵活性以及适当的知识产权法规加以维护。

创新学者得出的结论表明，"科技成果能否转化成功，受技术、资金、管理、市场等多种因素影响，需要科技界、经济界和政府的共同参与，需要科技政策、经济政策的协调配套。要准确把握不同主体在科技成果转化中的功能定位，调动各方面力量共同参与和支持科技成果转化"[1]。

6. 从全球化实践中学习

企业在国内或国际层面与合作伙伴互动的程度差异很大。虽然在国外设立工厂或组建联盟有明显的好处，但一些管理者仍担心其研究能力的空缺以及对长期创新能力的影响。相反，拥有大量国外研究成果的管理者则担心，知识和技术的潜在外流以及在适应当地市场时竞争加剧的问题。

各国政府还需要制定政策，以获取与内向和外向的研发投资以及其他全球技术联盟相关的收益，前提是获得共同收益的机会和动机取决于合理且可预测的游戏规则。通常，各国应鼓励对商品、投资、人员和思想的国际流动开放。它们可以增强吸收来自世界各地的科学技术的能力，并使国家成为吸引人的创新场所。为了从贸易、投资和知识的国际化中充分受益，决策者，特别是在相对落后的地方，需要通过以下方式鼓励吸收和创新能力之间的更大相互作用：① 升

---

[1] 柳卸林,程鹏.科学驱动的创新在中国[M].北京:科学出版社,2018:76.

级本地技术基础并改善国民经济内部的联系,以从研究进行的地方获得溢出效应;② 刺激吸引外国研发投资和人员的本地化创新集群或创新中心的发展;③ 加强研发方面的国际合作。

尽管在某些问题上,创新型区域的情况可能基本相似,但制定创新政策的背景却大不相同。因此,政策挑战和对策在某种程度上是针对特定地区的,并取决于历史文化以及经济和创新体系的特征。各地的科学技术政策机构的能力和传统也明显不同。中央政府与地方政府之间的责任划分,不同部委的作用和权力,政府与行业关系的性质,以及公共私人伙伴关系的范围等,技术和创新政策的优先任务都会有所不同。例如,一些地方更加强调加强科学基础,有些地方则专注于面向任务的公共研发,而其他地方则试图建立更具创新性的文化。

科技政策的创新路径依赖增加了政府行动效率低下的风险,但也可能导致创新能力的独特优势。国家科技政策机构已经开发了专门技能和相应的工具包,可以帮助实现政策目标。在大多数情况下,政府通过应对过去问题而形成的行政结构和政策工具来应对当前的挑战。这些独有的特征既是短期内对政策选择的限制,又是长期内政策改革的可能目标。它们构成了创新政策环境,必须在其中分析政策选择,并确定政策的优先次序。

较新的发展区域会面临更大的挑战,因为它们必须从不再起作用的体系中建立区域创新体系。它们可能还必须完成建立有效的国家创新系统所需的框架,还需要掌握一系列技能,如培训和网络管理。这其中存在的一个主要问题是区域内企业无法面对自己的技术要求,因为它们面临着从模仿到创新的挑战。

但是,这些区域可能会利用后来者的优势,包括获得的技术和知识以及从其他国家的经验中学习,以便赶上更先进的地区。但是,在确定长期技术性能时,进口技术不能替代可靠的科学基础和创新能力,重点必须放在通过边做边学和在研究中吸取知识。

在创新研究方面的任务是分析科学和技术进步的性质和作用,包括全球化日益增长的有影响力的领域,确定在应对重大社会挑战时能更好地利用这些变化来促进经济增长的方式,以帮助地方在这些领域制定适当的政策,并协助各个地方充分利用国际合作的潜力。但是,各地方通常会根据自己的创新系统及政策实施能力来评估和制定政策和计划。

第二节 科技创新体系的构成

然而,当前的做法总是难以在创新、制度和空间三个维度之间系统地形成统一。在理解点上的分歧仍然存在,但是总体上科技创新体系的主要内容应该包括科技创新制度和机构,以及创新空间三个层面的要素。

1.科技创新体制

在国家创新体系的构成中,创新被定义为一个交互过程,避免了将其置于商业化序列中的线性过程。实际上,正是这种创新概念主导了国家创新体系概念的复兴。这样定义的创新实际上自发地从广义上和组织上触及了生产体系。这使它在很大程度上优先考虑正式活动和研发机构,包括与研究和技术相关的研发公司、大学、政府机构的联系。这种理解允许对不同系统进行精确的表征,并对其创新性进行比较。

当然，如果要获得国家创新体系的精确特征，那么广泛的理解就会失去其有效性。但是，它允许对进化过程有较少聚合和更有活力的视野，在这种视野中，并不总是只观察秩序和连贯性。在埃德奎斯特（Edquist）的研究中，关于创新体系转型的问题是明确存在的，观点差异变得更加明显。实际上，与内生增长理论的发展比较时，人们注意到应该对更好地解释创新增长给予更多的关注。由于全球竞争问题，人们还提出了理解全球经济表现差异的问题，这凸显了对创新、竞争力和经济增长的影响过于直接、过于简单地理解的局限。今天对发展悖论的关注是国家创新体系研究的起点。为了应对信息和通信技术发展对世界的影响，各地正开展专门研究知识增加收益的相关机制的研究。关于科学与工业、公共和私人合作之间的关系的特征以及研究人员的流动性的问题已经变得很重要。除了可以观察到的区域差异外，还可以系统地研究构成创新产生基础的关系，特别是在知识流和局部动力学方面。这样，不取决于允许理解国家创新体系的结构特征，而应明确其机制，将重点放在出现能力、人才、培训以及知识和经验的动态传播上。简而言之，通过将新的动力与劳动分工、创新和制度之间的进化互动联系起来，可以将注意力从给定的创新系统的结构特征转移到这些系统的内在转化机制上。[1]

此外，还应全面深化科技体制改革，提升创新体系效能，着力激发创新活力。创新决胜未来，改革关乎国运。科技领域是最需要不断改革的领域。需要"坚持科技创新和制度创新'双轮驱动'，以问题为导向，以需求为牵引，在实践载体、制度安排、政策保障、环境营造上下功夫，在创新主体、创新基础、创新资源、创新环境等方面持续用力，强化国家战略科技力量，提升国家创新体系整体

---

[1] Feldman M P, Massard N. Institutions and systems in the geography of innovation[M]. New York: Springer Science & Business, 2002: 37.

效能。要优化和强化技术创新体系顶层设计,明确企业、高校、科研院所创新主体在创新链不同环节的功能定位,激发各类主体创新激情和活力。要加快转变政府科技管理职能,发挥好组织优势。……要着力改革和创新科研经费使用和管理方式,……要改革科技评价制度,建立以科技创新质量、贡献、绩效为导向的分类评价体系,正确评价科技创新成果的科学价值、技术价值、经济价值、社会价值、文化价值"①。

2. 创新体系与创新机构

通常,机构代表用于生产和创新管理的工具。它定义了一个或多或少适应性强的框架,以保持有效的创新水平。人们还提出了机构与创新共同进化的想法。不同的人对这种联合发展的构想也有所不同。同样,当重点放在国家创新体系的表征和比较分析上时,需要确定主要的创新的历史连续性。制度代表着很长一段时间,不可撤销性是个体动力的制约因素。对国家创新体系概念的强调实质上反映了公认的观点,即企业的创新绩效主要由政府政策决定。但是,需要通过检查每个地区的制度一致性来分析这些政策。因此,强调一个地区的创新体系具有相当大的连续性。当人们试图超越一种占统治地位的观点时,可能已经将更多的注意力放在系统的内部演化,以及内生机制的出现和来源的更精确表征上。公共或私人、正式和非正式机构管理与活动之间的联系是相互作用的源头,最终意味着一个国家的经济是整个集体动力的结果,而这种集体动力的连贯性和方向性没有具体定义。形式特征和历史连续性不再代表基本要

---

① 习近平. 在中国科学院第十九次院士大会、中国工程院第十四次院士大会上的讲话[EB/OL]. (2018-05-28) [2021-09-28]. https://www.12371.cn/2021/03/15/ARTI1615792324351236.shtml.

素,在这种情况下,对国家创新体系的理解有不同的方法,如将制度作为联系、相互依存和外部性的来源进行研究。

在公共政策方面,分析变得更加模糊、不够精确且不直接,因为被认为重要的不是一致性或连续性,而是矛盾和内在的张力揭示了的演变。从这个意义上讲,在国家创新体系的分析中很少研究制度发挥的作用。在受进化论经济方法启发下,关于地点和时间的分散知识的假设实际上是可以接受的。后者通过主体之间的相互作用,局部或是全局的相互作用,使制度表现为有意选择的产物。这些研究肯定可以区分曾经活跃的外部机构和受主体间压力而逐渐发展的内部机构。然而,它还表明创新参与要素之间的相互作用是如何发生变化的,从而需要其机构具有灵活性。从更制度化的角度来看,自发秩序和故意行为也能够构建一种机制。该框架将个人作为创造力和随机突变的中心与创新的制度化概括联系起来。还应区分创新主体常规行为出现之前的一个阶段,即创新产生阶段,以及从常规行为到制度出现的过渡阶段,即常规的自我维护和自我强化的阶段。

要想成为世界科技强国,成为世界主要科学中心和创新高地,必须拥有一批世界一流科研机构、研究型大学、创新型企业,能够持续涌现一批重大原创性科学成果。党的十八届五中全会提出,要在重大创新领域组建一批国家实验室。这是一项对我国科技创新具有战略意义的举措。"要以国家实验室建设为抓手,强化国家战略科技力量,在明确国家目标和紧迫战略需求的重大领域,在有望引领未来发展的战略制高点,以重大科技任务攻关和国家大型科技基础设施为主线,依托最有优势的创新单元,整合全国创新资源,建立目标导向、绩效管理、协同攻关、开放共享的新型运行机制,建设突破型、引领型、平台型一体的国家实验室。这样的国家实验室,应该成为攻坚克难、引领发展的战略科技力量,同其他各类科研机构、大学、企业研发机构形成功能互补、良性互动的协同创新新格局。"①

3. 创新空间

正如其名所示，国家创新体系的第一个概念中即指出在国界内明确定义为创新先行的地区。这里，国家层面是指公共权力的作用以及国家层面的生产系统，如工业、金融和教育的存在。因此，这些地区提供了可以归因于技术差异的地区基础。除了对要素或资源禀赋的分析之外，它还可以测量投入、产出和技术专业化程度，从而可以对工业、教育和金融体制的效率以及公共干预相结合进行解释。

但是，这种强调国家民族形式框架的观念很难与其他关注外部性研究的观念相结合，后者更清楚地依赖于国家创新体系观念，并强调外部性、相互依赖性、追溯性、循环和集体学习。这些张力点导致了分析的进一步发展，每个观点都为解决创新的现实和技术壁垒的危险提供了解决方案，包括社会创新系统、技术创新系统、部门创新系统、局部创新系统或其他地方的增长极。同样，在这些情况中，还存在着对本地化创新的理解。本地化就是寻找一个框架，它是地域性的，包括结构性和描述性分析基础。因此，从国家到地方的创新空间构建并不意味着观点的改变，只是将分析带入了不同的层次。开发一个更具动态性的愿景确实是一个问题，在该愿景中，相关的空间不是预先定义的，而是可以在暂时稳定的多个连贯性级别上创建的。这种方法的基础是双重的，可以从创新环境的社会文化特征，或者更可能在地方一级的创新文化中发现。如今，它们

---

① 习近平. 为建设世界科技强国而奋斗：在全国科技创新大会、两院院士大会、中国科协第九次全国代表大会上的讲话[EB/OL]. (2016-05-30)[2021-09-28]. https://news.12371.cn/2016/05/31/ARTI1464698194635743.shtml.

经常得到与创新地理趋势有关的更多经验工作的支持,并努力提供衡量生产活动的实际功能和知识传播的手段。可以进一步分析知识的地区外部性或关于国际外部性的方面。从这个角度看,提及本地化根本不意味着放弃整体框架。应精确地研究来自严格的国家分析框架的工作,通过指定知识的流动及其与空间动态的关系,提出创新风格的概念。这一目的不是否认国家创新体系的存在或希望寻找另一个系统性维度,而是研究可能导致国家创新体系演化的分散动力源。

总而言之,在国家创新体系的当代解释中需要更好地理解特殊利益和互补利益。国家创新体系的概念被认为是描述和比较研究与创新相关的国家制度体系特征的工具,应该包括各个层面和形式的创新、创新制度与机制,以及国家和地方维度的创新空间。

第三节　作为驱动力的科技政策

1.科技创新的外部性

科技政策属于科技创新体系的外部性要素,应同时考虑不同类别的分散的外部性,以确定公共干预的形式。这种方法假定对科技外部性的传统理解和新理解都进行了整合,互补性远大于互换性。实际上,创新的进化分析所强调的外部性因素是决定性的,因为后者将通用技术表征为当前变化的核心。但是,不应以反思激励问题为代价来求助于此框架。在大型工业集团参与基础研究的地位越来越重要的情况下，不能忽视后者，而传统的基础研究主要由政府提供资金，这就限制了知识可转移性。两种分析似乎是互补的，因为开放政策确保了技术知识的系统性流通，为可转移性提供了新的维度，进化分析处理的是复杂知识，而知识却难以使用。从理论上讲，基于学习外部性的存在，公共干预应增加企业了解外部知识的可能性。因此，扩散政策旨在使技术的复杂知识更接近公共产品的特征。

正是这种知识专一性，阿罗和拉莫才将其用作对可变性进行分析的基础。因此，有关知识流通和构建技术体系中的协调以及研究激励措施势在必行。这种整合非常有启发性，它允许确定几类可能证明科技政策合理的外部性。

因此，该方法允许更准确地指定外部性的性质，从而弱化其不透明特征。同时，也强调了相互影响的共存，对创新也具有定量和定性的影响。知识流通在新的创新体制中至关重要，而对研发的激励则需要一种政策维度的考量。

面对这样的复杂性，理论上基于技术外部性存在的公共干预似乎必然是矛盾的。以这种方式进行的科技政策研究表明，公共干预手段以传统的外部性概念加以阐述，并以排斥性来促进研究激励，这些手段在新的观点中仍然有用，证明了开放的逻辑，即经典工具允许创新中出现新的交互活动。

2. 作为工具的政策

专利政策是一种典型的科技政策，通过分析专利政策在科技创新中的工具作用，我们可以更好地理解科技政策在创新中发挥的作用。专利是保护知识产权的主要手段，它构成了一种排他性制度，因其强化了与技术有关的工业和商业开发垄断。因此，可以内部化外部性并为研发提供激励。从理论上讲，当专利衍生的利润能与研发私人支出相平衡时，可以达到最佳的保护水平。

但是，该工具可以用作调节创新的工具，只要涉及技术知识的流通，就可以将关闭和开放联系起来。实际上，与交易保密相反，专利的功能是将知识告知竞争对手。换句话说，该政策兼具有协调性与排他性，其实是为了更加合理地接受与专利有关的信息的制作和传播。在某种程度上，最重要的创新扩散政策可能就是专利保护。由于其内容丰富，专利甚至被视为技术政策的核心要素。专利制度的许多要素可以用来做出折中方案，以确定技术信息的流通程度。

公共研究计划也构成了科技政策的内在手段。实际上，它们的启发性特征会影响其外部性，这些程序生成的合作结构使利用学习的外部性成为可能。如果知识产权以事后方式行事，或者是源于公共研究计划，企业间的合作将在排斥逻辑和技术外部性管理所需的开放之间建立最有效的形式。一方面，这两种公共干预，即知识产权和研究计划，都应与研发方面的私人合作授权相关联，其基于竞争政策的发展，并有利于促进设立支持措施。

企业间的合作自然符合折中方案，而规范化政策和私人研究补贴是管理技术外部性的重要手段，它们必须符合单一目的。实际上，规范政策应该完全开放地实施，如与标准制定有关的信息的流通，以及规范化过程中代表的利益的多样性应允许利用积极的网络外部性并防止其负面影响，以及战略性的外部性的影响。相应来看，补贴或财政激励措施仅对研发激励措施直接产生影响。这个工具也不排除折中方案，作为定义为折中的科技政策的一部分，私人研发补贴与合作形式相结合时，其效率特别高，因为知识产权可以以私人补贴的形式获得成果的可能性，公共计划可用于公共研发合作的补助金，合作研究可用于私人间合作的补助金。

还有分析表明，科技政策的折中形式不在于既定工具的性质，而在于其使用方式，从这个角度可以分析共同体中科技政策的特殊性。

3. 科技政策驱动力的体现

政府应在促进创新,特别是私营部门创新方面发挥重要作用。从逻辑上来说,这个直观的结论基于以下事实:创新带来技术,技术是经济增长的主要动力,在没有政府干预的情况下,企业对技术,尤其是基础研究的投资不足,政府有责任通过激励措施进行额外的研发来解决这种投资不足或市场失灵的问题,这将促进经济增长。

这说明了政府在创新中的作用已经支配着公共部门参与创新过程的情况。但是,政府在创新中作用的经济基础比最初可能要复杂得多,从经济学的角度看,政府在创新中作用的合理性在于对政府干预的市场资源效率进行比较。

科技政策的重要性可以追溯到美国科学科技政策的起源——《科学:无尽的前沿》,尽管该书作者没有阐明科技政策的含义,也没有阐明政府角色的经济原理,只是简单地假设政府在创新过程中应发挥的作用,并着手描述了这一作用。1990年,美国总统乔治·布什(George Bush)发表了《美国科技政策》,这是美国第一份关于科技的政策声明。但是,它也未能阐明政府干预私营部门创新过程的理由。它隐晦地假设政府具有这种作用,然后提出了一个相当普遍的目标,即最好地利用技术来实现能改善所有人的生活质量、持续的经济增长和国家安全的目标。克林顿在其1994年《总统经济报告》中迈出了重要的一步,他首先阐明了有关政府为何在创新和整个技术过程中发挥作用的原则,即技术进步为经济增长提供了动力,科技政策举措旨在促进科技发展以及提高增长和生产率的技术的传播。科技政策的目标不是在于决定支持潜在成功者或用政府的判断代替私人行业的判断,而是要纠正市场失灵,扫除技术和市场失败的障碍。

市场失灵是指从社会的角度出发,包括社会进行研发和采纳他人研发成果的市场,以及应对任何特定技术的投资不足的情况。之所以发生这种投资不足,是因为当企业根据对创新活动的期望而确定研发投入时,它们的私人收益小于私人最小收益率,即研发投资的最小可接受收益率。有许多因素可以解释为什么一家公司可能认为其私人回报低于其门槛,其中就有我们所说的技术壁垒,它们与技术风险和市场风险有关,其中定义风险的标准是衡量实际结果会偏离预期结果的可能性。此外,有公司可能认为即使可以克服技术不确定性,也无法获得足够的研发投资回报。这可能是由于无法维持对技术的专有控制,从而使竞争对手模仿其发明并降低由此产生的获利能力。①

单独或组合使用以下因素有助于理解企业为什么认为私人回报率低于其门槛回报率,由于技术风险高,研发的结果可能无法充分解决技术问题以满足需求。即使研发在技术上取得了成功,但由于竞争性替代方案或操作性问题,市场可能仍不接受该技术。即使没有技术和市场风险,也可能难以为该技术分配知识产权,并且可能会很快出现模仿,从而使创新者无法获得足够的研发投资回报。这些因素为投资技术创造了障碍,从而导致市场失灵。

从经济角度来看,在社会将从技术中受益的情况下,政府的作用是纠正这些市场失灵。后一种情况发生在社会回报率大于社会障碍率时,即社会接受替代性资源投资的最低回报率。为了解决这种市场失灵,在研究特定的政策机制之前,一个关键问题是,企业是否对研发投入不足,而且企业可能由于以下原因而无法寻求有希望的技术机会:① 研发领域存在风险,失败的概率很高。② 单个公司可能没有开发该技术所需的能力。复杂的新技术可能需要协作和

---

① Feldman M P, Link A N, Siegel D S. The economics of science and technology: an overview of initiatives to foster innovation, entrepreneurship and economic growth[M]. New York: Springer Science & Business Media, 2002: 49.

信息共享，但是，建立研发合作伙伴关系并使之富有成效的工作的成本可能会阻碍开展该项目。③ 面对分配收益所遇到的困难，私人激励措施可能不足以吸引公司进行该项目。

政府至少可以使用四种政策机制来减少风险和市场失灵，从而克服研发方面的投资不足。其中，投资不足是指私营部门对研发的投资少于社会希望投资的情况。这些政策机制包括：① 专利法；② 税收优惠；③ 改善协作创新的环境；④ 资助。从某种意义上说，专利法是企业运作的整体创新环境的关键。相反，在更有意义的层面上，税收激励措施、刺激合作研发的努力以及直接和间接的政府补贴是科技创新政策的重要杠杆。

第八章
构建全球科技创新驱动合作体系

当今世界正处于百年未有之大变局,国际环境错综复杂,世界经济陷入低迷期,全球产业链供应链面临重塑,不稳定性、不确定性明显增加。新冠肺炎疫情影响广泛且深远,逆全球化、保护主义思潮暗流涌动。科技创新成为国际战略博弈的主要战场,围绕科技制高点的竞争空前激烈。我们必须保持强烈的忧患意识,做好充分的思想准备和工作准备。当前,新一轮科技革命和产业变革突飞猛进,科学研究范式正在发生深刻变革,学科交叉融合不断发展,科学技术和经济社会发展加速渗透融合。科技创新广度显著加大,宏观世界大至天体运行、星系演化、宇宙起源,微观世界小至基因编辑、粒子结构、量子调控,都是当今世界科技发展的最前沿。科技创新深度显著加深,深空探测成为科技竞争的制高点,深海、深地探测为人类认识自然不断拓展新的视野。科技创新速度也显著加快,以信息技术、人工智能为代表的新兴科技快速发展,大大拓展了时间、空间和人们的认知范围,人类正在进入一个"人机物"三元融合的万物智能互联时代。生物科学基础研究和应用研究快速发展。科技创新精度显著加强,对生物大分子和基因的研究进入精准调控阶段,从认识生命、改造生命走向合成生命、设计生命,在给人类带来福祉的同时,也带来生命伦理的挑战。[①]

当前,世界各国协作共赢的全球化已经成为不可逆转的发展趋势,然而个

[①] 习近平. 在中国科学院第二十次院士大会、中国工程院第十五次院士大会、中国科协第十次全国代表大会上的讲话[EB/OL]. (2021-05-28)[2021-09-28]. https://www.12371.cn/2021/05/28/ARTI1622208186296603.shtml.

别国家基于自身的短视利益出发,逆势而行,试图对抗全球化的发展,在经济、政治、社会,尤其是在高科技领域设置各种各样的发展障碍,给全球化带来一些人为阻力。在全世界范围内,全球化是不可逆转的未来前景,从长远看必然会给各国带来更多的利益。因此,以科技社会发展为目标的全球科技创新体系也是人类社会发展的重要趋势。同样,科技创新驱动在当前世界发展背景下,必然会逐渐形成全球科技创新驱动体系,这种体系需要世界各国通力合作,发挥各自的独特优势,才能建设更加美好的人类创新世界。而在当前的大背景下,各国需要做的,就是共同协作,构建全球科技创新驱动合作体系,以利于科技创新体系的完善和发展。根据前面的理论分析,结合国内外研究动态,我们从各种要素中,挑选出四个重要领域加以分析:科技知识服务、科技人才资源、创新地理空间布局与全球科技创新共同体。这四个方面从小到大,构成了全球科技创新驱动合作体系的主体内容。

第一节 完善科技知识服务体系

科技知识服务,特别是知识密集型的科技服务,涉及服务经济活动的跨境扩展,而且是国际生产和劳动分工组织更广泛的变革过程中的内在组成部分。新信息和通信技术的应用已经改变了服务,不仅改善了它们的增长过程,还改变了工业活动的进行方式,推动了服务和商品的整合,并促进了服务活动的组化。

本节集中讨论科技知识服务全球化中涉及的诸多因素,包括科技知识服务的特定模式与障碍、跨国科技服务的特征、科技知识服务的作用体现等。此外还分析了知识密集型服务全球化相关的其他问题,如服务转移外包等。

1. 知识服务的国际化

我们每天都会遇到科技服务的国际化。例如,随时通过电信系统连接到网络,通过搜索引擎查询网络资源,在不同国家和地区运营的在线商店订购商品等。在发达国家,服务业已经占据了经济的主要份额。人们经常将服务视为简单的"无形商品"。然而,该术语现在越来越多地用于涵盖数字内容和软件等信息,这与传统服务有很多不同,主要体现在知识服务的形态和表现。服务产品的功能在不同的服务类别之间差异很大:电视广播、疾病咨询、宠物治疗、货运和土地整治,这些只是服务所包含的众多活动中的一部分。无形性和交互性的特征意味着可以在同一时间和同一地点生产和使用多种服务,但它们很难存储,供应商和消费者需要并排放置等。因此,与服务在经济活动中所占的份额相比,服务贸易的比重非常低。尽管服务的重要性日益凸显,服务国际化是生产、分配和创新全球化总过程中的重要部分之一,对更广泛的国际劳动分工和竞争力产生的影响包括公司、国家和地区。然而,国际贸易问题通常与跨国公司的运作分开处理,当前的研究借鉴了不同的经济思想传统,不同问题已逐渐紧密地交织在一起。

信息通信技术(ICT)和开放式发展促进了经济各部门的重组。具有前所未有的灵活性和覆盖面的ICT系统促进了生产组织的根本转变,不仅包括服务贸易的增长,还包括新的国际服务活动、新的服务供应商和服务公司新商业模式的发展。目前看来,这些发展尤其适用于知识密集型科技服务产业。

服务业和其他跨国公司的活动可能只遵循在更广阔的市场中扩大销售的逻辑,它们可能涉及在更多国家与地区建立大致类似的生产和交付系统,或是跨境生产和消费的新配置。例如，对于服务和商品的模糊化，制造公司通过采用将其重塑为服务产品的策略来应对产品的商品化。另一个策略是将互联网作为提供服务的平台。①

信息通信技术通过使基于规则的活动数字化而改变了服务的形式，因此，许多公司的后台服务运营已被转移到较低工资的地区，通常最初服务后台建立在原产国，后来才移至其他成本较低的国家。办公服务的离岸外包已经得到了广泛关注，而最近，对更多知识密集型科技服务的离岸外包也引起了争议。此类问题与跨国公司直接挂钩，其业务遍及各大洲。通过ICT的进步，可以更轻松地重组其业务，而通过跨境交易可以促进这一点。那些业务流程中不需要与其他部门之间有紧密的地理空间往来的部分可以占据最有利可图的位置。低工资并不是唯一的驱动因素，在某些地方可能缺乏稀缺技能，在某些类型的企业中，跨越多个时区的能力可能是有利的。很多组织正在重新考虑其生产过程中各个阶段的执行方式，建立和重新配置全球价值链。

2. 知识强度

可以将"知识密集型服务"的概念植根于对服务经济和后工业社会的早期讨论中，理论家丹尼尔·贝尔(Daniel Bell)在《后工业社会的来临》中就曾将知识作为新兴经济中的核心原则进行了强调，并称其是一种正在改变工作性质的方法。

在世纪之交的今天，这一概念变得越来越引人关注，人类经常在企业应用

---

① Miles I, Miozzo M. The globalization of knowledge-intensive services[M]//Archibugi D, Filippetti A. The handbook of global science, technology, and innovation. New York: John Wiley & Sons, 2015: 143.

背景下讨论诸如管理咨询等知识密集型服务及其国际扩张。统计学家逐渐将注意力转移到服务上，对制造业的分类和高低技术领域的分类需求也越来越高。这在一定程度上是因为人们希望深入了解那些更具创新性的行业，以及那些更有可能表现出更高水平增长且具有竞争优势的行业。可以根据研发强度来定义高科技制造业，但是服务公司通常只会进行较为有限的研发，并通过其他方式组织创新工作。[①]

有能力在服务工作中运用大量知识和理解的员工可能会开展知识密集型活动，这一点可以根据其受教育程度来评估。在为运营定义时，欧盟统计局认为，如果该行业总就业中超过三分之一的人受过高等教育，则该行业就是知识密集型行业。在此基础上，欧盟统计局得出的结论是，欧洲约有一半的服务经济可被视为知识密集型行业。通常被认为不是知识密集型行业的包括酒店和餐饮、运输与仓储、贸易和维修，以及公共行政和社会保障等，而金融中介、房地产租赁与商业、教育和卫生与社会工作等被认为是知识密集型行业。欧盟统计局用这种方法将大量服务部门定义为知识密集型行业。

如果有一半的服务业劳动力属于此类部门，就能说明我们生活在知识经济时代。这些服务的数量众多且范围广泛，这意味着需要对所有知识密集型服务的国际化进行全面的分析。

但是，某些服务行业的知识要求确实比大多数专业的应届毕业生要高得多，特别是教育、卫生和知识密集型服务（即 Knowledge-Intensive Business Services, KIBS），也很难设置更高的标准来确定哪些部门是知识密集型的。电信和金融服务等行业在国际化进程中很重要，它们无疑需要高水平的知识才能

---

① Miles I. Research and development beyond manufacturing: the strange case of services' research and Development[J]. Research and Development Management, 2007, 37(3): 249-268.

运作,因此也雇用了许多受过高等教育的员工,但它们通常也安排了很多员工执行较为普通的任务。卫生和教育服务也承受着很大的国际化压力,但它们通常是作为集体公共服务加以组织的,这种地位导致这两种服务类型限制在国内利用,而缺少国际化,因此最核心的科技服务集中在知识密集型服务中,即KIBS领域。

3. 知识密集型科技服务

科技服务是指在正规经济中出售给公司和其他组织以支持其业务流程的知识服务。与业务相关的服务的更广泛类别也包括向消费者大规模提供对业务至关重要的服务,如电信、金融和教育。这些都是与新技术相关的活动,通常包括在支持信息系统和相关业务流程的专业业务中,向其他经济部门提供的业务。此类劳动力中受过科学和工程培训的人员比例很高。

影响知识密集服务国际化的问题,包括互动的需要,这通常意味着物理空间上的接近,因此许多知识密集型服务通过与在本地运营的公司建立专业关系进行贸易也就不足为奇了。除了物理上的接近之外,这还可能受语言、对当地文化的了解,以及对本地社交网络的访问等因素的驱动。此外,知识密集型服务的国际化可能会受到监管框架的影响,而较少出于传统的贸易保护主义动机,且更多地基于与这些服务相关的公共利益考虑。因此,自然而然地,不同的知识密集型服务必然会在非常不同的法规和市场框架下运作。

长期存在的专业服务通常会对国际化构成挑战,包括国家认证和职业自我监管体系的独立发展。尽管各国都做出了许多努力,但这些努力可能使跨不同国家背景的实践变得困难。当前,新兴的知识密集型服务,如市场研究和ICT服务,通常没有那么严格的监管。ICT服务与许多通过电信进行的交易,以及基于大数据技术的信息服务的兴起,可能尤其难以监控。

涵盖许多传统专业服务的法规可能易于确定谁有权提供服务以及应遵循哪些规范。举例来看,此类法规所包含的公共利益可能由于消费者难以评估服务质量,而容易造成市场失灵。对于自我监管的有效性也可能存在疑问,甚至即便基本服务就能满足客户的需求,服务提供商也可能会尝试提供优质服务。因此,需要向消费者提供更可靠的信息,或者应该通过应用专业标准来限制市场准入。①

会计是知识密集型专业服务的例子之一。可靠的会计服务对于金融市场的表现和稳定性至关重要。此类知识密集型服务业可能会提出质量要求,如对进入该行业的限制,以及多项认证要求。国家有管辖银行和保险业的法律,其中就要求公司使用经过批准的审计师。但是,随着许多企业采用国际审计标准,国家间的差异可能正在减弱。另一个历史悠久的知识密集型专业服务领域是法律服务,它也有其特殊的监管模式,以及价格法规、广告和业务结构方面的限制。②

相反,与ICT相关的服务通常具有相对开放的规范,原因之一是跨境贸易依赖于电信平台,监管者很难对其进行监管。这些服务的新颖性也可能意味着长期的制度化进程在各个国家之间存在的分歧减少了,还可能存在与数据保护和法规有关的问题。因此,该部门中最重要的壁垒与法规的关系较小,而与影响服务和基础设施的约束相关,这些服务和基础设施是必不可少的投入,如电信、金融服务和相关专业服务。这些限制可能会影响需求方和供应方,如跨界

---

① Miles I, Miozzo M. The globalization of knowledge-intensive services[M]//Archibugi D, Filippetti A. The handbook of global science, technology, and innovation. New York: John Wiley & Sons, 2015: 183.

② Molinuevo M, Sáez S. Regulatory assessment toolkit: a practical methodology for assessing regulation on trade and investment in services[Z]. Washington, DC: World Bank, 2014.

提供专业服务的限制会影响与该专业活动相关的 ICT 服务。

4. 知识服务的外包

贸易和投资自由化的一般过程以及 ICT 的发展,通过制造中的模块化生产网络和服务的捆绑,大大扩大了组织在各个部门的活动细分范围。这些发展使跨国公司能够扩大协调范围,从而使其不仅能包括其子公司,而且还能包括其外部供应商的网络。总部对外部化的更大依赖包括服务功能的捆绑,从而为新型组织和创新提供了多个入口。知识服务在增加产品价值中的重要性日益提高,加之商业服务新市场的出现,促成了这一趋势。

这种动态的结果是,公司和其他组织的许多内部职能被束缚了。它们可以在公司内的新地点生产,也可以从国内或国外公司获得。外包是指购买另一家公司内部生产的服务,包括许多重要的业务职能,如人力资源、ICT、会计和财务以及研发等。这些服务外包过程有时会伴随着全球供应商的合并和地域扩张。就科技服务而言,一些非常大的供应商正涌现在 ICT 服务、人力资源以及工程服务领域。这些与合同制造商或汽车配件生产商的增长方式不同,后者的策略是在与其客户所在的行业中获得更高附加值的活动。相反,服务外包公司提供了服务和业务功能的新颖组合,并在客户不同的行业中发展了功能知识和市场地位。

当前,在很大程度上,数据处理和数据输入、基本软件和其他 ICT 服务是被外包的第一批服务。在 20 世纪 80 年代,一些美国公司将信用卡处理程序发送到加勒比海地区,并在加勒比海地区建立了呼叫中心,而 PC 制造商在马来西亚建立软件中心。在 20 世纪 90 年代出现了庞大的软件离岸产业,印度、新加坡、爱尔兰、以色列和匈牙利都是离岸业务的早期参与者,并受益于先发优势。造成离岸外包的原因之一是 90 年代劳动力短缺，目的是解决互联网繁荣期间新的互联网产品和服务的投机性发展。其他国家也面临类似的压力，并且正在向海外采购软件开发。如今，离岸外包被视为向国外转移工作，而不是补充本国劳动力市场的不足。许多发展中国家的公司通过专业化提升了价值链，深化了它们的专业知识并与客户建立了联系，并要求逐步完成更高的增值任务。与发达新兴经济体相比，新兴经济体中具有同等能力的程序员的工资差距通常很大。来自欠发达国家的一些服务提供商在价值链中向上移动，将基于 ICT 的知识处理功能添加到更多基本功能中。

尽管外包和离岸外包并非是新现象，但现代知识密集型服务的外包和离岸外包具备了许多新功能。马西尼(Massini)和米奥佐(Miozzo)记录了从美国和欧洲到欠发达国家的行政服务、呼叫中心、ICT 服务、采购和产品开发的离岸趋势。他们概述了知识密集型服务的当前外包和离岸阶段与之前的阶段之间的差异。特殊之处在于，如今的知识密集型服务外包和离岸公司不仅涉及大型跨国公司，还涉及国际化程度较低的公司和中小型公司。这是一个巨大的转变。另外，外包或离岸的活动并非旨在服务于所在国的本地市场，而是服务于全球运营中的活动。这就需要付出巨大的努力来协调全球和企业内部分散的知识和活动。①

商业服务的供应商与外包商在不同的领域发展，并且在特定功能方面发展专有技术，可以应用于广泛领域的客户，不会面临客户的竞争与垄断。这涉及来自较不发达国家的公司以及从事 ICT 支持的业务流程，如 ICT 服务、会计、营销等业务的跨国公司的增长，还包括销售、采购和产品开发等。在外包地区

---

① Massini S, Miozzo M. Outsourcing and offshoring of business services: challenges to theory, management and geography of innovation[J]. Regional Studies, 2012,46(9): 1219-1242.

发展的集群不是基于行业的,而是基于技术与功能的,如 ICT 服务和金融服务,从而导致了混合组织和复杂网络的出现。商业服务的外包从 20 世纪 90 年代开始将当时的经济活动迅速转移到印度和中国等发展中国家,并通过混合的组织形式和复杂的网络在 2000 年扩展到其他亚洲国家、东欧、拉丁美洲和中美洲。

知识密集型服务外包和离岸业务的发展显示出发达国家削弱基于知识的竞争优势的问题。虽然一些欠发达国家表现出一些知识密集型服务的升级,但这些活动仍然需要提升技术水平。此外,大多更具创造性和知识密集性的活动,以及牵头公司的技术整合和协调的大部分功能,仍然植根于发达经济体中充满活力的地区。

第二节 科技人才资源共享体系

在科技人才服务方面,我们要激发各类人才创新活力,建设全球人才高地。要想成为世界科技强国,必须能够在全球范围内吸引人才、留住人才、用好人才。我国要实现高水平科技自立自强,归根结底要靠高水平创新人才。"培养创新型人才是国家、民族长远发展的大计。当今世界的竞争说到底是人才竞争、教育竞争。要更加重视人才自主培养,更加重视科学精神、创新能力、批判性思维的培养培育。要更加重视青年人才培养,努力造就一批具有世界影响力的顶尖科技人才,稳定支持一批创新团队,培养更多高素质技术技能人才、能工巧匠、大国工匠。……要构筑集聚全球优秀人才的科研创新高地,完善高端人才、专业人才来华工作、科研、交流的政策。"①

1. 科技人才国际流动的定义

几个世纪以来的科学史表明,知识和人才的流动对于知识生产的观念至关重要。但是,随着科学的专业化,机动性的性质和目的也在发展。随着时间的流逝,流动性行为变得更加有目的性,并且与研究和职业目标之间的联系更加清晰。近几十年来,人们愈发关注科技人才的共享和流动,这是可以通过政策行动解决的问题或作为应对研究面临挑战的解决方案。欧洲委员会为促进科学家在欧盟成员国之间的流动性而做出的努力,体现了当前对"智力循环"等项目的关注,这是提高国家研发系统升级和促进知识交流的一种手段。然而,关于如何更好地促进科技人才的流动,没有达成令人满意的共识。本部分将研究如何对科技人才的流动性进行重新定义和探索,以及有关影响流动性的因素和流动性产生的影响。由于科技人才流动的问题逐渐变得政治化,因此我们还需考虑相关的政策框架及其优劣。

那些希望理解科学家的国际流动性和创新驱动影响的挑战面临着几个基本定义,即什么构成"科技人才"和什么构成"国际流动性"。本部分简要探讨这些问题。

尽管在国际标准职业分类(ISCO-08)中出现了"科学和工程专业人士",但科技人才这一类别包括了更广泛的职业。此外,许多从事医学和其他健康研究的人员被归为"卫生专业人员"类别,而高等教育机构中的研究人员可能会把自

---

① 习近平.在中国科学院第二十次院士大会、中国工程院第十五次院士大会、中国科协第十次全国代表大会上的讲话[EB/OL].(2021-05-28)[2021-09-28].https://www.12371.cn/2021/05/28/ARTI1622208186296603.shtml.

已归类为"大学和高等教育老师"。那些从事研究、具有高学位的人员,如博士与博士后研究人员,在许多国家根本不会被归类为职业人员,而被视为学生。此外,许多关于科学流动性的研究只针对那些在公共或非营利性研究组织中工作的人员,而非私营企业的研发人员,在某些情况下这两组人群被简单地合并在一起。

鉴于这些定义上的困难,科学流动性研究倾向于依赖有关博士生或博士学位的数据,或者出于其他目的利用有关研究人员群体的信息,尤其是作为研究经费申请的一部分所提供的简历和信息,或在线发布、文献计量及专利数据库中获得的信息。使用专用调查工具进行的数据收集相对较少,并且往往集中于非常特定的人群,如作为程序评估或对国际流动博士研究人员或精英"明星科学家"进行的调研。这其中许多是由政策或专业组织或利益机构而非社会科学家进行的。

此外,定义"国际流动性"需要考虑到国际科学流动本身的性质。"流动性"一词往往可以互换使用,既指科学家的国际迁移,即从一个国家的就业位置转移到另一个国家,无论是在固定期限内还是在开放期限内,也指可称为"非工作"的国际流动性,即出于合作或其他目的,有时间限制地访问或反复访问不同地区的情况。"前者是更广泛的社会经济现象,如高技能专业人员的国际移徙的特例,应对此进行分析,而后者是一种更特定于研究领域的现象。关于国际科技劳动力市场的评价存在差异,如法律、规范和实践的差异以及明显的语言差异都可以影响这种现象的产生。"[①]

但是,不可否认,某些国家的研发体系对该国的科学工作者比来自其他国

---

① Flanagan K. International mobility of scientists[M]//Archibugi D, Filippetti A. The handbook of global science, technology, and innovation. New York: John Wiley & Sons, 2015: 365.

家的更开放,存在多种劳动力市场并存或重叠,如全球精英科学劳动力市场与明星科学家在顶尖机构之间流动。当前亟需一个新兴的国际科技劳务市场,以及更具活力、更加开放的国家体制,使得年轻的科学家能在此市场中寻求机会。与此同时,还需要各国劳动力市场的持续发展,非工作流动性虽然并非完全是科学专业人士所独有,但与研究的实践更为紧密地联系在一起。非工作流动性可能是由需要与研究合作者接触,获得新技能和新技术或对材料、样品、专用研究设备或基础设施的需求所驱动。它可以由一般研究资金或专门的计划或机构支持。显然,这种流动性是有时间限制的,因为在某种意义上,有关各方最终将希望其返回原来的工作地点。

学术性的人才流动不一定只是短暂停留,一些研究可能通过某种形式的名誉或交流职位而将其正式化,这种名誉或职位不涉及雇佣合同,但可能对机构具有象征意义或使有关科学家的声望和社会资本得到了提高。此外,对于这种流动性的需求的规范和期望可能因学科而异,并且因区域而异。

2. 人才流动的创新驱动力分析

科技人才的流动能够提供新的科技创新驱动力。Cañibano 和 Woolley 对"人才流失"和流动性的经济学文献进行了出色的批判性评论,强调了传统方法在考虑"人才流失"和"收益"时固有的混乱概念,即人口融合了具有"人力资本"经济概念的科学家或工程师,通常被称为科技人力资源(Human Resources of Science and Technology, HRST)。他们认为,这种将人力资本以某种方式包装为个体科学家的趋势,是个体从一个系统到另一个系统的移动,可被视为加法或减法。此外,还需要分析各个国家知识和人才的"资产负债表"。后来,人们更加关注人力资本的质量,也补充了对人力资本数量的关注,但人力资本的建模方式仍然可以说是知识和技能的融合，甚至在强调人力资本时也是如此。在使最先进的互补技能能够更有效地利用他人的技能方面，人力资本视角淡化了科学知识生产中其他因素的作用。

相反，人力资本并不完全由个体所体现的知识和技能来解释，其主要与社会结构和环境的影响关联。单个科学家的研究潜力可能会因其组织背景而得到增强或受到限制，而不仅仅是获得潜在合作者及其知识和技能，或者获得高级培训、设备、基础设施、方法、样本或数据，而且还涉及组织或地区背景的资助和研究文化所提供的激励和机会。

因此，流动性不只体现在人力资本单位的移动以及这些人所体现的知识的转移或"重组"。社会背景对新知识的产生至关重要，因此，在概念化流动性方面，必须考虑比简单的人力资本模型范围更大的背景。这在很大程度上与所谓的分析科学贡献激发的"新科学经济学"相一致。当前，学界对国际流动科学家的知识转移工作的关注正逐步上升。

最好将科学家的国际流动看作高技能专业工人国际移徙更广泛范畴的一个子集。在心理学和组织社会学方面，有大量关于工作流动性以及如何做出有关更换工作决定的文献。可能在此类决策中起作用的因素包括：① 结构性因素。因其影响工作流动的机会，主要存在于社会、区域、行业和组织层面的分析中。不同的人具有不同的个人目标和动机，因此对流动性的偏好也不同。② 个人因素。例如，个人所遵循的规范、个人对变化的期望和准备程度，以及他们对流动机会的期望程度的计算。这些因素最终决定了他们是否做出改变工作的决定，并且该决定因素也存在于个人层面。

此处还隐含着一个松散的概念框架。其中，就驱动因素而言，流动性也可以将其概念化为在多个级别上运行，主要体现在三个不同但相互关联的背景中：国家研究或创新系统的宏观层次及其劳动力市场；中观水平的研究人员及其从事研究的组织、实验室或团队；单个研究人员的微观因素。

此外，驱动效应的整体概念通常分为不同的驱动因素，这些因素有助于解释宏观、中观或微观环境，而相关因素则有助于解释转向一个不同的环境。从这个意义上说，流动性是由个人偏好、本地因素、制度环境和更广泛的系统环境的相互作用驱动的。此外，流动性概念通常还存在一些会抑制流动性的因素，它们会对人力资本形成、知识交流和发展产生潜在的负面影响。

3. 影响人才流动的因素

宏观和中观水平的因素包括国家系统的相关概念，不仅包括国家经济概况、技术变革和经济增长等要素，而且在以下方面也有关联，如国家研究水平、高等教育和技能系统等。许多专业劳动力市场至少是半国际化的，科学家是在国内和国际科研系统中工作，前者由国家法规和实践、职业结构和资金组成，后者则是"无形学院"，即从事科学工作的同行，遵守统一的纪律或针对相同问题开展研究的共同体网络。这些系统和网络构成了科学家决定移动化的背景的重要组成部分，尤其是因为它们影响研究经费的水平和方式、就业前景、职业发展和绩效评估。国家研发体系及其劳动力市场的力量和活力因素在于推动或拉动国际流动的作用。这些因素与个人的目标、技能和能力相交，以确定就业和收入潜力、职业前景和声誉的提升。高技能专业人员的迁移要素包括工作质量、薪酬水平、工作条件，以及围绕工作质量和个人家庭生活的各种问题。

学科之间的差异也可能导致流动性模式的不同。此外，从不同学科的研究工作的特定场所来看，所涉实践的标准化及其实质都暗示着不同的空间关系，因此会影响特定地点或在不同地点进行研究的程度。有研究发现，具有社会科学和人文学科资质的人在过去几年中流动的可能性更大，这表明近年来这些领域已变得更加国际化。但是,在整个研究生涯中,自然科学领域的国际流动更加普遍。

多项研究表明,拥有适配的研究机构和合作者以及获得研究经费的金额是推动流动的关键因素。实际上,与研究系统的质量和活力有关的因素比一般的劳动力对国际流动的吸引力更重要,包括市场和职业结构因素,如工资和激励措施、移民规则等。更广泛的创新系统因素,如与公司建立联系的机会是更具吸引力的拉动因素,比推动本土吸引力的因素更为重要。

微观因素包括个人或家庭因素。此外,生活动机、职业发展目标、个人研究目标以及培训和发展目标的质量都属于流动性因素。研究人员的职业生涯和人生规划,对于增加流动性变得越来越重要。同样,个人或家庭因素的影响在是否返回来源国的决定中变得越来越重要。跨境工作者比固定在某一国内工作的人员更有可能在国际上流动,且具有国际经验的学生在国际工作流动的可能性更大。

关于人才流动的障碍包括两种:阻碍移动的外在因素和可能的个人因素。尽管许多流动研究人员会遇到医疗保健和养老金安排等因素的困难,但它们很少成为阻碍流动性的障碍。相比之下,受关爱程度、人际关系以及获取资金和寻找到合适人选通常被视为阻碍流动的障碍。个人如何计算潜在困难和潜在利益之间的取舍可能会受到文化的影响很大。

政策的流动性问题同样存在。人才流失一词最早是在1963年提出的。许多研究将一些精英科学家迁移的证据与大规模迁移的可能性混为一谈,并将科学家和工程师混为一谈,从而为不同部门提供了截然不同的建议。

关于流动性的早期描述经常将科技人力资源与人力资本混为一谈。这样的框架会影响研究的设计和所收集的数据,许多人认为关心人才外流的人士通常具有"道德恐慌"的悲观特征。相比之下,欧盟关于科学流动性的许多政策论述都遵循乐观原则。一般认为,鼓励"更多流动性"与"更多卓越性"等式以及框架起了关键作用,且"流动性障碍"是可以消除的。

4. 科技人才共享的益处

无论是工作流动还是非工作流动,流动性都是个体科学家在个人、家庭和社会生活以及职业生活中的复杂事件。流动的决定受各方面组织和系统条件的影响,并且随着时间的流逝,可能会对这些组织和系统以及个人信息的内容和方向产生一系列积极或消极的影响,包括研究的进展以及他们的职业发展。

尽管科学流动性显然与科学的国际化有关,但迁移现象并不是科学家独有的,而且许多关于科学的文献中也指出了这些因素。流动性工作或培训机会与工作质量、薪水和激励措施、工作条件,以及围绕工作质量和个人家庭生活的广泛问题等有关,也与高技能国际移民的普遍现象有关。

尽管如此,科学的流动性通常以意想不到的方式进行构架,而这些框架之所以重要,是因为它们塑造了我们对流动性现象进行问题化和衡量的方式。关于流动性的大多数可用数据来自最初为其他目的收集的辅助数据,代表政策参与者收集的数据或在特定学术框架下收集的数据,这些数据本身受政策框架所影响。流动性已经成为一个热门话题,但是它是由一系列复杂的纠缠现象背后的一系列因素组成的。

此外,学术界和政策界对科学流动性的理解存在与流动科学家所经历的现实相脱节的风险。例如,卓越性和流动性不是由当前科学政策中流动性框架所假定构成的,并且流动性的驱动力也未受到广泛关注。

人才流动行为引发了有关个人研究性质的问题,也提出了有关发送和接收组织与系统及其工作方式的问题。人们普遍认为,流动性越强越好,或者说只要至少有一些人离开就可以了。

然而,最近的研究表明,欧洲科学家的高度流动性,与欧洲有关精英研究人员和精英机构的国际劳动力市场密切相关。与此同时,一些地区的研发系统、劳动力市场以及职业和奖励机制仍然不健全。

有充分的证据表明,国际流动可以在知识和技术的转让以及科学人力资本的发展中发挥重要作用。毫无疑问,世界上成功的国家研发系统很大程度上归功于它们能吸引最聪明、最优秀的科学家的能力,而无论他们来自何处。而且,这些收益不会以零和博弈的损失为代价来获得,散居的网络和迁移流动原则上可以使两个系统都受益。

但是,与此相关的一个错误的想法是流动性必须始终等同于卓越。强迫迁徙的人员和成本,以及迁徙可能在某些国家系统中引起机能障碍,应得到更多的政策关注,尤其是因为生产方式和科学动力产生的变化。例如,一些国家研发系统的高度国际化性质、跨境工作和双重职位的兴起,以及以ICT为基础的虚拟协作新模式的出现,可能使传统的科学流动性吸引力降低。

习近平对此进一步强调:"要以全球视野、国际标准提升科学中心集中度和显示度,在基础科技领域作出大的创新、在关键核心技术领域取得大的突破。要突破制约产学研相结合的体制机制瓶颈,让机构、人才、装置、资金、项目都充分活跃起来,使科技成果更快推广应用、转移转化。要大兴识才爱才敬才用才之风,改革人才培养使用机制,借鉴运用国际通行、灵活有效的办法,推动人才政策创新突破和细化落实,真正聚天下英才而用之,让更多千里马竞相奔腾。"[1]

---

[1] 习近平. 在参加上海代表团审议时强调 践行新发展理念深化改革开放 加快建设现代化国际大都市[EB/OL].(2017-03-05)[2021-09-28]. https://news.12371.cn/217/03/05/ARTI1488719983631620.shtml.

第三节 合理布局创新地理空间

促进在地理空间上的工业集中是当前科技创新政策中占主导地位的经济发展战略。越来越多国家意识到创新活动空间布局的重要性,都迫切要厘清集聚经济的基本性质、经济发展的逻辑以及政府投资的作用。人们普遍认为,广泛的投资是产生集聚经济并创造工业与创新蓬勃发展的条件。本节将根据创新在空间上聚集的自然趋势,分析与创新空间相关的经济发展政策的理论基础。

1. 地理作为组织创新活动的平台

迈克尔·波特(Michael Porter)的《国家竞争优势》将地理因素引入管理领域,提供了行业的条件模型,并强调了本地化竞争的好处。但是,这项工作强调了影响创新的前提条件,忽略了创建支持创新活动的机构和空间界定的创新产业产生的社会过程。好的经济发展是建立在更长远、更广阔的视野上的。不断努力实现各个领域的区域增长,能更好地利用创新活动自然趋势的空间聚集力,并带来更大的繁荣。

正如公司是组织经济活动的一种手段一样,地理环境提供了一个组织资源和经济活动关系的平台。除了资源禀赋,接近市场或气候的自然优势外,某些地方还具有内部动力,可以提高投资的生产率并激发更多的创新和创造力。这些内部动力是由社会建构的,涉及各种各样的参与者,包括企业所有者、企业家、研究人员、风险资本家、决策者和政治人物。最重要的是，由于很难预测未来的技术变化和市场发展，因此一个地方能够参与创意活动的人数越多，其组织经济活动的能力就越大。

产生创新所需的资源通常不限于单个公司。一般在企业签订外部资源合同时，预测其创新能力是重要的考虑因素之一。地理和特定的区域互动可以塑造产业。外包可以使企业降低生产成本，而技术先进的企业则可以在差异化的绩效和创新基础上进行竞争。尽管公司是将产品推向市场并从创新中实现价值的实体，但即使是最大的跨国公司也都嵌于支持和维持其活动的生态系统中。这些系统虽然是全球范围内相连接的，但通常会集中在某些地理区域，即相关的专业行业或技术的公司集中在同一地理区域内。形成这种地理聚集趋势的原因有三点：相关行业和支持行业的基础设施、深厚的专业技术人才库，以及强大的知识基础。一个行业和相关公司可能会聚集在一起，因为它们可以依靠大量的熟练劳动力并可以通过本地为基础的价值链交易或通过知识溢出来共享知识。经济参与者，无论是公司、企业家、科学家还是工人，都可以通过地理位置更轻松地通过正式和非正式渠道寻求解决方案。具有技术或行业经验的人可在本地增加可用知识的储备，从而产生更好的想法。或者说，经济主体得益于轻松的沟通、共享思想和高度相关的偶然事件的发生。另外，工业集聚还可减少交易成本。

在所有经济活动中，创新最受益于地理位置。创新是将不同类型的知识融合并编织成具有经济价值的能力，有所不同的是它具有创造出前所未有的东西的能力。与艺术相似，创新是一种创造性的表达。但是，与艺术不同的是，创新的衡量标准不在于旁观者，而在于市场的接受程度。这种创新可带来商业回报，并在经济繁荣和增长方面为社会带来回报。在当今越来越受即时消息、移动电话和电子邮件支配的世界中，地理位置对于创新活动的重要性似乎自相矛盾。毕竟，新的电信技术引发了虚拟空间的革命，地理位置不同的活动可能以电子方式链接到几乎实时的交易中。然而，由于知识的默契性，企业之间存在知识溢出的地理边界，而创新活动往往由于知识溢出的地理边界而集中在特定空间中。

由此可见，创新的关键要素是知识溢出。换句话说，尽管企业仍然可以从集聚中受益，但在知识溢出普遍的地区，创新活动可能比知识溢出薄弱的地区更加活跃。例如，即使存在企业的实体集聚，但如果企业之间没有知识溢出，创新能力就会很弱。当然，如果过于强调相关企业之间知识溢出的外部性，则会忽略新知识创造和创新的重要成分。例如，跨不同地区公司的互补知识是创新的主要来源之一，可以帮助公司创造新知识。知识溢出的最重要来源是产业多样性而不是产业专业化，并且城市是创新的最大场所，因为城市拥有最多样化的知识来源。也就是说，一个城市中的各种公司所产生的新知识创造了充满活力的创新活动，从而帮助其他公司获得并利用新知识。

企业之间的知识溢出是创新的渠道，而创新是能力建设的关键来源之一。换句话说，重要的不是行业专业化或多元化，而是如何促进企业之间的知识溢出。从这个意义上讲，可以进一步理解区域空间的重要性。所以，如果缺乏对某一地区的背景和历史的了解，建立产业集群的政策通常会失败。成功的产业集群是由社会构建的，需要很长时间才能实现其潜力。在这种情况下，政策制定者应首先研究地理位置的背景，如所在地区的产业结构和基础设施。通过更好地了解其地理区域，决策者可以了解自己的优势和劣势，并可以考虑克服劣势和增强优势。通过在现有公司之间建立联系，以便公司做出积极的外部性决策，从而在各个行业之间产生知识溢出效应。在区域能力差的情况下，政策制定者应主要集中于建设区域能力的投资，以便促进多样化的经济活动。此外，培育有助于创造多样化经济活动的条件至关重要。如果某个地区过于擅长某个特定行业,则决策者应吸引互补性行业,以便在整个行业而非行业内部产生更多的知识溢出效应。

当前,在"一带一路"建设中,我国非常注重区域和国际间的科技合作。"通过开展'一带一路'建设国际合作,形成政策协调、规划对接的合力。我们同意加强经济、金融、贸易、投资等领域宏观政策协调,共同营造有利的外部发展环境。我们支持构建开放型世界经济,推动自由贸易区建设,促进贸易和投资自由化便利化。我们期待围绕各自国家的发展战略以及国际和地区组织制订的合作规划加强有效对接,优势互补,协同并进。我们都重视创新发展,支持在跨境电子商务、大数据、智慧城市、低碳发展等前沿领域加强合作,培育新产业、新业态、新模式,挖掘增长新动力。……互联互通有助于打破制约经济发展的瓶颈,对增强各国发展动力、改善民众福祉具有重要意义。'一带一路'建设国际合作要继续把互联互通作为重点,以重大项目和重点工程为引领,推进公路、铁路、港口、航空、油气管道、电力、通信网络等领域合作,打造基础设施联通网络。我们决定继续积极推进经济走廊建设,办好经贸、产业合作园区,加强国际产能和装备制造合作,推动实体经济更好更快发展。我们都重视投资和融资合作,支持扩大相互金融市场开放,鼓励开发性金融机构发挥重要作用,努力构建稳定、可持续、风险可控的金融保障体系。"[①]

2. 利用创新集群的自然趋势

一些经济学家对地方经济发展战略持怀疑态度,认为地方利益与国家利益

[①] 习近平. 在"一带一路"国际合作高峰论坛圆桌峰会上的闭幕辞[EB/OL]. (2017-05-15) [2021-09-28]. https://news.12371.cn/2017/05/15/ARTI1494853210339462.shtml.

之间存在权衡。争议在于,资源只从一种地方经济体重新分配到另一种地方经济体,损害了整体国家利益。世界银行曾在 2009 年的一份报告中主张采用"空间盲区"的方法,而不是基于场所的方法,将其作为"提高效率、保证平等机会并改善个人生活和工作环境的最有效方法"[①]。该报告认为,鼓励人员流动使人们能够生活在可能具有更高经济生产力的地方,这反过来又增加了个人收入、生产力和总增长,并使得财富的地域分配更加平均。另一方面,基于区域的经济发展方法的拥护者认为,有必要充分了解当地和地区的情况,以便制定出在特定地区能取得成功的发展政策。基于地点的方法断言,不考虑其区域背景的"一刀切"的所有政策可能会带来意料之外的影响。

企业园区或高新区是一项针对地方技术经济发展的政策,已得到广泛认可。为了吸引企业区内的公司,政府提供了许多激励措施,如对公司免征财产税或所得税。一旦企业进入企业区,它们就有资格获得额外的补贴。政策制定者预计,企业区可能会减轻失业率,并长期帮助该地区促进经济增长。

创造知识和分享知识的活动创造了越来越多的回报。但是在这一点上,理论经济学和经验经济学都无法充分解决这个问题。实际上,次要因素可能比现状更具吸引力。在考虑产业集群发展时,有两种截然相反的模型。当前广泛施行的模式,是依靠政府指定科学技术发展区域的增长。这是一种自上而下的经济发展方法,在新加坡已经相当成功,中央政府要求在特定地点进行研发,并在相对较短的时间内完成。

另一种模式出现在美国和其他市场经济体中,并且依赖于自组织和地方的主动性。在市场经济中,中央政府不能决定私营公司的行为,只能提供激励措

---

① World Bank. World development report 2009: reshaping economic geography[Z]. Washington, DC: World Bank, 2009.

施,以鼓励公司选址决策和对研发的投资。其中,最接近政府引导的集群的是美国北卡罗来纳州的三角研究园(RTP),这是州政府和地方采取行动的结果。RTP 始于 20 世纪 20 年代,是一项长期的工作,现已成为世界上较大的研究园之一。但是,最关键的是随着工业格局的发展而发生的过程。这里通过一致的政策努力,成功建立了一个集群。还有许多其他例子,如试图在市场经济的特定区域中建立创新集群,但结果通常看起来与最初的预期有很大不同。

尽管经济发展研究人员和政府规划人员希望制定长期战略,但要预测科学发现、新技术和新机会是困难的。例如,行业领导者 IBM 低估了计算机行业的潜力,及其为新公司创造发展个人计算机的机会。很少有人能预测到互联网的潜力及其如何改变我们访问信息和交流的方式。此外,企业家活动必然是混乱的、适应性强且不可预测的,而并非能预先给出的有远见的解决方案。经济发展战略必须同样具有适应性。

最大的问题是,无法预测哪些技术将带来哪些回报。至于新兴产业,如生物技术或纳米技术,当已经有了一个明确的研究中心并家喻户晓时,其他地方再决定成立研究中心可能为时已晚,因此在西方的市场经济中建立集群是一个混乱的社会过程,在我国则是另一种发展情形。

3. 合理的经济发展政策

除了制定有效的经济发展战略的挑战外,决策者还面临政策评估。本部分关注评估经济发展计划时固有的一些问题。尽管各国付出了巨大的努力来评估经济发展计划,但创新的内在复杂性使评估设计变得复杂。最高的科学标准是辨别因果关系,比较类似的计划或投入,对结果的评估是最容易的。经济发展集群计划涉及从基础设施到孵化企业的广泛活动。之所以需要这种多样性,是因为这些项目服务于不同领域和不同的技术。如果这些项目提供相同的服务,虽然将有助于评估,但这样做不会促进当地企业的需求,也不会提高当地经济发展的目标。

对于经济发展计划,很难找到一个特定的结果,能将其归因于某一项特定的计划或干预措施。有研究显示,由于小公司之间的紧密关系,当销售下降时,公司不愿裁员。出于同样的原因,这段时期公司也不愿雇用新员工,直到实现持续增长的销售。因此,经济发展的回报受到多项个人决策的影响,以及来自多种动机的干预影响。

尽管可以检查单个公司,但是当我们考虑区域时,分析变得不容易处理。对区域经济发展的案例研究表明,这是一个极其复杂的过程,公共投资是一个重要因素,但也只是许多重要因素之一。众所周知,复杂的系统很难建模。没有理由相信优化复杂系统中任何一个组件的性能,必定会改善整个系统的性能。经济发展项目不仅仅是一系列的交易,其有助于建立生态系统。出现生态系统能力的建设可以降低交易成本并增加知识流,从而带来多种意想不到的结果。这些被认为是功能性影响,而不是纯粹的经济影响。纯粹的经济影响是根据开展项目或进行比原始投资大得多的投资产生的。

通常,成功建立新公司的努力会导致注入风险资本、进行合并或收购,或者对所有权进行某些变更,结果会使当地就业受到负面影响。建立成功的公司所付出的努力,可能会被常用的度量标准认定为失败。实际上,该地区可能已从一家创业公司所能做到的事中受益。这会驱使其他人投资于早期活动。创始人可能留在该地区并成为连环企业家。关键员工将学到使下一位雇主受益的技能。由于被误认为是就业失败的经济发展努力的结果,该地区下一轮的能力实际上将得到提高。

最后,实现与政府预算周期不符的政府投资会花费大量时间。专家指出,从学术研究发现到新产品创新之间的时间间隔为七年。许多经济学家纷纷效仿,尝试了各种方法来估算与实现研发投资收益相关的滞后。

研究投资与实现商业成果之间的时间间隔是漫长且不确定的,并且在各个领域之间存在很大差异。美国国家科学院(National Academy of Sciences, United States)的报告曾指出:"历史向我们展示了科学和工程的基础研究多久会导致出乎意料的结果,可能需要花费很多年甚至几十年的时间。"[1]经济发展的最佳结果也许只在采取各种措施上取得进展。

4. 反思政府的作用

政府是组织经济、社会和公民生活的主体。简单来说,政府是采取集体行动的代理人,其委托人是其居民和企业。政府要在保持激励措施的同时实现潜力,在不过度监管的情况下为经济交易提供支撑,进行促进公共利益的投资,并鼓励私人和组织的充分参与,同时又不追求特殊利益。

与资源经济不同,资源禀赋的地理分布不均衡预先确定了以地方为基础的发展战略,而当代经济发展则取决于个人和团体能力的公共和私人投资。这种能力是随着时间的推移而建立的,需要采取一致的行动,以实现促进公众利益的目标。政府投资提供了可以依靠私营部门的技能、能力、计划和激励措施。因此,经济发展的良性自我循环产生了繁荣和更加可持续的经济增长的社会和经济成果。

尽管宏观经济因素一直主导着政策议程,但解决创新和生产的微观经济基

---

[1] National Academy of Sciences. Implementing the government performance and results act for research: a status report[M]. Washington, DC: National Academies Press, 2001.

础的紧迫性却越来越高。能力投资而非紧缩政策为经济发展提供了基础。在过去的50年中,对经济发展的讨论已经从对落后地区的关注和对贫困的消除转移到对创新和国际竞争力的关注。目前,人们愈发强调创新和企业家精神作为经济增长的来源,这重新定义了政府的作用,并为政府投资提供了依据。创新包括复杂和多方面的过程,在此过程中,创造力导致了实际应用、商业化以及最终的经济和社会收益。人们在理解创新过程和确定促进地区经济增长和繁荣方面已经付出了巨大的努力。"尽管人们普遍认为创新是引领经济乃至社会前进的不可或缺的催化剂,但经济发展政策的重点仍然是传统的吸引和激励措施,通常针对特定企业。这很大程度上是一个零和博弈,对经济发展的影响很小。"①此外,随着时间的流逝,地方政府倾向于采取更多相同的政策,对既有战略进行增量调整,而不是对原有发展战略进行全面重新考虑。

越来越多的证据表明,公共机构正在创新过程中发挥更大的作用。由于解决社会最紧迫问题的需求不断增加,科学研究的性质已经发生了变化。这导致了工业网络的分散与开放式创新。现在,协作活动已不再局限于大型公司的研发实验室,而是嵌入到公共和私人机构、大型和小型公司之间的网络中。这种现象鼓励更多的组织相互协作,也加剧了对政府计划的依赖,以协调这些网络的运作。有证据表明,各国政府实际上已经通过技术政策越来越融入经济。②

随着创新和企业家精神作为经济和社会进步的关键要素进入中心舞台,有必要重新定义公共部门的作用。依赖基于市场的基本原理来进行公共投资,重要的是要考虑公共部门在建设和增强能力方面的潜在作用。与其将个人甚至

---

① Feldman M P, Choi J M. Harnessing the geography of innovation: toward evidence-based economic development policy[M]//Archibugi D, Filippetti A. The handbook of global science, technology, and innovation. New York: John Wiley & Sons, 2015: 284.

② Block F, Keller M R. Where do innovations come from? Transformations in the US economy, 1970-2006[J]. Socio-Economic Review, 2009, 7(3): 459-483.

公司视为公共政策的接受对象,还不如将其视为活跃的创新代理人。毕竟,我们永远无法预测创新何时会出现。最佳的经济发展战略是使尽可能多的参与者充分发挥其生产能力参与经济。通过增强能力并确保代理人有可实现的自由,基础广泛的政府在教育和基础设施方面的投资对未来的经济增长至关重要。如果缺乏创新生态系统的某些部门,以特定行业或孤立的组件为目标就不太可能成功。政府是具有长远眼光和掌握资源的实体,可以从事促进工业集聚并最终促进经济增长的经济发展活动。长期以来,基于地方的产业政策依赖于创造一系列前提条件。构建有利于创新产业条件的社会,是一个需要更长的时间跨度和对基础能力进行投资的过程,以使不同参与者能够参与到经济发展中来。

尽管有关经济发展的概念已有许多的研究,但人们常常把重点放在创新本身,而不是可以创造更大效益的体制上。有关经济发展的这种更广阔的观点阐明了政府作为集群投资的推动者的新角色,并表明受益于知识溢出和地方能力的企业可能是制度建设的核心力量。最好的经济发展政策是建立在长期广阔的视野之上的,这种视野将不断努力以实现区域能力的可衡量的增长为目标。充分利用创新活动的自然趋势进行聚集的最佳政策可能是使经济主体具有创造力并充分调动参与经济和社会能力的政策和投资。

第四节 全球科技创新命运共同体的构建

在全球科技创新共同体的构建中,我们应助力构建开放创新生态,积极参与全球科技治理。创新就是生产力,企业赖之以强,国家赖之以盛。要顺应新工业革命发展趋势,共同把握数字化、网络化、智能化发展机遇,共同探索新技术、新业态和新模式,探寻新的增长动能和发展路径。其中包括"中国将继续实施共建'一带一路'科技创新行动计划,同各方一道推进科技人文交流、共建联合实验室、科技园区合作、技术转移四大举措。我们还将支持各国企业合作推进信息通信基础设施建设,提升网络互联互通水平"[1]"中国将继续推进科技创新。科技创新是人类社会发展的重要引擎,是应对许多全球性挑战的有力武器,也是中国贯彻新发展理念、构建新发展格局、推动高质量发展的必由之路。中国将加大科技投入,狠抓创新体系建设,加速科技成果向现实生产力转化,加强知识产权保护,推动实现依靠创新驱动的内涵型增长。科技成果应该造福全人类,而不应该成为限制、遏制其他国家发展的手段。中国将以更加开放的思维和举措推进国际科技交流合作,同各国携手打造开放、公平、公正、非歧视的科技发展环境,促进互惠共享"[2]。

1. 创新网络的连通性特征

地理集群在创新过程中继续发挥作用。同时,国际商学界也关注集群,重点关注跨国企业如何跨越地理距离,以寻找新的市场、资源和创新机会。现在,这两个板块正在融合。这个新生的创新网络理论框架可以解决与全球科学、技术和创新有关的问题。例如,为什么某些集群通过融入全球经济能比其他集群受益更多。更具体地说,是什么使特定集群能够利用其对外贸易和协作来赶上

---

[1] 习近平.在第二届"一带一路"国际合作高峰论坛开幕式上的主旨演讲[EB/OL].(2019-04-26)[2021-09-28]. https://www.12371.cn/2019/04/26/ARTI15562256063038435.shtml.

[2] 习近平.在世界经济论坛"达沃斯议程"对话会上的特别致辞[EB/OL].(2021-01-25)[2021-09-28]. https://www.12371.cn/2021/01/25/ARTI1611578512981286.shtml.

全球技术前沿甚至成为全球技术领导者，又是什么决定了这种创新的成果如何在这些集群中的个人和组织之间的分配。尽管集群中的内部创新过程已得到相对较好的理解，但相对新的认识是全球化促进了集群间的竞争，也促进了创新。

全局连接是资源流入和流出的渠道，尽管这样的联系促进了更严格的集群间竞争，但它们还通过向集群注入来自世界各地的知识、技术和资本来保持集群的创新潜力。跨越集群的边界可以激发尖端技术和知识的全球联系，如出现领先集群、创新中心或知识热点。这样的热点是全球知识格局中的"高峰"，高度专业化的科技创新集群，多具有集中的创新活动，或者具有多样化创新特征的全球城市。行业垂直领域的创新系统由遍布全球、相互关联的知识热点组成，这些热点是按等级排序的。低阶热点服务于高阶热点，所有热点均由顶点或群集进行编排。硅谷就是信息技术领先集群的典型例子，其他例子还包括好莱坞等。跨国公司的网络与全球知识和创新环境共同发展，因此它们领导集群中的子公司通常构成其全球业务的创新中心。一方面，集群在全球知识流的基础上进行创新的潜力取决于其庞大的全球联系数量，增加了集群的联系程度；另一方面，创新受到这些连接中的决策场所和网络结的影响。

在创新的联系中，需要在两个不同的决策场所之间建立根本的差异：基于个人的和基于组织的。第一种也是最基本类型的人际关系，是通过自主的个人来实现的，包括家庭关系、友谊和合作。个人经常利用这种联系提供的社会关系来寻求职业机会，当个人关系遍及全球时，既促进了劳动力流动，又促进了跨集群的创业。这些人在出生时属于多个地理区域，他们不仅利用家人和朋友，还利用文化相似性和共同的背景，建立了"迅速信任"，以促进个人和专业关系跨几个集群。第二类的决策场所是通过组织实施的，其中包括跨越不同组织或分支机构的战略联盟、合资企业或所有者。即使这种通道像所有连接一样都嵌入构建和操作它们的个人中,但它们在人际关系等方面却有所不同。组织层次结构提供了特定的治理和激励机制。因此,组织旨在确保员工在操作时不会自主采取行动。此类渠道的杠杆作用与上级组织的策略保持一致,而不与个人利益保持一致。

组织维护通道有利于跨地理的资源移动。发达市场经济中的成熟集群的特征是本地组织建立了许多通道。相比之下,在欠发达经济体的集群中,通道通常由外国跨国公司引入,并由当地子公司运营。一方面,跨国公司子公司刺激集群创新的总体潜力取决于其母公司的类型。在全球竞争环境中处于领先地位的跨国公司通常会在其子公司中开展更多的创新活动,而落后的跨国公司通常通过复制组织中其他地方进行的活动在子公司中进行常规创新活动。另一方面,子公司刺激创新的潜力也取决于其自身的类型和能力。有学者对具有能力开发任务的子公司进行了区分,这些子任务主要针对常规复制和本地适应,不太可能引发大量本地创新活动,而具有能力开发任务的子公司则负责开发在本地市场以外使用的新能力,与大量的知识流入和流出。

群集的全局连接配置可以看作一个特定的社交网络,其中本地和非本地个人和组织是节点,而它们的连接是纽带。该社交网络的结构会影响集群如何从本地个人和组织的全球联系中受益。① 连接网络的集中度尤其重要。在社交网络中,一个节点与其他节点的关系越多,则该节点的中心性就越高。当几个具有较高中心性的节点支配网络时,网络的结构将被集中化。相反,当所有节点都具有相当数量的联系,以至于没有任何联系是中心的时候,此时的网络是分散的。当集群的流入和流出仅由少数几个网络管理进行调节时,连接网络的

---

① Lorenzen M, Mudambi R. Clusters, connectivity and catch-up: Bangalore and Bollywood in the global economy[J]. Journal of Economic Geography, 2013, 13(3): 501-534.

结构便是集中的。具有许多全球联系的强大的本地个人或组织通常也会主导本地连接的网络。这使得集群中的外围个人或组织也依赖于特定个人或组织相互访问。例如,具有支配性地方组织的"工业综合体"类集群可能会发展为集中式连接网络结构。这是因为当地占主导地位的组织从集群外部寻求建立内部联系的大多数提议,并且随之而来的是在创建和维护所有类型的联系方面的经验。①

相反,当连接网络的结构分散时,流量会直接在许多节点之间发生,而所有节点都具有可比较的中心性。全球联系的权力下放很可能与地方个人和组织之间的直接关系共同发展。这里要考虑的示例是没有主导居民组织的非分层,基于信任的集群,如"纯集聚"集群或"工业区"集群。

在完全集群的连接网络中,所有外部节点都连接到中央本地节点,所有进出群集节点的流量都必须通过此节点的代理进行。该个人或组织可以有效地充当"守门人"或"专家",塑造流入和流出集群的资源的性质,以及捕获因出租而产生的大部分租金。这些流量是多样的,在完全分散的连接网络中,每个本地节点都直接连接到外部节点。

随着世界多极化、经济全球化、文化多样化和社会信息化的深入发展,互联网对人类文明进步将发挥更多的促进作用。同时,互联网领域发展不平衡、规则不健全与秩序不合理等问题也日益凸显。不同国家和地区的信息鸿沟不断拉大,现有网络空间治理规则难以反映大多数国家意愿和利益;世界范围内侵害个人隐私、侵犯知识产权与网络犯罪等时有发生,网络监听、网络攻击与网络恐怖主义活动等成为全球公害。"面对这些问题和挑战,国际社会应该在相互

---

① Lorenzen M, Mudambi R. Clusters and global innovation: the role of connectedness and connectivity[M]//Archibugi D, Filippetti A. The handbook of global science, technology, and innovation. New York:John Wiley & Sons, 2015: 215.

尊重、相互信任的基础上,加强对话合作,推动互联网全球治理体系变革,共同构建和平、安全、开放、合作的网络空间,建立多边、民主、透明的全球互联网治理体系。"①

2. 全球互连的类型

集群的连通性表示其全局连接的决策场所和网络结构的特定配置。连接器的决策位置和网络结构的程式化类型组合为集群的四种原型。

第一种连通性原型是集群中的个人关系。即使这种连接类型具有很长的历史,它仍然在具有强大家族传统国家中的集群中很普遍。分散的人际关系代表了第二种连通性原型。例如,来自一个集群的侨民与其留在本国的家人和朋友之间的关系。他们利用语言和文化的共性以及来自一个集群的经验和联系在另一个集群中开展业务。分散的人际关系有利于跨集群的资源转移(包括知识)通常可利用来自国外的资源推动家庭集群中的业务活动。在传统意义上,这种连接类型是由移民潮驱动的。在过去的半个世纪中,由于新的运输和通信技术使侨民得以保持联系,因此在越来越多的集群出现了侨民。第三种连通性原型是集中式通道。在发达市场经济中的成熟集群中,旗舰公司和主要承租人通常是资源丰富的本地组织。但是,在新生的集群中,旗舰店和主要承租人很可能是外国跨国公司的本地子公司,由于缺乏其他本地组织的发展,它们具有强大的主导作用。值得注意的是,网络地位并不总是取决于公司的规模。相反,这通常是主导技术能力的结果。较小的组织或公共机构可以充当本地技术

---

① 习近平. 在第二届世界互联网大会开幕式上的讲话[EB/OL]. (2015-12-16)[2021-09-28]. https://news.12371.cn/2015/12/16/ARTI1450250340197792.shtml.

的守门员。此连接类型仅限于参与全球贸易和生产的集群。此类群集之间连接最紧密的是那些活跃的群集。第四种原型是分散的通道。例如,高科技的本地中小企业建立国际企业或者跨国公司的子公司与集团的其他子公司开展合作。在这种情况下,子公司不占据中央网络位置。这可能是由于与本地公司在平等的基础上采取策略以获取本地知识共享的结果,或者可能是集群聚集了大批企业的结果。由于每个子公司都能提供通向全球市场的渠道,因此连接网络的结构是分散的。在生产和创新活动的全球化驱动下,这种连接类型正在扩展到越来越多的发展小型高科技活动的集群中。

当然,我们在现实世界中观察到的是混合形式而不是纯粹的原型。实际配置通常包括基于个人和基于组织的决策方面,以及具有或多或少集中程度的网络结构。例如,基于家族的业务组是一个集中的组织结构,其中个人的决策至关重要。因此,集中的人际关系起着关键作用。大学提供了另一个例子,它们的两个主要任务和活动领域,即知识创造和知识传播,具有不同类型的连通性。当教学活动跨越集群时,这很大程度上是通过组织级别的大学之间的双边联盟来实现的,通道可以很集中。相反,跨集群的研究合作主要是在个体研究人员之间进行的,即通过分散的人际关系进行的。

如前所述,集群的连通性表示其全局连接的规模,而其连通性表示这些连接的特定配置的范围。虽然连通性代表着创新的潜力,但它也决定了是否及如何实现这种潜力。这是因为集群连接的决策点和网络结构表示个人和组织如何"依赖"全球生产和创新系统。在此,我们可考虑一些决策场所和网络结构影响创新的一般方法。

以往的研究通常指的是社交网络的创新效应,但很少应用社交网络分析中的见解。在任何网络中,中心节点都享有对资源的特权访问,如知识和资本通过网络联系流动。一方面,这意味着中央节点可以执行使网络中所有其他节点受益的任务,并允许其他节点在"小世界"中享受与创新相关的优势。在集群的背景下,中心个人或组织可以协调地方价值链,从而降低所有参与者的交易成本。它们还可能从事冒险及吸引资本和劳动力的活动。

此外,如果中心个人或组织参与知识共享,知识可能会通过网络联系传播到其他个人和组织。另一方面,中心节点也可以使用网络中的适当资源,从而使其他节点无法共享。这与知识特别相关,因为知识是知识产权和个人与组织创造最大价值的基础。在一个集群中,所有承载知识的个人和组织都表现出对本地知识溢出可能会带来强大竞争对手的担忧,以及对当前合作伙伴在本地升级所带来的未来潜在收益进行权衡。

因此,网络结构是知识和其他资源是否被占用或允许溢出的关键决定因素。有证据表明,中心网络结构可能与少数中心和组织的资源分配有关。在具有集中式网络结构的全球连接的情况下,中心或组织很可能将群集范围的溢出最小化,因为它们既有动机也有能力将其他人排除在它们的网络中。因此,创新产生的大部分利益可能会被中心或组织捕获。去中心化的社交网络缺乏强大且占主导地位的个人或组织,但能够促进广泛的个人和组织之间的资源共享,而不会使任何个人和组织拥有专有资源,且能确保通过网络纽带产生的利益是可分配的。

在集群中,分散网络中的协作可能会带来高昂的协调成本。但是,由于资源可以转移并在其他用途中有很高的价值,因此这种网络结构在价值链和企业家观念中传播了灵活的专业化知识。相关的创新过程有很多溢出效应和高度的试验性。在具有分散式网络结构的全球联系的情况下,知识的流入和流出以及创新成果都可以服务于多种利益,而不是中心个人或组织的唯一利益。

当前,以信息技术为代表的新一轮科技和产业革命正在萌发,为经济社会发展注入了强劲动力。同时,互联网发展也给世界各国主权、安全和利益带来许多新的挑战。全球互联网治理体系变革进入关键时期,构建网络空间命运共同体日益成为国际社会的广泛共识。我们倡导"四项原则""五点主张",就是希望同国际社会一道,尊重网络主权,发扬伙伴精神,大家的事由大家商量着办,做到发展共同推进、安全共同维护、治理共同参与、成果共同分享。党的十九大制定了新时代中国特色社会主义的行动纲领和发展蓝图,提出要建设网络强国、数字中国、智慧社会,推动互联网、大数据、人工智能和实体经济深度融合,发展数字经济、共享经济,培育新增长点、形成新动能。中国数字经济发展将进入快车道。中国希望通过自己的努力,推动世界各国共同搭乘互联网和数字经济发展的快车。中国对外开放的大门不会关闭,只会越开越大。①

3. 创新网络的广度

在对创新与决策场所和网络结构之间的关系进行了一般性观察之后,本部分将讨论四种连通性原型如何影响创新。

第一点,连接类型集中的个人关系可能会促进跨不同技术领域和行业的创新。但是,这种广度的创新通常会被中心个人采用,并且在集群内部的溢出效应有限。家族企业集团形式的集中式个人可能有助于协调当地价值链,并为当地的创新活动提供资源。家族可能会花费数十年的时间在全球有价值的集群中建立全球联系,以便从其所跨越的网络中的结构漏洞中获取价值。因此,它有明显的诱因将不属于家庭的其他当地人排除在外,对通过其所拥有的全球流动知识和其他关键资源保持严格控制,并合理分配由此产生的大部分基于创新

---

① 习近平. 致第四届世界互联网大会开幕的祝贺信[EB/OL]. (2017-12-03)[2021-09-28]. https://news.12371.cn/2017/12/03/ARTI1512273269712511.shtml.

的利益。在需要不断注入新知识的行业中,集中式人际关系不太可能蓬勃发展,因为基于家族的企业集团很可能避免依赖外界。因此,它们通常在传统行业中运作,很可能会利用全球联系,通过管理创新来增强甚至扩展其现有业务。这一点不太可能增强集群中的知识溢出。

第二点,连通性类型的去中心化个人关系可能会促进跨技术领域和行业的广泛创新,从而对参与集群的多个群体或个人产生实质性影响。个人从其连接中获利的唯一方法是最大限度地提高他们的知识和资源量,由此产生的创新成果会传播到连接网络中的其他参与者。这种联系的结果是,不同集群中成员间的知识和高水平技术企业的转移。分散的人际关系驱动的创新可以广泛地跨越技术领域,因为全球移民所拥有的人际关系通常基于教育和专业经验,或者仅仅是共享的民族文化。与家族企业基于权力的关系相比,去中心化的个人关系能够利用更广泛的专业知识,并且更有可能从事高科技和新工业环境实施技术创新。

第三点,连接类型的集中式模式可能会促进专业技术领域和行业内的创新。这种深入的创新通常由中心组织采用,并且在集群内部的溢出影响有限。集中式通道通常涉及对设施和培训的大量投资,建立通道的组织寻求补偿。因此,尽管集中式通道可以有效地促进创新,特别是在研发规模密集的高科技行业中,但该组织还将设计其通道,以尽可能地捕获通过其流动资源中的利益。这限制了集群中更广泛的组织的创新能力,并确保其在全球集群的层次结构中处于较低的梯级。[1]

第四点,连通性类型的分散式模式可能会促进专业技术领域和行业内的深

---

[1] Meyer K, Mudambi R, Narula R. Multinational enterprises and local contexts: the opportunities and challenges of multiple embeddedness[J]. Journal of Management Studies, 2011, 48(2): 235-252.

度创新,从而对参与集群的多个组织产生实质性影响。当几个同样处于中心竞争的组织"插入"集群时,我们可能会发现分散的通道,或者许多强大的本土中小企业各自伸出援手建立新的国际企业。这种连接网络结构促进了灵活且不断变化的研发合作和创新项目,从而促进了反复试验。这种类型的创新在消费品和娱乐行业中尤为突出,这就是为什么我们看到此类行业蓬勃发展,因为存在相互关联的活动和行业的紧密联系。

总之,一方面,经济地理学家对空间、邻近性和位置具有极为全面和细致的研究。相反,国际经济学者倾向于以相当简单的方式对待空间,通常使用简单的国内外二元法。另一方面,在过去的几十年中,国际经济学者已经在宏观和微观两个层面开发了极为详尽的全球经济组织分析。经济地理学家倾向于将公司视为同质的,次国家环境直到最近才在国际研究的文献中受到关注。[1] 通过将集群和城市区域的大量工作整合到国际商业模型中,可以推出很多研究成果。通过认识跨国公司与地理位置的联系,关于集群和城市地区的创新研究将得到极大的发展。

习近平总书记也指出,要"坚持创新引领,挖掘经济增长动力。世界经济数字化转型是大势所趋,新的工业革命将深刻重塑人类社会。我们既要鼓励创新,促进数字经济和实体经济深度融合,同时关注新技术应用带来的风险挑战,加强制度和法律体系建设,重视教育和就业培训。我们既要立足自身发展,也要敞开大门,鼓励新技术、新知识传播,让创新造福更多国家和人民。建议二十国集团将'新技术应用及其影响'作为一项重点工作深入研究,认真探索合作思路和举

---

[1] Lamin A, Livanis G. Agglomeration, catch-up and the liability of foreignness in emerging economies[J]. Journal of International Business Studies, 2013(44): 579-606.

措"①。

最后,我们以习近平总书记的一段话作为全球科技创新驱动合作体系的总结:"创新是一个民族进步的灵魂,是一个国家兴旺发达的不竭源泉,也是中华民族最鲜明的民族禀赋。……中国是一个大国,必须成为科技创新大国。嫦娥三号任务圆满成功,既是落实创新驱动发展战略的重要成果,又为加快实施这第一次世界大战略提供了有益经验。我们要贯彻落实党的十八届三中全会精神,全面深化科技体制改革,扩大科技开放合作,为人类科技进步作出更大贡献。"②

---

① 习近平. 在二十国集团领导人第十三次峰会第一阶段会议上的讲话[EB/OL]. (2018-12-01)[2021-09-28]. https://www.12371.cn/2018/12/01/ARTI1543630671324243.shtml.
② 习近平. 在会见嫦娥三号任务参研参试人员代表时的讲话[EB/OL]. (2014-01-07)[2021-09-28]. https://news.12371.cn/2014/01/07/ARTI1389042945372417.shtml.

后 记

EPILOGUE

本书是我在国家社科基金青年项目"面向新工业革命的马克思主义科技创新驱动思想研究"的最终研究报告的基础上,不断完善修改而成的。项目自2016年开始实施,我查阅了大量文献,对科技创新驱动社会发展的大量中英文文献进行了细致的研究,但由于这是一个复杂的交叉领域,涉及创新经济学、经济史、技术社会学、创新理论、科技史和技术哲学等领域,内容杂乱,如何从中寻找一个线索将诸多内容串在一起是我遇到的最大难题。

虽然科技创新是我读博期间就一直关注的领域,但主要为工作和社会需要,比如之前在上海市科委平台中心从事科技政策研究,然后到高校从事自然辩证法的教学与研究。科技与社会研究是与政策管理和马克思主义理论密切相关的领域,其中科技创新又可能是最佳选择。然而,多年的关注和研究,给我最大的体会就是:这个领域太杂了,难以深入,最可行的就是深入创新经济学或者创新管理层面去研究,但是这又不是我的兴趣和基础所在。我本科阶段对哲学产生了兴趣,研究生阶段进行了科技哲学领域的研究工作,并且之后一直想把这方面的研究工作继续下去，总是想等忙完这些项目就可以回归科技哲学的研究了，然而这一等就是整整十年。十年之间许多东西都在变化，然而我对科技哲学的兴趣一直未曾改变，其实这就是不忘初心。

经过多年的思考和文献整理，直到新冠疫情期间，我开始投入大部分精力推进项目。经过许多日夜的埋头苦干，总算在2021年形成了一个相对体系化的研究成果，我最终将其命名为"科技创新驱动思想研究"，以显示以思想史的研究为核心，并非在进行一个庞杂的综述。这使得本书不同于经济学或者管理学领域的研究，也不同于对社会政策的探讨，而是从思想史和创新思想的角度去关注科技创新问题。因此，我依然是从科技哲学与科学史的视角在做研究，如在第一章主要关注科技推动社会进步的经济社会史分析，第二章详细梳理马克思和恩格斯的科技创新驱动思想，第三章对创新经济学家和技术社会学家的创新驱动思想进行细致解读和比较，第四章关注科技创新驱动相关的各国的科技政策史，第五章分析我国科技创新驱动思想的政策渊源。前五章都是从历史视角和思想史视角进行分析，这也体现出思想史是我最感兴趣的领域。最后三章，才是对新工业革命和我国现实进行的比较和研究，突出了新工业革命中信息与智能科技的首要推动力作用，这是当前创新驱动的最核心领域，也是我这几年研究的核心方向——信息科技的历史与哲学研究，其中涉及信息社会学、信息经济学和信息科技政策等领域，属于广义的科学技术与社会(STS)学科。总之，我一直关注的都是科学技术的历史、哲学与社会方向。因此，本书属于对科技创新的哲学研究的成果。然而，它并不是一个连续研究的结果，而是多年断断续续研究的成果。尤其是其中涉及多篇相关文章，分别发表在不同时期的各类期刊上。这也使得本书可能存在结构不够集中的问题,虽然我已经尽力做好衔接。回首过去,从科技与社会方向博士毕业已整整十年,希望此书的出版,能对我多年杂乱的学术活动画一个句号,之后全身心投入哲学领域的教学与科研中。

在书稿漫长的写作和修改过程中,许多师友提供了大量的帮助,尤其需要感谢复旦大学朱宝荣老师和肖巍老师提供的重要指导,上海交通大学陈锡喜老师和上海电力大学焦娅敏老师提供的诸多帮助。中国科学技术大学徐飞教授和刘立教授、东南大学夏保华教授、浙江大学潘恩荣教授等学者也都为本书的完成提供了许多有益的建议,国内哲学界的多位同行也给予了各方面支持。中国科学技术大学完美的科研环境和持续资助是本书得以完成的首要外在因素。此外,在完成国家社科基金项目期间,匿名评审专家为研究报告提供了许多细致的修改意见,让我能有目标地进行完善。在此一并致谢。

本书的出版得到了国家社科基金青年项目"面向新工业革命的马克思主义科技创新驱动思想研究"的支持,还得到了中国科学技术大学新时代科技创新思想研究中心、人才启动基金项目"新兴技术的伦理学基础问题研究"、2020年研究生课程思政项目"新兴科技治理"、2021年度马克思主义理论研究专项一般项目"马克思主义科技创新发展思想及其进展研究"、2022年度新文科基金"研究阐释党的二十大精神"专项重点项目"智能科技革命背景下新时代科技创新文化培育研究"的全面支持。

张贵红

2023年冬